中华文明的印迹

国家出版基金项目
NATIONAL PUBLICATION FOUNDATION

古代名镇

历史传承的特色地标

GUDAI MINGZHEN
LISHI CHUANCHENG DE TESE DIBIAO

王燕 知白/著

辽宁师范大学出版社
·大连·

图书在版编目 (CIP) 数据

古代名镇：历史传承的特色地标 / 王燕，知白著
. -- 大连：辽宁师范大学出版社，2021.12（2023.1 重印）
（中华文明的印迹）
ISBN 978-7-5652-3413-2

Ⅰ．①古… Ⅱ．①王… ②知… Ⅲ．①乡镇 - 古建筑
- 介绍 - 中国 Ⅳ．① K928.71

中国版本图书馆 CIP 数据核字 (2020) 第 266514 号

中华文明的印迹

古代名镇
历史传承的特色地标

出 版 人：王　星
策划编辑：王　星　邓丽萍
责任编辑：齐树友　朱国光
责任校对：邱　玥　丰　硕
装帧设计：李小曼
出 版 者：辽宁师范大学出版社
地　　址：大连市黄河路 850 号
网　　址：http://www.lnnup.net
http://www.press.lnnu.edu.cn
邮　　编：116029
营销电话：（0411）82159912　82159913
印 刷 者：大连金华光彩色印刷有限公司
发 行 者：辽宁师范大学出版社
幅面尺寸：170mm × 230mm
印　　张：22.5
字　　数：376 千字
出版时间：2021 年 12 月第 1 版
印刷时间：2023 年 1 月第 2 次印刷
书　　号：ISBN 978-7-5652-3413-2
定　　价：125.00 元

总序

“中华文明的印迹”丛书，集当代中国文博考古、历史文化领域专家学者的力量，从学术文化视角，依据档案文献，对中国文物古迹进行深入的学术解读与研究，是一部既有较强的学术性又适合大众读者的丛书。

中国是悠久的文明古国，有大量的古迹遗存，这些不可移动的文物就是凝固的历史，是中华文明历史传承的表征，是印证历史、传承文明的载体。数千年来历史的积累和叠加形成的古迹遗存，是中华文明传承不断的历史见证。其保护传承的艰难，甚至战火的摧残，都没有改变和动摇其根基。今天，保护和研究这些老祖宗留下的古迹遗存，是我们的一种神圣职责，辽宁师范大学出版社敏锐地选择这一课题具有独到的眼光。

古迹遗存是文化遗产，是文明实体的标志。中华古迹遗存遍布于960万平方公里的辽阔土地之上。展示中华文明，宣传中华文明，需要各领域的专家学者通力合作，田野考古、踏查闾里、寻访遗存，需要做大量的组织工作和细致的踏查寻访，同时还要查阅大量的档案文献，包括官书方志、笔记丛书、手稿日记等，要完成这样繁杂而艰苦的工作，没有坚守中华文明的信念是很困难的。为此，我们感谢出版社和各路专家的积极策划与辛勤付出。

本套丛书作者的研究方法是独到的，即将古迹遗存与档案文献相结合、相比较，探索文物遗存背后的历史真相。许多古迹遗存由于各种原因，历经磨难甚至战争的摧残，都或损或残。今天对文物的研究和书写就是一种修复和保护，也是对中华文明的传承和发扬，以此给中华民族的子孙后代留下传承中

华文明的依据。因此，我以为“中华文明的印迹”系列丛书具有继承中华文明、观照当代文明、发扬文明传统的意义。

近年来，有些国家标榜其文明优越，贬低其他国家民族文化。“文明冲突论”再次甚嚣尘上，他们害怕失去“自我优越”，进而歪曲历史，贬损其他国家民族的文明。文明是文化的内核和内在价值，文化是文明的外在表现。中国有五千多年的文明历史，是世界上唯一的文明血脉与历史传统未曾中断的大国。人类文明包括物质文明、精神文明与制度文明，文明囊括了人类历史活动的所有建设性成果。“中华文明的印迹”中涉及的古迹遗存有都城、坛庙、建筑、陵墓、桥梁、名塔、长城、瓷窑、名城、古镇，其文化内涵既包含物质文明，也包含精神文明，又包含制度文明。同时，中华文明又有其特殊性和独特价值。当今时代是一个多维度、全媒体时代，外来文化和本土文化的冲突与碰撞愈演愈烈，中华传统文明受到一定的冲击。因此，树立坚定的文化自信、坚守中华文明、宣传中华优秀传统文化，亦成为当务之急，“中华文明的印迹”系列丛书正是应运而生的产物。

著名的老一辈文物研究保护专家罗哲文先生曾经提出“文物古迹的保护，是一种上对祖先、下对子孙后代的千秋大业。因为文物是具有历史、科学、艺术价值的物质遗存，不仅传给我们这一代，还要传给子孙后代，它又是不能再生产的，一旦遭到破坏就不可再得。因此，我们每一个人都负有保护文物的义务和责任”。中华民族的悠久历史和灿烂的文化印迹，就是这些古迹遗存。它们从古到今一直展示在世人面前，代代呵护，代代传承。因为各种原因，尽管古都名城曾遭破坏，殿阁楼亭曾经斑驳，桥塔寺庙曾经残破，遗址陵墓曾经荒芜，但中华儿女追念先祖、传承国脉的初心一直未变。经过一代代人的不断修缮和保护，古迹遗存的历史得以延续。“中华文明的印迹”系列丛书的出版必将大力促进中华大地上几千年来保存下来的古迹遗存得到更有效的保护和传承。

“中华文明的印迹”系列丛书即将付梓，感念先祖，寄望后代，赘言为序。

朱诚如

于北京故宫城隍庙
2021 年 9 月 16 日

目录

第三章 小桥流水有人家
——江浙沪地区古镇

第四章 江边古镇峰峦集
——两湖赣皖地区古镇

第五章　南国风情古典存
——两广闽琼地区古镇

第六章　壮美西南古镇多
——云贵川渝地区古镇

第七章　边塞外悠悠古韵
——藏新青甘和内蒙古地区古镇

序 言

一 城镇营建思想

“渭城朝雨浥轻尘，客舍青青柳色新”“千里莺啼绿映红，水村山郭酒旗风”“姑苏城外寒山寺，夜半钟声到客船”……关于城镇，古人留下了许多脍炙人口的诗句，从人居史、政治史的角度来看，修建城池，建造房屋，是一个国家或地区的重要事项，因此城镇建设多有讲究，同时也诞生了相应的思想和原则，用来指导都市、城镇的设计与建造。《周礼·考工记》《管子》等典籍中有关城镇修建和房屋建造的论述，对后世产生了深远的影响。

（一）《周礼·考工记》中的匠人营国制度

“匠人营国，方九里，旁三门，国中九经九纬，经涂九轨，左祖右社，面朝后市，市朝一夫。”这段话是《周礼·考工记》中城建思想的集中表述。其主要意思是，以皇宫为中心的南北中轴是全城的主轴，王宫居于中轴线的核心位置，坐北朝南，祖庙、社稷、外朝、市场环绕皇宫呈对称布局。关于城市的道路，也有讲究，即“经涂九轨，环涂七轨，野涂五轨”，“一轨”相当于周尺八尺，“经涂”是全城的干道，“环涂”是顺城环路，“野涂”是城外道路。唐代的里坊制和宋代的街巷制是深受《周礼·考工记》影响的产物，街道垂直相交，整个城市道路呈网格状。北京城更是典型的例子，方正规整，中轴对称。

（二）《管子》中的营建思想

《管子·乘马》记载：“凡立国都，非于大山之下，必于广川之上。高毋近旱，而水用足；下毋近水，而沟防省。因天材，就地利，故城郭不必中规矩，道路不必中准绳。”大概意思是，凡是营建都城，不依山便傍水，高低须适宜，高不能至于缺水，低不能至于排水困难，要充分依托现有的自然条件，因地制宜，因势利导，城池不必方正规整，道路不必整齐笔直。西汉时期的晁错也持类似观点，他提出：“臣闻古之徙远方以实广虚也，相其阴阳之和，尝其水泉之味，审其土地之宜，观其草木之饶，然后营邑立城，制里割宅，通田作之道，正阡陌之界，先为筑室，家有一堂二内，门户之闭，置器物焉，民至有所居，作有所用，此民所以轻去故乡而劝之新邑也。”说的是城镇的建造过程，先观察地理形势，然后建城墙、民宅、街道。建设城镇要依据当地环境，因地制宜，充分利用优势，避免劣势，与环境自然相协调。周礼的营国、建城思想特别适合平原地带，以中轴线为中心，坐北朝南，中规中矩，形成规矩之城，然而在山地、丘陵、河泽地带，很难找出一块足以用来建城的平坦之地，这个思想原则就需要变通。相比之下，管子的营建思想就显得更为实用。明代南京城是一个典型例子，城墙是按照河流、山丘的走向，根据军事防御的需要而建造的，西北部利用长江天险作为护城河，南部紧靠秦淮河而建，很好地利用了大河的天险。整个城呈不规则形状，不再是北京城那种方形。因此，在管子营建思想的影响下建造的城镇，不再是整齐划一的，而是呈现出多元化特点，一邦有一邦之仰止，一邑有一邑之观瞻，多元共生，气象万千。

这种因地制宜的思想在古城镇建设中得到了广泛的应用，一些建筑形式的出现是源于当地的自然条件，比如吊脚楼适用于山地、岸边等空间面积不大，相对狭窄、局促的地理环境。北方传统的殿堂式建筑无法在空间狭小、高低不平的地方施展，吊脚楼便应运而生。

（三）象天法地思想

这是把天文学概念与城镇房屋建造结合起来，上具天文，下具地理，以天体形象为坐标依据，灵活布局城镇各部分。北斗星是核心，古代人们习惯用北斗星的斗柄指向判定季节，《鹖冠子》云："斗柄东指，天下皆春；斗柄南指，天下皆夏；斗柄西指，天下皆秋；斗柄北指，天下皆冬。"并以它为中心，构建了一个包括三垣、四象、二十八宿的天象体系。三垣指的是紫微垣、太微垣、天市垣，四象指的是四个动物，分别居于东西南北四方。东方的是青龙，由角、亢、氐、房、心、尾、箕七宿构成；西方的是白虎，由奎、娄、胃、昴、毕、觜、参七宿组成；南方的是朱雀，由井、鬼、柳、星、张、翼、轸七宿构成；北方的是玄武，由 斗、牛、女、虚、危、室、壁七宿组成。天子要"象天设都"，皇帝的居位要与天之中心——北极星相吻合。春秋时期的伍子胥就是依据这个思想建造苏州城的。《阖闾内传》记载："子胥乃使相土尝水，象天法地，造筑大城。周回四十七里，陆门八以象天八风，水门八以法地八聪。筑小城，周十里，陵门三，不开东面者，欲以绝越明也。立阊门者，以象天门通阊阖风也。立蛇门者，以象地户也。阖闾欲西破楚，楚在西北，故立阊门以通天气，因复名之破楚门。"秦朝的咸阳城更是如此，《三辅黄图》曾记载，咸阳"因北陵营殿，端门四达，以则紫宫，象帝居。渭水贯都，以象天汉；横桥南渡，以法牵牛"。咸阳宫象征天极，以其为中心，周围建筑围绕其布置，形成拱卫之势，构成了"为政以德，譬如北辰，居其所而众星共之"的局面。

二　古镇的历史

“镇”这个单位，早期是作为军事据点或要塞而出现的。比如，北魏时期拓跋焘在长城沿线设立了武川、抚冥、怀朔、柔玄等六镇。这其实是镇戍制度，意在防御边关。这种镇戍制度在唐代达到顶峰，大大小小的镇广布全国，从边境到内地，从北方到南方，加之安史之乱，很容易就形成了藩镇割据局面。然而，随着经济社会的发展，镇的纯军事性质开始发生变化，不断衍生出其他功能，比如商业贸易繁荣的镇开始具有“市”的功能，出现了市场管理人员。随着商业的兴起和人口的增加，镇的经济、社会色彩日益浓厚，镇的军事将领不仅管理军务，也开始管理赋税、钱粮等事务。与此同时，北宋朝廷逐步收回藩镇兵权，所有这一切都在客观上促进了镇的性质的根本转变，把镇从军事据点变为地区的经济中心。一方面，各地发展迅速的草市、码头也逐渐上升为镇。比如浙江省乐清市的柳市镇、山东省临沂市的相公镇、重庆市彭水苗族土家族自治县的盐井镇等。所以，在北宋时期，全国镇的数量大为增加，并完成了性质的转变。南宋时期经济中心南移，长江流域经济发展水平超过了黄河流域，南方市镇广泛兴起。到明清时期，市镇再次走向兴盛，江西景德镇以制陶业闻名，每日佣工“不下数万”，清道光年间，湖州府南浔镇“烟火数万家”。另一方面，镇的开发、发展与人口迁徙密切相关。中国历史上有六次人口大迁徙，基本方向是从战乱纷繁的北方迁到相对安全的南方，每次迁徙都促进了迁入地的发展。第一次人口迁徙是从东汉末年至魏晋南北朝时期，北方少数民族政权更迭较为频繁，战乱不断，北方豪门巨族南迁至长江流域，长城以北的游牧民族进而迁入中原地区，史称“衣冠南渡”；第二次人口迁徙源自安史之乱以及随之而来的藩镇割据，北方连年征战，世居中原地区的汉人南迁，中国人口地理分区的中心由黄河流域移至长江流域；第三次人口迁徙是北宋灭亡后，北方沦陷区的汉人举族南迁至长江以南；第四次人口迁徙是明初经洪洞县大槐树处向河南、河北、山东、安徽、江苏等省份移民，按“四家之口留一、六家之口留二、八家之口留三”的比例迁移；第五次人口迁徙是清初的湖广填四川；第六次人口迁徙从明朝中期至民国初年，以闯关东、走西口为主，打通了中原腹地与东北、西北地区的经济和文化通道，带动了北部地区的繁荣和发展。

人口南迁为南方带来了大量的劳动力，中原地区的技术、文化、风俗习惯、建筑艺术随之传到南方；与当地相结合并经过世代居住劳作，形成了新的风格。不少南方省份的古镇体现了客家人的贡献，是客家人在当地的劳动结晶。至清末民初，客家人主要分布在广东、江西、福建、四川、湖南、湖北、贵州、台湾、香港、澳门等地，人口数达5000万以上，约占汉族人口的5%。东北三省及内蒙古自治区的古镇也体现出中原文化的特点。可以说，人口迁徙、市镇开发实际上是中原文化向四周扩散的过程。

古镇的形成与集聚，往往位于河道附近，这是出于用水需求或生产需要，也有方便交通运输和商贸活动的目的。在古代，经济生产方式以农耕为主，而水是农业的命脉。从商业角度来看，水路运输由于成本低、运量大而成为主要方式，因此，长江流域、黄河流域、淮河流域、珠江流域四大水系附近都分布着众多的古镇。比如长江由数以千计的大小支流组成，其中比较大的支流有雅砻江、岷江、嘉陵江、汉江、沱江、乌江、湘江、沅江、赣江、赤水河、修河、饶河、澧水、资水等，形成了洞庭湖、鄱阳湖、太湖、巢湖等众多湖泊，西南、东南地区的古镇基本上集中于这些江河湖泊之间。

再看一个规模小一点的水系航道——处于西南地区的酉水航线，它流经涪陵、乌江、龚滩，在龚滩经陆路至龙潭，从龙潭到酉水、常德、汉口，最后达长江下游各省。这条航道是鄂、湘、川等省物质往来的交通要道。特别是抗战期间，由于长江航道被毁，隐匿在大山里的这条酉水航线变得十分重要。

在陆地道路附近也集中着一些古镇。关于陆地道路，北有丝绸之路，南有茶马古道。“丝绸之路”这个名字是德国地质地理学家李希霍芬在其著作《中国》一书中提出的，它指的是西汉张骞出使西域开辟的以首都长安（今西安）为起点，经甘肃、新疆，到中亚国家、阿富汗、伊朗、伊拉克、叙利亚等而达地中海，以罗马为终点的陆上通道，全长 6440 千米；被认为是联结亚欧大陆的古代东西方文明的交汇之路。茶马古道指的并非是一条道路，而是一个以青藏道、滇藏道和川藏道为主，由众多支路构成的交通网络。青藏道兴起于唐朝时期，从长安向西出发，经甘肃、青海，过日月山、大河坝，到达黄河源头。这条道路也被称为唐蕃古道，是唐代以来中原去青海、西藏等地以及尼泊尔、印度等国的必经之路。文成公主和亲时走的就是这条路。滇藏道则是从云南洱海出发，经丽江、中甸、德钦、芒康、察雅至昌都，再由昌都通往拉萨等地。川藏道是从四川雅安出发，进入康定，自康定起，川藏道又分成南、北两条支线：北线是从康定向北，经道孚、炉霍、甘孜、德格、江达，抵达昌都，再由昌都通往拉萨等地；南线则是从康定向南，经雅江、理塘、巴塘、芒康、左贡至昌都，再由昌都通向拉萨等地。山西、陕西、青海、西藏、新疆、云南、四川等省份的古镇集中在丝绸之路、茶马古道之上。

古镇的发展离不开宗族因素。一般来说，一个镇子上有几个大的宗族，它们作为经济、文化、社会基础，带动了镇子的发展。比如，山西静升镇的王氏家族，广东赤坎镇的司徒氏家族和关氏家族，江西驿前镇的赖氏家族和白氏家族。

从经济形态或产业结构来看，古镇主要有以下几类：

（1）手工业市镇，往往拥有一种或数种特色手工业产业，比如丝织业、陶瓷业、酿酒业等。丝织业发达的古镇主要集中于太湖流域，比如南浔、菱湖、双林等镇；陶瓷业发达的古镇主要集中于河南、陕西、江西等省份，比如河南的神垕镇、陕西的陈炉镇、江西的永和镇和瑶里镇；酿酒业发达的古镇主要集中于山西、贵州、四川、重庆等地，比如山西的杏花村镇、赤水河流域的二郎镇、长江沿岸的白沙镇。

（2）农副产品市镇，以农副产品的加工和销售为特色产业，比如茶业、盐业、蚕桑业等。茶叶发达的古镇主要集中于云南，比如鲁史镇；盐业兴旺的古镇主要集中于产盐区，比如四川的艾叶镇、仙市镇，云南的黑井镇等。蚕桑业发达的古镇也大多集中于太湖流域。

（3）矿业市镇。有的古镇因矿产冶炼而兴起。比如沅江流域的古镇，当地有朱砂矿和铜矿，历史上是楚国重要的朱砂汞和铜矿开采地。

（4）交通枢纽型市镇。基于水运码头发展起来的古镇比较多，比如重庆的西沱镇、龚滩镇；还有基于旱地码头发展起来的古镇，比如江西的驿前镇；以及基于水旱地码头发展起来的古镇，比如山西的碛口镇。

（5）红色文化古镇。还有一类古镇基于红色文化而闻名，是革命历史上重大事件的发生地或革命政权驻地，并且革命遗址遗迹保存完整，比如福建的古田镇、湖南的文家市镇、江西的葛源镇。

当然，这种划分是相对而言的，通常的情况是一个古镇兼具数种类型，比如早期基于码头发展起来的古镇，之后又有了其他的特色产业或支柱产业。

古镇不仅经济繁荣，文化也繁荣。名镇大多重视文教，可谓是人文蔚起，科第兴旺。比如，桓台新城镇仅王氏一族就出了很多考

取功名之人，诞生了清代的文坛泰斗王士祯。湖州南浔镇在元代就有镇学，明代建有社学，清代建有书院和女学；仅明代嘉靖、万历两朝，就出了七名进士。湖州的另一古镇——菱湖镇也科举兴旺，曾谓“菱湖科名甲于他镇”，镇上的龙湖书院与龟山书院、西湖书院、黄冈书院等书院并称于世。

一般来说，构成古镇的要素可以用点、线、面来表示。“点”指的是码头、渡口或驿站，不少古镇是由码头或驿站发展起来的。“线”指的是街道，随着周边物资交流的增加以及航运技术的提高，古镇人口数量日益增加，逐渐成为小范围地域内的交通节点，商业也随之发展，街道就形成了。最初的街道一般沿着河流布局或在码头附近。“面”指的是古镇，有了码头、街道，在码头附近街道的基础上，再衍生出其他街道，随着道路的增多，商铺也增多，镇子基本就形成了。在点、线、面的基础上，一个古镇一般应具备以下几个基本要素：

（1）主街道

一般是由石头铺成，有牌坊、店铺等。北方古镇的街道只要地形允许则尽可能平直，并以棋盘式布局。这种情况下，街道虽然平直，但在空间上造成了曲折，即直中有曲。南方古镇则由于受河道山势所限，道路弯曲灵活。有的街道比较窄，不足 1 米，甚至有些地方有“一人巷”或“一线天”的小街道。江南水系发达，以船作为交通工具，河道就是水街，因此陆地街道车辆不多，所以街道相对窄。居民在房上伸出竹竿到对面的房子上，即可晾晒衣服。

牌坊一般位于镇入口或中央位置，用以纪念或作为装饰，是标志性的建筑物，材料以石材为主，也有部分使用木材，规模和大小不尽相同，常见的多为四柱三间式。它是我国传统街道的特有建筑，可以追溯到唐宋时期。唐代实行里坊制度，宋朝废除了里坊制度，实行街巷制度，墙被拆掉了，但是门还在，坊门就以象征形式独立存在，进而演化成牌坊。

店铺兼具商业和住宅功能，主要有以下几种类型：一是前店后宅式，一般占地面积较大，进深两进或三进，靠近街道部分作为店铺摆放货物，后部作为居住区，中间用庭院或天井进行分隔，解决通风与采光问题。二是下店上宅式，通常基底面积较小，空间向上拓展，高度一般为 2 层或 3 层，下层作为商铺进行商业贸易，而上层作为住宅或兼具货物仓库。流行于闽粤一带的骑楼就是下店上宅式。

（2）民居

这里的民居指的是纯粹住宅用的，有别于前述的店铺。由于地理、气候等自然环境的差异，我国各地民居丰富多样，呈现出明显的地域特征。主要有以下几大类：

四合院。这种建筑集中在北方地区，沿中轴线布局，左右对称，中轴线上的空间按照等级秩序排列，主要厅堂是南向的或东南向的。四周以灰砖墙围合，后墙和侧墙上不设门窗，整个建筑只有一个窄小的入口。但具体到每个地方，四合院的规模有所差异，北方山地居民的四合院比较小，东北地区的四合院规模较大，陕西和山西地区的四合院则被拉伸成矩形，或者窄长型。

窑洞。窑洞集中在河南北部、河北北部、宁夏、山西南部、陕西、甘肃东部等地区。可分为靠崖式、下沉式和独立式三种。靠崖式窑洞常呈现曲线或折线形排列，在山坡高度允许的情况下，可以布置几层台梯式窑洞。下沉式窑洞（地坑院）主要分布在没有沟壁、山坡可利用的地区，先就地挖一个方形的地坑，然后再向四壁挖窑洞，形成一个四合院。独立式窑洞是一种掩土的拱形房屋，有土坯拱窑洞，也有砖拱窑洞。

天井式住宅。天井式住宅集中于安徽、浙江、江西等地。进门后一般都有一个横向的天井，用来采光和排水。多为一明两暗式，中间明间作为厅堂使用，大门一般会垂直于厅堂的朝向，两侧暗间则为辅房。这种布局可以应对南方的湿热天气。

碉房。碉房集中于青海、西藏以及内蒙古部分地区，为乱石垒砌或土筑的房屋，有三到四层高，因为外观像碉堡，所以称为碉房。

清末至民国时期，西风东渐，加之华侨建设家园，欧式建筑在大中城市不断增多，教堂建筑也在乡村出现。西方建筑艺术与材料传入中国，与传统的建筑风格混搭。这个时期的建筑呈现出中西合璧的特点，遂对传统民居建筑产生了较大的影响。

（3）广场

古镇中一般都有广场，分为交通广场、集市广场、入口广场、水上广场等。陆上交通的三岔、五岔、十字路口及巷子的转折点，常有一个小广场作为缓冲地带和人群集中流动之处，这就是交通广场。在路边、桥头、村口等交通便利的地方，设置一个固定的贸易场所，这就是集市广场。入口广场一般都设在府邸、庙观和大型民宅的前面，主要为了停放车轿和疏散人群。在村镇入口或热闹集市的附近，经常会扩展一部分水域，形成水上广场，以便船只停泊或流动。

（4）宗祠或祠堂

前面提过，一般来说，一个古镇都有一个或数个大的家族。祠堂作为祭祀祖先、延续命脉的地方，必不可少。祠堂的建筑形式一般较为庄严，厅堂宽敞高大，分为前堂、中堂和后堂；中堂上供有祖先的牌位，两边是放置祭祀用品的房间。

（5）桥梁

在古代建筑中，桥梁是一个重要的组成部分。我国河流纵横，尤其是古镇较为集中的南方地区，桥梁更是必不可少的一道风景。桥梁便利了人们的生产生活，一桥飞架南北，天堑变通途。桥梁不仅实用，而且美观，造就了卢沟晓月、二十四桥明月夜、枫桥夜泊等经典美景。

（6）寺庙坛观

《宅谱问答指要》曾载：“府州县城，内立衙署，仓库，文昌阁，魁星楼，城隍庙，关帝庙诸祠，外建社稷坛，里计，历坛于北，风、云、雷、雨、山川坛、旗纛庙于南。”佛教有寺庙，道教有道观，近代还有天主教教堂。孔庙、关帝庙较为常见，很多地方都有。寺庙坛观也呈现出地方特色，比如，东南沿海一带的古镇建有天后宫，四川、重庆、湖北一带的古镇中常见张爷庙。

（7）书院

古镇所在地一般属于经济发达地带，经济发达多促进文教兴盛，特别是宋代以来，书院在各地兴起，不少古镇有自己的书院，比如葛源镇的白石书院、松口镇的二何书院等。

（8）戏台

一般设于寺庙、宗祠前或街道闹市口，多为木质结构，构件多雕刻精美浮雕，正面多为牌楼式，四面屋檐向上挑起。戏台一般分为前台和后台两部分，前台是演出场所，后台是戏班子、演员准备的场所，前后台之间一般用墙体或帐幕隔开。

三 古镇的分布

截至目前，中华人民共和国住房和城乡建设部（住建部）与国家文物局共同组织评选了七批中国历史文化名镇，基本上涵盖了我国各地知名、有代表性的古镇，本书以此为准分析我国古镇的分布。

历史文化名镇一览表

所属省份	合计	所属市县	古镇名称
北京市	1	北京市密云县（2015 年撤县设密云区）	古北口镇
天津市	1	天津市西青区	杨柳青镇
河北省	8	张家口市蔚县	暖泉镇、代王城镇
		邯郸市永年县（2016 年更名为永年区）	广府镇
		邯郸市峰峰矿区	大社镇
		邯郸市涉县	固新镇
		邯郸市武安市	冶陶镇、伯延镇
		石家庄市井陉县	天长镇
山西省	15	晋中市灵石县	静升镇
		晋中市寿阳县	宗艾镇
		吕梁市临县	碛口镇
		吕梁市汾阳市	杏花村镇
		阳泉市平定县	娘子关镇
		晋城市泽州县	大阳镇、周村镇、高都镇
		晋城市阳城县	润城镇、横河镇
		临汾市襄汾县	汾城镇
		临汾市曲沃县	曲村镇
		临汾市翼城县	西阎（闫）镇
		大同市天镇县	新平堡镇
		长治市上党区	荫城镇

（续表）

所属省份	合计	所属市县	古镇名称
黑龙江省	2	牡丹江市海林市	横道河子镇
		黑河市爱辉区	爱辉镇
吉林省	2	四平市铁东区	叶赫镇
		吉林市龙潭区	乌拉街镇
辽宁省	4	抚顺市新宾满族自治县	永陵镇
		鞍山市海城市	牛庄镇
		丹东市东港市	孤山镇
		葫芦岛市绥中县	前所镇
内蒙古自治区	5	赤峰市喀喇沁旗	王爷府镇
		锡林郭勒盟多伦县	多伦淖尔镇
		乌兰察布市丰镇市	隆盛庄镇
		通辽市库伦旗	库伦镇
		呼伦贝尔市牙克石市	博克图镇
上海市	11	金山区	枫泾镇、张堰镇
		青浦区	朱家角镇、练塘镇、金泽镇
		南汇区（2009年并入新组建的浦东新区）	新场镇
		嘉定区	嘉定镇、南翔镇
		浦东新区	高桥镇、川沙新镇
		宝山区	罗店镇
江苏省	31	苏州市昆山市	周庄镇、锦溪镇、巴城镇、千灯镇
		苏州市吴江市（2012年更名为吴江区）	同里镇、黎里镇、震泽镇
		苏州市吴中区	角直镇、东山镇、光福镇、木渎镇
		苏州市太仓市	沙溪镇
		苏州市常熟市	沙家浜镇、古里镇
		苏州市张家港市	凤凰镇
		南通市海门市（2020年更名为海门区）	余东镇
		南通市如东县	栟茶镇
		盐城市东台市	富安镇、安丰镇
		扬州市江都市（2011年更名为江都区）	邵伯镇、大桥镇
		扬州市高邮市	界首镇、临泽镇
		无锡市江阴市	长泾镇

（续表）

所属省份	合计	所属市县	古镇名称
江苏省	31	无锡市锡山区	荡口镇
		无锡市宜兴市	周铁镇
		常州市新北区	孟河镇
		泰州市兴化市	沙沟镇
		泰州市姜堰市（2012年更名为姜堰区）	溱潼镇
		泰州市泰兴市	黄桥镇
		南京市高淳县（2013年更名为高淳区）	淳溪镇
浙江省	27	嘉兴市嘉善县	西塘镇
		嘉兴市桐乡市	乌镇
		嘉兴市海宁市	盐官镇
		湖州市南浔区	南浔镇、双林镇、菱湖镇
		湖州市德清县	新市镇
		绍兴市越城区	东浦镇
		绍兴市绍兴县（2013年更名为柯桥区）	安昌镇
		绍兴市嵊州市	崇仁镇
		绍兴市诸暨市	枫桥镇
		宁波市江北区	慈城镇
		宁波市宁海县	前童镇
		宁波市慈溪市	观海卫镇（鸣鹤）
		宁波市象山县	石浦镇
		台州市仙居县	皤滩镇
		台州市临海市	桃渚镇
		温州市永嘉县	岩头镇
		温州市平阳县	顺溪镇
		杭州市富阳市（2014年更名为富阳区）	龙门镇
		金华市永康市	芝英镇
		金华市义乌市	佛堂镇
		衢州市江山市	廿八都镇
		丽水市景宁畲族自治县	鹤溪镇
		丽水市龙泉市	住龙镇
		丽水市松阳县	西屏镇
		舟山市岱山县	东沙镇

（续表）

所属省份	合计	所属市县	古镇名称
安徽省	11	合肥市肥西县	三河镇
		黄山市徽州区	西溪南镇
		黄山市歙县	许村镇
		黄山市休宁县	万安镇
		六安市金安区	毛坦厂镇
		六安市裕安区	苏埠镇
		宣城市宣州区	水东镇
		宣城市泾县	桃花潭镇
		铜陵市郊区	大通镇
		池州市东至县	东流镇
		池州市青阳县	陵阳镇
福建省	19	龙岩市上杭县	古田镇
		龙岩市永定县（2014年更名为永定区）	湖坑镇
		龙岩市武平县	中山镇
		福州市永泰县	嵩口镇
		漳州市南靖县	梅林镇
		漳州市平和县	九峰镇
		南平市武夷山市	五夫镇
		南平市顺昌县	元坑镇
		南平市邵武市	和平镇
		宁德市蕉城区	三都镇、洋中镇、霍童镇
		宁德市古田县	杉洋镇
		宁德市屏南县	双溪镇
		三明市宁化县	石壁镇
		三明市永安市	贡川镇
		泉州市安溪县	湖头镇
		泉州市晋江市	安海镇
		泉州市永春县	岵山镇
江西省	13	景德镇市浮梁县	瑶里镇
		鹰潭市龙虎山风景区	上清镇
		鹰潭市贵溪市	塘湾镇
		上饶市横峰县	葛源镇
		上饶市铅山县	河口镇、石塘镇
		吉安市青原区	富田镇

（续表）

所属省份	合计	所属市县	古镇名称
江西省	13	吉安市吉安县	永和镇
		萍乡市安源区	安源镇
		抚州市广昌县	驿前镇
		抚州市金溪县	浒湾镇
		宜春市樟树市	临江镇
		九江市修水县	山口镇
山东省	4	淄博市周村区	王村镇
		淄博市桓台县	新城镇
		泰安市岱岳区	大汶口镇
		济宁市微山县	南阳镇
河南省	10	许昌市禹州市	神垕镇
		南阳市淅川县	荆紫关镇
		南阳市社旗县	赊店镇
		开封市开封县（2014 年更名为祥符区）	朱仙镇
		郑州市惠济区	古荥镇
		驻马店市确山县	竹沟镇
		驻马店市遂平县	嵖岈山镇
		安阳市滑县	道口镇
		信阳市光山县	白雀园镇
		平顶山市郏县	冢头镇
湖北省	13	荆州市监利县（2020 年更名为监利市）	周老嘴镇、程集镇
		荆州市洪湖市	瞿家湾镇
		黄冈市红安县	七里坪镇
		黄冈市麻城市	歧亭镇
		宜昌市当阳市	淯溪镇
		宜昌市宜都市	枝城镇
		咸宁市咸安区	汀泗桥镇
		黄石市阳新县	龙港镇
		十堰市郧西县	上津镇
		潜江市	熊口镇
		荆门市钟祥市	石牌镇
		随州市随县	安居镇
湖南省	10	湘西土家族苗族自治州龙山县	里耶镇
		湘西土家族苗族自治州花垣县	边城镇

（续表）

所属省份	合计	所属市县	古镇名称
湖南省	10	湘西土家族苗族自治州永顺县	芙蓉镇
		湘西土家族苗族自治州泸溪县	浦市镇
		岳阳市临湘市	聂市镇
		永州市东安县	芦洪市镇
		邵阳市洞口县	高沙镇
		邵阳市绥宁县	寨市镇
		长沙市浏阳市	文家市镇
		长沙市望城县（2011 年更名为望城区）	靖港镇
广东省	15	广州市番禺区	沙湾镇
		湛江市吴川市	吴阳镇
		梅州市大埔县	百侯镇、茶阳镇、三河镇
		梅州市梅县（2013 年更名为梅县区）	松口镇
		佛山市南海区	西樵镇
		汕尾市陆丰市	碣石镇
		揭阳市普宁市	洪阳镇
		江门市开平市	赤坎镇
		珠海市	唐家湾镇
		珠海市斗门区	斗门镇
		中山市	黄圃镇
		东莞市	石龙镇
		惠州市惠阳区	秋长镇
广西壮族自治区	9	贺州市昭平县	黄姚镇
		贺州市八步区	贺街镇
		桂林市灵川县	大圩镇
		桂林市阳朔县	福利镇、兴坪镇
		桂林市兴安县	界首镇
		桂林市恭城瑶族自治县	恭城镇
		柳州市鹿寨县	中渡镇
		防城港市防城区	那良镇
海南省	4	儋州市	中和镇
		文昌市	铺前镇
		定安县	定城镇
		三亚市	崖城镇（今崖州区）

（续表）

所属省份	合计	所属市县	古镇名称
重庆市	23	合川县（1992年更名为合川市，2006年更名为合川区）	涞滩镇
		石柱土家族自治县	西沱镇
		潼南县（2015年更名为潼南区）	双江镇
		渝北区	龙兴镇
		江津市（2006年更名为江津区）	中山镇、白沙镇、吴滩镇、石蟆镇、塘河镇
		酉阳土家族苗族自治县	龚滩镇、龙潭镇
		荣昌县（2015年更名为荣昌区）	路孔镇
		巫溪县	宁厂镇
		万州区	罗田镇
		涪陵区	青羊镇
		开县（2016年更名为开州区）	温泉镇
		黔江区	濯水镇
		九龙坡区	走马镇
		巴南区	丰盛镇
		铜梁县（2014年更名为铜梁区）	安居镇
		永川区	松溉镇
		北碚区	金刀峡镇
		綦江县（2011年更名为綦江区）	东溪镇
四川省	31	成都市邛崃市	平乐镇
		成都市龙泉驿区	洛带镇
		成都市大邑县	安仁镇、新场镇
		成都市双流县（2015年更名为双流区）	黄龙溪镇
		成都市金堂县	五凤镇
		成都市崇州市	元通镇
		南充市阆中市	老观镇
		宜宾市翠屏区	李庄镇
		宜宾市宜宾县（2018年更名为叙州区）	横江镇
		宜宾市屏山县	龙华镇
		自贡市大安区	牛佛镇、三多寨镇
		自贡市沿滩区	仙市镇
		自贡市贡井区	艾叶镇
		自贡市富顺县	赵化镇

（续表）

所属省份	合计	所属市县	古镇名称
四川省	31	泸州市合江县	福宝镇、尧坝镇
		泸州市古蔺县	太平镇、二郎镇
		乐山市犍为县	清溪镇
		达州市达川区	石桥镇
		雅安市雨城区	上里镇
		绵阳市三台县	郪江镇
		眉山市洪雅县	柳江镇
		巴中市巴州区	恩阳镇
		巴中市平昌县	白衣镇
		巴中市通江县	毛浴镇
		内江市隆昌县（2017 年更名为隆昌市）	云顶镇
		内江市资中县	罗泉镇
		广元市元坝区（2013 年更名为昭化区）	昭化镇
贵州省	8	贵阳市花溪区	青岩镇
		安顺市西秀区	旧州镇
		安顺市平坝县（2015 年更名为平坝区）	天龙镇
		黔东南苗族侗族自治州黄平县	旧州镇
		黔东南苗族侗族自治州雷山县	西江镇
		遵义市习水县	土城镇
		遵义市赤水市	大同镇
		铜仁市松桃苗族自治县	寨英镇
云南省	11	楚雄彝族自治州禄丰县（2021 年更名为禄丰市）	黑井镇
		楚雄彝族自治州姚安县	光禄镇
		玉溪市通海县	河西镇
		临沧市凤庆县	鲁史镇
		文山壮族苗族自治州文山市	平坝镇
		普洱市孟连傣族拉祜族佤族自治县	娜允镇
		大理白族自治州剑川县	沙溪镇
		大理白族自治州宾川县	州城镇
		大理白族自治州洱源县	凤羽镇
		保山市腾冲县（2015 年更名为腾冲市）	和顺镇
		红河哈尼族彝族自治州蒙自县（2010 年更名为蒙自市）	新安所镇

（续表）

所属省份	合计	所属市县	古镇名称
西藏自治区	5	山南市乃东县（2016 年更名为乃东区）	昌珠镇
		山南市贡嘎县	杰德秀镇
		日喀则市定结县	陈塘镇
		日喀则市	萨迦镇
		阿里地区札达县	托林镇
陕西省	7	铜川市印台区	陈炉镇
		汉中市宁强县	青木川镇
		商洛市柞水县	凤凰镇
		榆林市神木县（2017 年更名为神木市）	高家堡镇
		安康市旬阳县	蜀河镇
		安康市石泉县	熨斗镇
		渭南市澄城县	尧头镇
甘肃省	8	兰州市永登县	红城镇、连城镇
		兰州市榆中县	金崖镇、青城镇
		天水市秦安县	陇城镇
		甘南藏族自治州临潭县	新城镇
		武威市古浪县	大靖镇
		陇南市宕昌县	哈达铺镇
青海省	1	海东市循化撒拉族自治县	街子镇
新疆维吾尔自治区	3	伊犁哈萨克自治州霍城县	惠远镇
		吐鲁番市鄯善县	鲁克沁镇
		阿勒泰地区富蕴县	可可托海镇

注：不包括港澳台数据。

在我国各省（自治区、直辖市）中，拥有古镇数量最多的五个省级行政区分别是江苏省、四川省、浙江省、重庆市、福建省，数量分别为 31、31、27、23、19，约占全国历史文化名镇总数的 42%；在设区的市层面，苏州市的古镇最多，有 15 个；在县区级层面，重庆市江津区的古镇最多，有 5 个。

古镇分布不均衡，基本集中于东部、南部地区，北部和西部地区较少。在北方广袤的地域里，古镇非常稀少，青海、新疆和西藏加起来9个，东三省与内蒙古加起来13个。在北方省份中，古镇数量最多的是山西省，有15个。江苏、上海、浙江、福建、广东这5个沿海省份拥有古镇的数量占全国历史文化名镇总数的1/3。长江中上游地区也是古镇集中的地方，四川和重庆的古镇数量占全国的17%。部分古镇集中在少数民族聚居的地方，比如湖南省古镇40%集中于湘西土家族苗族自治州，云南省的11个古镇中只有3个不在少数民族聚居地。

造成这种局面的一个重要因素是战争与人口迁徙。前述已经有所论及，历史上北方地区战乱频繁，城池市镇遭受严重破坏，存留下来的较少。山西的古镇之所以能留存下来，与大山阻隔、交通不便、战乱相对较少有关。战乱导致人口迁徙到南方，促进了南方的经济与社会发展，一批批市镇相继产生。长江沿岸的口岸也是码头，经济繁荣，这一带的古镇基本上是随码头发展起来的。

第一章 长城内外古风遗
——京津冀、东北地区古镇

一 北京市密云区古北口镇

古北口镇因长城而闻名，属于边关要塞重镇，这与其所处位置密切相关。它处于北京东北部的密云区，密云区在地理上属燕山山脉与华北平原交接地，是华北通往东北、内蒙古的重要门户，有“京师锁钥”之称。密云区内的长城达300多千米，沿线的烽火台、敌楼、战台等古代建筑设施共666座，大小关隘61处，各式城堡有50余座。其中保存较好的长城遗址有古北口长城遗址、司马台长城遗址和墙子路长城遗址。

古北口是清朝皇帝出京北巡、东巡的必经之地。皇帝行军、秋狝、出巡时经过古北口，留下了多首描写古北口的诗。康熙皇帝曾作诗《出古北口》：“年年秋狝此经过，峭石天成险隘多。沙漠名王皆属国，但留形胜壮山河。”另一首诗《古北口》：“断山逾古北，石壁开峻远。形胜固难凭，在德不在险。”乾隆皇帝曾作诗《出古北口》：“楼山驾海带秦辽，拓抱中原迥近霄。此日无烦诧地险，当年见说控天骄。金瓯讵恃一丸固，玉烛恒惭六幕调。来往巡农兼阅武，万年家法仰神尧。” 这些诗无一例外提及了古北口地势的险要、风景的俊美。

古北口长城地势险要，它面临潮河，两侧有蟠龙、卧虎两山对峙，紧镇关门。长城城墙巧妙地利用山体的地势，并根据军事上、战略上的需要，将长城墙体设计为宽窄、高低不同的形式，有的还设有多重城墙或添建双层城墙及障墙等，同时，为了方便箭镞等远距离武器的发挥，在长城烽火台及城墙上设有很多孔洞，以方便冷兵器战略实施和射击使用。值得一提的是，在古北口长城的城墙上，还设有炮台。炮台突出长城城墙墙体，并设有直上直下的城墙，称为“天梯”。天梯两侧则是悬崖峭壁，低头俯望，可见底下万丈深渊，令人不寒而栗。

图 1-1　古北口镇城垣遗址一角

古北口镇的城垣遗址位于东关村，始建于明代洪武时期。城垣随山势而建，呈不规则形状，设有东门、南门、北门三个城门。东门的北侧建有水门。门洞处的墙体均为砖石包砌，中间夯土（如图1-1），周围墙段由山石垒砌，以灰浆勾缝。因历经多次战争以及

一些人为破坏，城垣的门洞被拆毁，南部和东部城垣段断断续续稍有拆毁，北部石砌砖墙和东部水门保存完好。

司马台是古北口东面的重要守备隘口，两侧山势险峻，易守难攻。明代著名将领谭纶和戚继光等人在此处精心设计，重点建设了一段长城，以“惊、险、奇”三绝而著称（如图 1–2）。城墙沿山脊建造，望京楼是最高点，海拔大约 986 米。司马台长城附近是司马台城堡，它是古北口东侧守卫关口的营城堡，建于明洪武年间，呈正方形，设有南门和北门两处城门。堡墙墙体全部用砖石包砌，中间以夯土夯实砌筑。城堡内设置提调所和军士驻防之所。现今，司马台城堡内外被民居所占。在城堡的西部

堡墙上，尚存有残基一处，约 3 米有余。城堡的东部墙体与南门、北门，现今基本保存完整。

从行政角度看，在明代古北口长城是蓟州西协四路之一，下辖有关砦十八处。在东起卢家安砦，西抵蚕房谷堡的长城城墙段中，发现了东山城志碑一块。这块石碑上记载了自明隆庆年间古北口长城的守卫将领戚继光、刘应节等人的职务情况。这块碑文填补《明史》中人物传记的内容，起到了补史的作用。现今，这块碑已经被移至密云区博物馆保存。

图 1-2 司马台长城

二 天津市西青区杨柳青镇

杨柳青镇位于天津市的西青区，地处京畿要冲之地。它最早名为“流口”，后改称“柳口”。金贞祐二年（1214 年）置“柳口镇”，为杨柳青镇行政建置之始。明代初期更名为杨柳青镇，沿用至今。（如图 1–3）嘉靖《河间府志》载：“柳口，即杨柳青。”《长安客话》中记载：“杨柳青，地近丁字沽，四面多植杨柳，故名。”

“杨柳青垂驿，靡芜绿到船”“杨柳青青河水黄，河流两岸苇篱长”“村旗夸酒莲花白，津鼓开帆杨柳青。壮岁惊心频客路，故

图 1–3 晨光中的杨柳青

乡回首几长亭”……这些诗句都是古人对杨柳青的描述，不正说明杨柳青的美丽吗？

杨柳青镇兴盛于明清时期，得益于运河漕运。明永乐十三年（1415 年），京杭大运河从通州到天津段称北运河，从天津到临清段称南运河，杨柳青所在的运河属于南运河。漕运的繁忙，为杨柳青带来了空前的繁荣和富庶。《天津县志》记载：“杨柳青，城治尚远，然亦县治中之大镇也。”清嘉庆元年（1796 年），全镇总户数达三千多户，居民二万余人。古镇因河而兴，御河（京杭大运河杨柳青河段）给古镇带来了繁荣的商业，孕育了传统文化和民间艺术，是古镇的魂。

石家大院是京杭大运河上的文化遗产，有“华北第一宅”之称，建于清光绪元年（1875 年）。大院建有四个大门，分别是福善堂、正廉堂、天锡堂、尊美堂，现仅存尊美堂。尊美堂南北长 96 米，东西宽 62 米，建筑面积 2960 平方米，四进四跨院，十八个院落。北门是正门，用来迎接贵宾；南面设两门，西门为家庭主要出入口，进门正对的是砖雕影壁；东门为车马出入口，通道较宽，连接着边院。

两条南北方向的纵轴线贯穿整个院落，一是北门正对的箭道，箭道内又设三道门楼，青砖雕砌门楼、木雕垂花门楼和青砖西洋券门楼；二是与箭道平行的长达百米的西跨院长廊。建筑主体结构均为抬梁式木构架，两端辅以硬山架檩，室内少柱或无柱，这样可以获得最大的使用空间。戏楼是石家大院中非常有特色的建筑，规模很大，堪称北方最大的民宅戏楼，由三组厅堂组成，中间部分为观众厅与戏台，由回廊与罩棚组成，戏台面宽三间，每间宽 3.8 米，进深 2.2 米，台上的明柱悬朱红底黑字楹联。回廊内为观众席，柱子是方形抹角的“梅花柱”。石家大院这座百余年的建筑，见证了昔日杨柳青镇的繁华与喧嚣，错落有致的院落与屋宇，向世人展示着时代留下的痕迹，诉说着百年以来的沧桑巨变。

文昌阁是杨柳青镇的标志性建筑之一，因供奉文昌帝君而得名。该建筑始建于明万历初年，天启年间遭过焚毁，崇祯时又重建，清咸丰年间再毁再建。阁楼以砖木叠砌，共三层，通高 15 米，六脊瓦顶，每脊各负一条苍龙，檐角上挂有阁铃。三层阁楼分别供奉着魁星、文昌帝君和孔子。《天津县志》记载：“科举未发时，杨柳青在文昌阁设崇文书院，成就人才，其文艺见称于时，尤为乡镇中所罕见者。”可见，文昌阁是士子读书向往之地。

其实，人们提到杨柳青镇时，首先想到的可能并非石家大院、江北古城，而是木版年画。的确，杨柳青镇曾凭木版年画入选 2018—2020 年度“中国民间文化艺术之乡”。杨柳青年画用木版套色与手工彩绘相结合，经过创作画稿、勾描、印墨线套印和彩绘等工序制成。木版年画始于明代，兴盛于清乾隆年间，当时杨柳青全镇年画作坊有百余家，从事年画业生产的手工艺人达三千余人。“家家会点染，户户善丹青”是当时情景的生动写照。杨柳青镇年产画幅数百万张，远销北方各大省份。

三 河北省古镇

（一）蔚县暖泉镇与代王城镇

1. 暖泉镇

暖泉古镇位于蔚县西部，壶流河水库北岸，明清时期是山西商人到张家口及以北地区经商的必经之地（如图 1-4）。元朝前，该镇是三堡、六巷、十八庄，元初合并为暖泉镇，因镇中有一温泉而得名。《蔚州志·渠道图》记载："出城西三十里暖泉堡中，泉之源以石瓮分东西流。"泉水源于镇中心一水池，池内东西两侧各砌一洞，俗称龙口，泉水经两龙口而出。

暖泉古镇的文物史迹众多，有西古堡、暖泉书院、老君观、华严寺等。

图 1-4 暖泉古镇镇口

西古堡是暖泉古镇最著名的“三座古堡”之一，俗称“寨堡”，位于暖泉镇西南。始建于明嘉靖年间，后经扩建、续建，逐渐形成规模。寨堡南北长约 1.5 千米，东西宽约 1 千米，呈较规则的长方形。堡墙为土坯砌筑，外包以城砖，高近 3 米，下部最厚处 120 厘米。在堡东侧的南北两处各有一个堡门，是全堡的出入口。堡门高大，以木门封闭。为增强堡门的防御性，在两个堡门外都设有半圆形的瓮城。堡内主要道路为一条南北向的石板路，路宽 2.5 米，从这条主路上分出许多东西向的小巷通往各院落。堡内的民居为四合院式，建筑单体为单层，木构架承重，砖墙围护。除了民居，堡内还有祠堂、戏楼、地藏寺、观音阁、三义庙、马神庙等公共建筑。其中地藏寺规模较大，它位于堡的西南部，奉祀着地藏菩萨。地藏殿是寺里的主殿，坐北朝南，面阔五间，进深三柱五架，中间三间前出廊，总面积 95.14 平方米，里面供奉着地藏菩萨的塑像。两侧的配殿供奉着与地狱相关的各路鬼神。地藏殿的对面是鬼王殿，面阔三间，进深一间，面积 18.6 平方米。鬼王殿的两侧是钟鼓亭。整体上看，地藏寺是一座规制完整的寺庙。

暖泉书院位于暖泉的水源处，占地约 1300 平方米，这里曾是元代工部尚书王敏读书的地方。书院中有一凉亭，亭前有八角形的池子，称八角井。泉水先从地下穿凉亭而过，经八角井流出，形成蔚县胜景之一“水过凉亭八角井”。暖泉书院东北角有魁星楼一座，绿柳掩映，背池面山。

老君观坐落于古镇北沙土丘上，属明清建筑。道观坐北朝南，山门内建有影壁，上面绘有太极八卦图，山门东西各置蹲狮一尊。庙内正殿保存有罕见的道教题材精美壁画，是研究道教的重要实物资料。

华严寺始建于明代洪武年间，清代顺治年间改称崇教寺，俗称下华严寺。寺内的建筑自南向北分布，依次为前殿、后殿，东西有配殿。前殿面阔进深各三间，单檐歇山式，檐下施五踩斗拱，梁架为五架梁，前后各出单步梁，内置天花，绘有精美的龙凤彩画等图案。

另外，暖泉古镇还有著名的打树花表演。这是当地社火的一种活动，至今已有500多年的历史。把铁烧至1600摄氏度化为铁水后，再泼打到城墙之上，铁水便泛起壮观的“火树银花”景观。

2. 代王城镇

《太平寰宇记》中记载：“代地本瞿、姜姓之国，周末强大，在七国前称王。”汉高祖时期，封其兄宜信侯刘喜为代王，国都便是现在的代王城古城区。古城区建有宫殿、宫邸、园囿、手工业区和居住区。但好景不长，不久代王古城被匈奴大举入侵而沦陷。赵武灵王时期，始设代郡。秦始皇统一中国后，将天下分为三十六郡，代为一郡，郡治在今代王城。周宣帝大成元年，始置蔚州，周静帝时期建蔚州城。

代王城古镇文化底蕴深厚，文物古迹众多，据统计达37处之多，时间跨度为夏朝至民国，有古城遗址、墓葬、寺庙、戏楼、故居、药铺等各种文物古迹。我们以时间为界，将其分为两大类，一类是商周、战国及秦汉时期所形成的古代城市遗址，包括宫殿区、古道路、王公贵族墓葬等地下遗存；二是明清时期战争防御及商贸手工业遗存，当时商业发展所形成的居住遗址包括民居、寺庙、戏楼等古代建筑。

文物古迹首推代王城城址。代王城为西汉初年代国的封地，建有都邑城垣，古城平面呈椭圆形，城周长9265米。城墙现有大小不等的缺口27个，墙体采用夯筑的方法，夯层清晰，每层厚3 ~ 16厘米，但多为7 ~ 8厘米。关于城门，《两镇三关志》记载：“蔚废代城，俗呼代王城，周二十五里，九门遗址尚存。”1937年杨震亚所绘的《蔚县新志参考图》中有代王城古城平面示意图，并注明九门名称，分别为宝源门、兴隆门、荥阳门、崇德门、钟秀门、兴圃门、文胜门、富农门、迎海门，这对进一步了解研究古城与门有重要的参考价值（如图1–5）。城墙外分布马面，是早期城址防

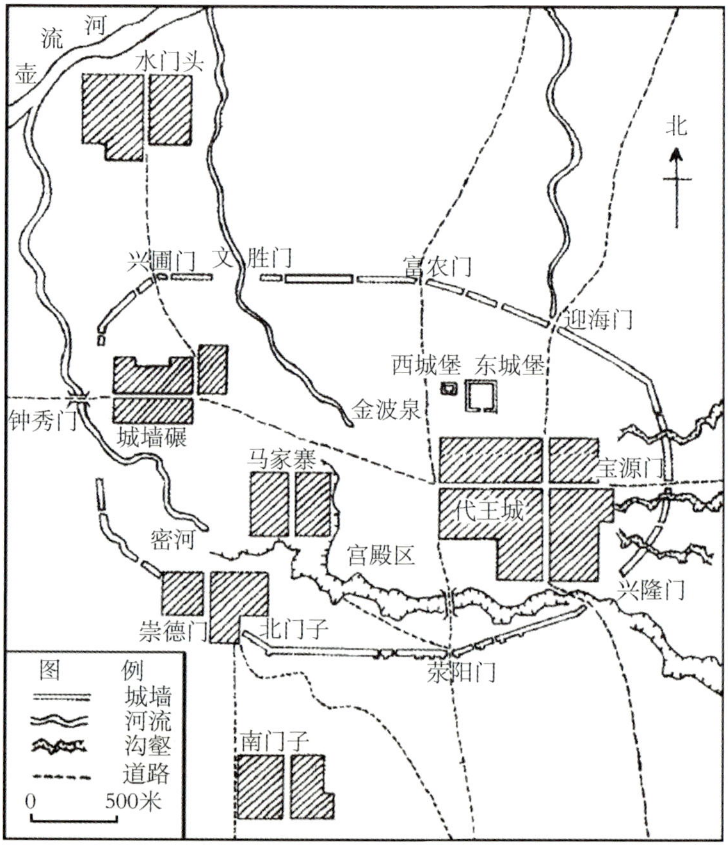

图 1-5 代王城古城平面示意图

御的最佳实例。据史书记载，这种在城门设置马面的方式始于汉代初年。因此，代王城城垣的时代可以上溯至汉初，这为相关研究提供了实例佐证。

代王城镇的东南部是战国及秦汉时期王室贵族的宫殿分布区域，占地面积约 5 万平方米。从考古学的断面地层处可见宫殿基址、祭祀人骨、灰坑、筒板瓦及瓦当，以及盆、钵、鬲、罐、豆等生活用具，为研究这一地区的城市遗址、探讨秦汉文化提供了重要的实物资料。

明清时期遗留下来的古迹有以“四堡四庄”为代表的居民区和

商贸区。“四堡”指的是南堡、东堡、大堡、西堡，“四庄”指的是东南庄、小东庄、西庄、辛庄。主要街巷是大堡街、东堡街、西堡街及口字街，街区里有小堡城、乐楼、财神庙、地藏寺、观音阁、龙王庙、传统店铺等历史建筑。其中龙王庙是代王城古镇最早的木质结构建筑，始建于明代初期，为悬山式建筑，建筑的额枋上绘有彩绘。历史上，逢二遇七赶集，赶集的乡亲们和来自天津、北京、保定、坝上一带的商贩云集代王城城内，行商坐贾，热闹非凡，使代王城呈现出一片繁华热闹的景象。

总而言之，代王城古镇历史悠久，文化内涵丰富，古城内的残垣断壁看上去依然富有历史的沧桑感，今日的代王城没有昔日的森严戒备，却呈现出车水马龙的繁华景象，使古城的生命得以延续，诉说着它的历史与变迁。

（二）永年县（2016 年撤县设区）广府镇

广府镇，俗称城关镇、永年城或广府城，杨氏太极拳、武氏太极拳均发源于此地。广府镇在古代还有一个美丽的称呼——曲梁。“曲”就是弯曲之意，“梁”则是水堤之意。广府镇周围洺水环绕，筑堤而围，这便是这个名称的由来。

战国时期赵国毛遂的封地便位于此。据《鸡泽县志》记载，相传东营村是毛遂的故乡。20 世纪 90 年代，在这里发现了毛遂墓。墓碑上书“平原君上客谏议大夫毛遂之墓”。相信大家对毛遂自荐的故事并不陌生，此不赘述。

隋朝末年，农民起义军首领窦建德在广府镇建都，建立大夏国。窦建德在此建国之后，努力开垦良田，推行奖励农桑等政策，为广府筑城打下了良好的基础。

广府古城距今已有 2600 多年的历史。城墙高 10 米，厚 8 米，周长 4.5 千米，开设四个城门，东面的城门叫阳和门，西面的城门叫保和门，南面的城门叫阳明门，北面的城门叫贞元门。城墙原为夯土砌筑，明嘉靖时期改为砖砌，并在四个城门上修筑城楼，还在四角建有角楼，增设垛墙 876 处，以巩固城墙。另外，在城门之外修建瓮城，挖环城的护城河，瓮城和护城河拱卫下的广府城固若金汤，易守难攻。

广府镇重要的史迹还有赵州桥的姊妹桥——弘济桥。（如图 1-6）弘济桥东西横跨滏阳河，修建于宋元时期，初为木桥，明弘治十八年（1505 年）改建为石桥，嘉靖年间重修。该桥全部用石块砌成，与赵州桥结构相似。桥东西长 48.9 米，宽 6.82 米，由 18 道单券组成，券与券之间用 0.37 ~ 0.43 米宽的铁束腰相连。考古学者们在桥面的石板上发现有大量古生代奥陶纪时期的三叶虫化石。

称呼广府镇为太极拳的故乡一点也不为过。作为杨式太极、武式太极的发祥地，广府人独爱打太极拳。每逢清晨时分，便可以在这里看到晨练的人们自由地打着各式的太极拳。杨式太极拳创始人杨露禅故居和武式太极拳创始人武禹襄故居也保存完好。作为太极拳创始人的故地，这里每年都会举办太极拳比赛大会，吸引了全国各地的人们前来参与。

图 1-6　弘济桥

（三）涉县固新镇

固新镇位于涉县西南部，处于清漳河谷地，南、北山岭连绵，相传唐末时李克用曾在此屯兵筑城。这里曾是县治所在地，现存北方城堡式四门四券古建筑群（如图 1–7）。这四个券门建于北齐天保年间，或为基石拱券，或为基石横梁隧道建筑。据当地老人回忆，东券门原本是最华丽的，拱券之上建有神殿，飞檐斗拱，檐角挂有铁铸的风铃，微风过处，叮当作响，因而也被人们称作“铃儿券”。南北券门之间是主街道，由青石板铺成，明清时期繁华热闹，店铺林立，有作坊、旅店、当铺等。

北券门附近有一棵年代十分久远的古槐，被誉为“天下第一槐”。根据嘉庆年间的《涉县志》记载：“古槐树，邑有三，皆植自唐宋。一在故县镇，十大树围，枝叶扶疏，状类蛟龙。”因此，这棵槐树

图 1–7　券门建筑

也被赋予了神秘的色彩。传说光绪年间曾闹过一次大饥荒，当时作物颗粒无收，百姓家中储存的粮食业已尽绝。正值此危难之际，这棵古槐大开“槐仓”，饥民们将古槐的绿叶悉数采净，以此充饥。第二天，古槐新叶重生，枝繁叶茂，饥民们又尽采而食。如是数日，饥民们以槐叶为食，保住了性命。如今，这棵古老的槐树依然屹立挺拔。树皮历经风雨的侵蚀，大部分都已经不复存在，裸露出里面的木轮，形成了巨形的板块，每逢春夏之交，树冠重返青苍。同时村民们有祈福于古槐的习俗，树上也曾挂着“有求必应”“神槐赐福”等匾额，甚至供有香火，成了村中的“神槐”。

固新镇还有著名的林旺响堂石窟，始开凿于北齐时代，历经隋唐、宋明时期，不断完善，窟内造像保存完好。石窟开在卧龙山的底层，坐东北朝西南，正面高达7米，分为上下两层。上层是一座大型塔形龛，塔身正中开圆拱尖楣龛，龛内雕刻一佛二菩萨。下层是石窟大门，门外为圆拱尖楣并二重褶叠式。大门两侧各置一尊力士。左侧力士左手、右肩及头面部残缺；右侧力士左臂肩、右手及面部残缺（如图1–8）。在力士像外侧各刻有靠山碑一通。左侧碑无碑首碑座，碑左下角残缺大块；右侧靠山碑为四龙螭首碑头，趺座，保存基本完好，上部有被凿盗的痕迹。

图1–8 力士立像线图

石窟呈穹窿顶，正、左、右三壁设有低坛。三壁在佛像的两侧各雕有三排千佛，每层数目不等，千佛除头部被毁外，其余保存较好。

正壁基坛上雕刻着一佛二弟子二菩萨。正中是坐佛，残损较严重，佛头后有三层头光。左壁基坛上也是一佛二弟子二菩萨，正中主佛坐在方形须弥座上，身体残缺，仅保留有完整的头光。右壁的风格与左壁相同，主尊坐佛仅存须弥方座，头光保持较好。

石窟现存有五块摩崖碑记，极其珍贵。这些碑记分别刊刻于北齐末年、开皇七年（587年）、淳化三年（992年）、万历四十二年（1614年）。这五处碑记，补证了《北齐地理志》的不足。据林旺响堂石窟外的记事碑记载，石窟始由北齐杨王府户曹参军、前临水县正李子良开凿，开凿窟龛并未全部完工，北齐便灭亡了。隋代开皇七年，朱先及其子侄，继续开龛，终于全部完成。

石窟反映了古代此地佛教的兴盛，除了石窟，还有清泉寺、南山寺等寺庙。

清泉寺位于石岗村南的青头山山腰，史载该寺始建于汉代，初名累通寺，唐代称净化寺，梁宋时期又称清碧寺，明清时期始更名为清泉寺。清泉寺的前方原有泉眼两处，名曰甘露和玉液。泉水出自陡壁，清凉甘洌。寺内环境幽雅，为涉县古时八大景色之一，名曰“青头卧云”。寺院原建有山门、钟楼、鼓楼、东配殿、西配殿、雷音殿，毗卢殿（罗汉殿）、大雄殿、天王殿、藏经殿、伽蓝殿、仙境台、月牙井、石柱、八角池等，有康熙皇帝、慈禧太后的御笔真迹和王羲之、张天师的墨宝石刻。20世纪80年代，寺内建筑因大火而毁损严重，今存山门、钟楼、鼓楼、藏经殿、天王殿等建筑。

南山寺坐落在固新村西南，始建于东晋永昌年间，北宋乾德年间重修，距今已有1600多年的历史。元代时期，著名的比丘了能在此处修行，增建了殿宇廊舍。明代弘治时期，僧人普能亦在此修行，重修宝刹庙宇，使此寺粗具规模。崇祯时期又增建大佛殿、水陆殿、十王殿、伽蓝殿。清代乾隆时期再次重修，重塑殿内诸佛金身。抗战时期，八路军曾在此地从事地下工作。中华人民共和国成立后，法师和居士联手重修庙宇。目前，主殿供奉有释迦牟尼佛、药师佛、阿弥陀佛。

固新镇还有道教建筑。洞阳观始建于元延祐三年（1316年），明洪武年间因大火而焚毁，后于旧址重修。洞阳观坐北朝南，原建有山门、前殿、中殿、后殿、东西配房等建筑，现今仅存老君殿、后殿。其中，老君殿的建筑为面阔三间、进深一间的悬山式建筑，内有七架大梁，前檐为五踩双下昂斗拱，后檐为三踩斗拱，柱间平板枋厚重。后殿是面阔三间、进深一间的悬山式建筑，内有五架梁，前檐为三踩单昂斗拱。目前洞阳观已被认定为河北省重点文物保护单位。

（四）井陉县天长镇

天长镇处于晋冀交界的太行山区域，始建于汉代，因位于天长岭之下，故称天长村。唐代时在此设天长军，成为河北西部的军事重镇。后晋时改

图 1-9 古城门

称天威军，北宋熙宁年间为井陉县治之所，在唐代城址的基础上重新修建城墙、衙署，金元时期曾一度发展成为州府，自宋以后至民国时期，天长一直是县治之所，素称“宋古城”。与古北口镇一样，天长镇也是因地理位置险要而成为军事重镇的，但与古北口镇不同的是，它从军事重镇发展成了商业重镇。天长镇资源丰富，历来是商贾云集之地，素有“燕晋通衢”之称。

根据县志记载，天长古城初建时城墙是土夯的，开设东、西、南三个城门（如图 1–9），由于北城墙建在北岭上，所以不设城门。嘉靖二十二年（1543 年），南城墙被大水冲毁，后用石头重砌，并在东、西、南三个城门外各增建一个瓮城。城外设有东、西、南、北四个关，统称城关，

东关、西关、南关都分别在东、西、南门附近，北关在东关的北面。出了东门是城壕街，商贸区集中在东关、北关和城壕街一带。

古镇的外面是素有“井陉赵州桥”之称的通济桥，原名天威军石桥，始建于宋元丰六年（1083 年），对研究古代桥梁建筑艺术和历史具有一定的价值。过了石桥，看到的第一个高大古建筑就是观音阁。观音阁位于古城南门附近，明代天长镇扩建时所建，清代和民国年间均有重修。阁有三层，底层为高大的夯土基台，高约 6 米，外包砖石，台基之上是二层的挑檐式楼阁。

井陉县的官学始建于宋熙宁年间，原名“学宫”。明清两代书院盛行，明嘉靖三十三年（1554 年）知县苟文奎在学宫之东建陉山书院，隆庆三年（1569 年）知县钟遐龄修葺。清康熙二十二年（1683 年）知县周文煌在县城东三里文昌阁建东壁书院；康熙四十年（1701 年）修葺后改名为文昌书院，名其堂曰“乐育堂”。乾隆四十二年（1777 年）知县周尚亲在县城东门内路北节孝祠旧址恢扩其地，修建了皆山书院。皆山书院，取井陉乃岩邑，四顾环山之意。光绪二十九年（1903 年）知县欧阳绣之奉令改书院为县立高等小学堂；辛亥革命后更名为县立高等小学校，成为井陉县开办的第一所学校。

天长镇的古迹还有明霍都堂、许总兵府第、王家大院、蔡家大院。这些建筑均青砖灰瓦，以轴对称式罗列分布，形成了鲜明的对景风格。保存最完整的古民居是王家大院。王家大院始建于明末，整体布局为双喜字图案，分为八个小院，每院自成一体，院院相通，宛如一座布局精巧的建筑迷宫。据说当年康熙皇帝西巡驻跸井陉时即在此院，也有人说孙中山当年去山西路过井陉时也曾在这里住过。

唐代大诗人王维经过此地时，写下了“井邑傅岩上，客亭云雾间。高城眺落日，极浦映苍山”的诗句。悠久的历史加上灿烂的人文印迹，使天长镇呈现出别具一格的风景。它的地理位置重要，是历代兵家必争之地，因此又被誉为文化兼军事、建筑遗产型的历史文化名镇。

四 东北古镇

（一）黑龙江省古镇

1. 黑河市爱辉区爱辉镇

瑷珲，这个北国小镇想必大家并不陌生，因为在中国近代史中，这里是《中俄瑷珲条约》的签订地。瑷珲古城原位于黑河市爱辉区东南部，得名于瑷珲河。瑷珲又有“艾辉”“爱乎”“艾虎”“艾浒”等多种称谓，是达斡尔语音译，翻译成汉语，就是“可畏”的意思。爱珲地势西高东低，呈缓坡式，土质肥沃，土壤呈黑色，长年雨量充沛，气候比较湿润，故又素有“东北粮仓”的美称。

爱辉区历史悠久，有重要的文物史迹——瑷珲城。瑷珲城始建于明永乐年间，永乐皇帝为对付元朝的残余势力，在黑龙江左岸修建了瑷珲城。清朝时为方便其与内地的交通，于 1685 年在黑龙江右岸（即今天瑷珲古城的位置）重新建筑城寨，仍名瑷珲。据《盛京通志》记载：“内城植松木为墙，中实以土，高一丈八尺，周围一千三十步，门四；西南北三面，植木为廓，南一门，西北各二门，东南临江，周围十里。”瑷珲古城内还有城隍庙、龙王庙、文庙、真武庙、关帝庙、大佛寺、魁星阁等众多庙宇。

瑷珲古城命运多舛，光绪年间“庚子之乱”，沙俄侵略者趁机攻陷了瑷珲城，制造了震惊中外的瑷珲城火烧案。1900 年夏，沙俄军队大举渡江入侵我国东北。8 月 4 日，1 万多俄军分水陆三路扑向瑷珲城。3000 守军奋勇抵抗 7 小时，战死 300 余人，之后撤退。沙俄军队占城后，大肆抢掠、奸淫、杀戮，“纵火焚城，火光烛天，数日不息”。数千中国居民被活活烧死，瑷珲城成了一堆瓦砾。后几经努力与斡旋，清朝政府终将沙俄侵略军赶出瑷珲，并花重金重建城池，这就是瑷珲新城。瑷珲副都统姚福升亲自带人勘查旧城址，在东南西北各建一城门，不筑城墙，四周掘壕筑堤，栽种松柏。街道力求宽阔整齐，建衙署、城隍庙、钟楼、文庙、学堂、海关（如图 1-10），招揽原住户回来建房立业。姚福升曾作诗《龙江吟》，描述了当时战后悲惨、凋敝的情景：“龙江万里成楼空，斑点离离塞草红。六十四屯今安在，何人复我大江东。”

爱辉镇虽地处北国，但一年四季都有好景色，春之新，夏之幽，

图 1-10 清朝瑷珲海关旧址

秋之翠，冬之雪，无不引人入胜。朝阳暮霞，明月清风，云雾环绕的林间，潺潺而下的溪流，宛若仙境。

2. 海林市横道河子镇

横道河子镇位于海林市西部，是牡丹江通往哈尔滨的咽喉要道。镇名来源于本地区内的河道——横道河子。清朝时隶属宁古塔副都统管辖，中东铁路开通后，划为铁路“附属地”。中东铁路促进了沙皇俄国与清朝政府间的往来。到日伪时期，中东铁路仍能正常地发挥作用。不少人在此地开工设厂，修建别墅，横道河子逐渐成为商贸之地。

图 1-11　机车库

中东铁路建筑群遍布整个横道河子镇。机车库是现存的唯一一处中东铁路机车库。它建于 1903 年，位于绥满路，是铁路列车服务所的主要存车与维修处，久负盛名，每昼夜都有工人在此工作，直到 20 世纪 90 年代，内燃机取代蒸汽机，机车库才完成了历史使命，退出了历史舞台。机车库平面形式独特，体量庞大，占地面积约 5000 平方米，建筑面积约 2160 平方米，由 15 个相同的单元组成，可同时停放 15 列火车头。整个机车库呈扇形，正立面总弧长达 77 米，背立面总弧长达 110 米，建筑总进深达 28 米（如图 1–11）。有人给予它高度评价：“它具有典型的俄罗斯建筑风格，作为完整建筑群遗存，在我国极为稀少。它是我国最早的一批铁路工业建筑的典型代表，其建筑年代之早，建筑规模之大，建筑技术之新，在当时国内铁路工业建筑中屈指可数。”

这里还有东正教堂。众所周知，十字架比较常见的是竖长横短，但本地区的教堂十字架竖横等长，为什么呢？这便是东正教的显著标志，这里的东正教圣母进堂教堂（俗称“喇嘛台”）是东北地区唯一一座木质结构的教堂建筑（如图 1-12），其规模仅次于哈尔滨的圣尼古拉大教堂。这个教堂是 1903 年修中东铁路时俄国人建

图 1-12
圣母进堂教堂

造的。当时这里有一名主教，二名神父，教徒 500 多人，是远近闻名的东正教活动中心。直至 1955 年俄国人迁走后才停止宗教活动。它在研究东正教、增进国际文化交流和友好往来方面有着重要的历史、艺术和科学价值。

中东铁路建设过程中，横道河子路段是一大难题，不少俄罗斯工程师云集于此，解决施工中的技术难题，这也使得横道河子镇成为俄罗斯人在我国东北的主要聚居地之一。因此，其在俄罗斯国内，

至今都享有很高的知名度。不少俄罗斯人前来度假，他们漫步在古老的工业遗产中，探索古人智慧与今人的对话，这些旅游资源带动了横道河子镇文化产业的发展。

另外，横道河子镇是东北虎之乡，是全世界最接近野生东北虎自然生存环境的地方，拥有世界上最大的东北虎繁育中心。

（二）吉林省古镇

1. 四平市铁东区叶赫镇

叶赫镇位于四平市铁东区，地处长白山余脉，属大黑山系，是一个“六山一水三分田”的丘陵半山区，山清水秀，风光旖旎。叶赫河自东向西流经叶赫填，呈“S”形绕山而行，形成一个有 33.35 平方千米宽阔水域的转山湖。湖岸景色优美，怪石林立，素有“北方小三峡”之美称。

叶赫镇历史悠久，是明清时期海西女真的重要发祥地之一。明初，海西女真叶赫部落原居呼喇温江（呼兰河）一带，始祖星根达尔汗带领族人进京纳贡，为部族赢得了“塔鲁木卫”名号。八代王褚孔革时，塔鲁木卫活动地域由伊通以南扩展到开原、镇北关以北的叶赫勒河流域一带。褚孔革把塔鲁木卫改称为“叶赫部”，“叶赫那拉氏”为其部族的姓氏，意思是“河边的太阳”。褚孔革及其子孙先后在叶赫勒河畔建西、东二城，每城有木、土、石三道城墙，还有护城河环绕，内有八角明楼。1575 年，杨吉砮的女儿孟古出生在叶赫东城，她是清朝的第一位皇后——孝慈高皇后。1619 年努尔哈赤征服叶赫部时城池焚于战火。1994 年叶赫城易地重建，古城堡坐落在转山湖的“东城山”上，面积 65000 平方米，建筑面积 3 万平方米，再现了古城原貌。（如图 1–13）

图 1–13 叶赫古城碑

由此可知，叶赫古城有珊延沃赫城（又称商监府城）、东城和西城等三座城，呈三角形分布，东城与西城隔叶赫河相望，珊延沃赫城位于东城之南。目前，只有东城遗址尚依稀可辨。

清康熙皇帝东巡时，曾经两次路过并游览了叶赫城，第一次是康熙十年（1671年）第一次东巡，《清实录》记载“甲戌驻跸开原县，乙亥驻跸叶赫正北堡”。第二次是康熙二十一年（1682年），《扈从东巡日录》中对叶赫故城遗址有记载，“夜黑城在北山之隈，砖甃城根，亦有子城，尚余台殿故址。又一石城，在南山之阳，水草丰美，微有阡陌”。这里说的“夜黑城”即叶赫城（西城）。康熙皇帝还作诗《经叶赫废城》一首：“断垒生新草，空城尚野花。翠华今日幸，谷口动鸣笳。”

清朝自康熙二十年（1681年）开始修建从京师至吉林乌拉的驿道，驿道从叶赫穿过，并设叶赫驿站。叶赫驿站由驿所、营房、马厩三部分组成，为过往的官兵、官差提供食宿、车马、杂役等保障。

叶赫素称“三代皇后的故乡”，这三位皇后分别为清初皇太极生母孝慈高皇后、清末慈禧太后和隆裕皇后。不唯如此，清代名相纳兰明珠、词人纳兰性德也出自叶赫。纳兰明珠是叶赫那拉金台石的孙子，十六岁时，出任云麾使，行走宫中，后为康熙首辅大臣、太子太傅、武英殿大学士。纳兰性德是纳兰明珠的长子，他的词作隽秀真挚，自然超逸，哀婉凄美，对后世有一定的影响。

2. 吉林市龙潭区乌拉街镇

“乌拉”是满语，汉语意为“沿江”，“江”指的是松花江。乌拉街古称“洪泥罗”城，是满族主要发祥地之一。新石器时代，满族人的祖先肃慎人就在此劳动、生息和繁衍。明永乐四年（1406 年）设置乌拉卫。明代中期，海西女真逐渐崛起，作为扈伦四部之一的乌拉部相继吞并了附近的女真诸部，建立了乌拉政权，以乌拉街为都城，这就是乌拉古城。尔后建州女真首领努尔哈赤率兵破城大败乌拉部。顺治皇帝将此地尊为“清朝发祥圣地”，使乌拉街镇成为清廷“朝贡基地”之一。乌拉曾有“远迎长白，近绕松花，乃三省通衢”的赞誉。

乌拉古城建于明万历初年，三面环山，一面临水，地势平坦而有一定的坡度，坐北朝南，背靠主峰，左右次峰，形成背山面水、负阴抱阳的山水格局。古城以山水为大地坐标，充分考虑主山、朝山等对山关系，中轴线与远处北方的七家子山遥相呼应。吉林民间有“先有乌拉，后有吉林市”的说法，乌拉的历史比吉林市还早。有人说，吉林市的城市选址轴线是乌拉古城轴线的延伸。

乌拉古城的城墙用土夯成，分内、中、外三层。外城现在只有东、南、北墙的残段，墙外有护城河遗址。中城有东、南、北城门三处。内城大致呈梯形，正南有一门，城墙四角各有一角楼（现只

图 1-14　乌拉古城点将台

摄影者　多海，吉林民族宗教研究中心

存台基），中有夯土高台。这土台被称为“白花点将台”，现在土台上矗立着一座革命烈士纪念塔。（如图 1–14）关于“白花点将台”的说法有很多，有人认为是金太祖完颜阿骨打的女儿、金兀术的妹妹白花公主出兵打仗之前，点将阅兵的地方；有的人认为是渤海国时海郡王的三女儿白花公主在此筑城时修的将台；还有的人认为是金代敖都部主的三女儿白花公主因蒙古入侵战败，东渡松花江，其兵卒和随逃的百姓每个人背一兜家乡土，到此堆筑而成的台。

古城内的古建筑有八庙四祠三府一街。“八庙”指的是娘娘庙、保宁庵、观音阁、山神庙、关帝庙、城隍庙、财神庙、药王庙，“四祠”指的是将军祠、仓神祠、昭忠祠、松江第一祠，“三府”指的是萨府、后府、魁府，“一街”指的是满族民俗街。气派壮观的要数“三府”。

萨府始建于清乾隆二十年（1751 年），系打牲乌拉总管衙门第十三任总管索柱的私人府邸。建筑基本保存完好，现存正房五间，前出檐廊，东西两厢四栋，每侧两栋各三间，门房五间。屋面是青砖瓦，典雅古朴，具有清初时期八旗民居二进四合院的特色（如图 1–15）。

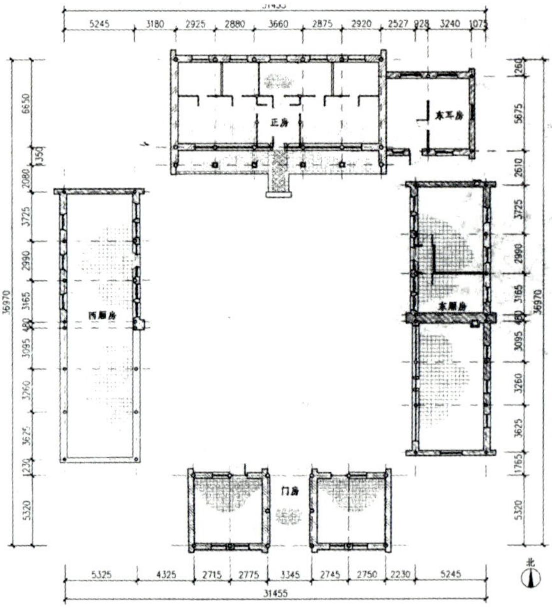

图 1–15　萨府总平面示意图

后府建于清光绪六年（1880 年），光绪十年（1884 年）竣工，系打牲乌拉总管衙门第三十一任总管赵云生的私人府邸。后府大门朝东，是朱门高阁、一高两低的砖瓦门楼，门洞两侧设有耳房，大门东有一座影壁，两侧有记事碑刻。二进院落，还有西花园。与萨府一样，也是典型的四合院建筑。

魁府始建于清光绪末年，是官至副督统的乌拉街人王魁福的府邸，因尊称其“魁大人”而得名，也是二进四合院，正房五间，东、西厢房各三间，耳房各一间（现仅存廊步架），正房与东、西厢房以抄手廊相连。《狼烟》《长夜春晓》《关东吉卜赛》等 20 多部影视剧都是在这里拍摄的。

（三）辽宁省古镇

1. 新宾满族自治县永陵镇

清代皇陵除了东陵、西陵之外，在关外还有三陵，即新宾永陵、沈阳福陵和昭陵。永陵镇因皇陵而得名，被誉为清前故里。清朝皇帝祖先的城和墓都在此地。“城”指的是觉尔察城、佛阿拉城和赫图阿拉城，“墓”指的是永陵。

觉尔察城位于永陵镇南，始建于明代嘉靖时期，是建州女真宁古塔城之一。提到宁古塔，大多数满族人便会想到六祖。因为宁古塔是满语“六祖”的意思。努尔哈赤的曾祖名叫福满。福满有六子：长子德世库，次子刘阐，三子索长阿，四子觉昌安，五子包郎阿，六子宝实。六子各立城寨，分六处环卫而居，以对抗其他部落的侵袭。觉尔察城主要史迹有女真族老遗址、千年古墓、女真祭祖堂、德世库遗址、老君真人堂、狩猎木屋等。

佛阿拉城位于永陵镇二道村，是努尔哈赤在明万历十五年（1587 年）创建的，城池由外至内，依次分为套城、外城和内城三部分。内城中设有木栅，栅内是努尔哈赤的居住地。经过考古工作者的调查发现，佛阿拉城属于人工建造的城址。城墙上开有五座城门，内、外两道城墙的基础都按山形地势走向建筑，呈不规则形状分布。努尔哈赤的故居位于城中最高处。设门七道，有房屋六栋二十余间，多为砖瓦房。客厅在东院正中，是努尔哈赤处理公务、接待宾客和祭天、祭神之所，鼓楼专司晨暮报闻之用，以礼乐迎送努尔哈赤出入栅城，而行廊则是招集臣属议事饮宴的地方。西院有建筑九所，也是二十余间，西院的中央是努尔哈赤常居的寝宫，为三间砖瓦房。此外还有神殿、阁台、楼阁等。楼宇最高为三层。后努尔哈赤迁都赫图阿拉城，目前此处仅存遗址。

赫图阿拉被称为“清王朝第一都城”，清入关后，这里被称为兴京，并有专职人员守护。城墙以土石砌筑，由内城和外城两大部分组成。汗宫大衙门是内城的主要建筑，另外附建八旗衙门、关帝庙、城隍庙、启运书院、文庙等。后来增建了协领衙门和理事通判衙门。外城是八旗军驻军的地方，以拱卫城内的安全。在赫图阿拉老城中，随处可见老式的满族特色民居，大烟囱与索伦杆子成为其建筑的亮点。提起索伦杆子，还有一段美丽的传说。相传，努尔哈赤青年时期到辽东总兵李成梁处工作，李成梁察觉到其非等闲之辈，想借机杀掉努尔哈赤。努尔哈赤知道后逃跑，李成梁派兵追杀。努尔哈赤眼看就要被追上了，此时正好一群乌鸦从天而降，落满他全

图 1-16　清永陵

身。努尔哈赤受乌鸦的掩护，追兵以为他是一棵树，便从他身边匆匆而过。由此，努尔哈赤得以保全性命。为了感谢乌鸦救命之恩，努尔哈赤统一满洲女真各部后，便让百姓在家门口立一根高大的木杆，木杆上面挂一个方斗，放满粮食，以待乌鸦食用，这便是“索伦杆子”的由来。

永陵葬有努尔哈赤远祖、曾祖、祖父和父亲，分别是肇祖原皇帝孟特穆、兴祖直皇帝福满、景祖翼皇帝觉昌安、显祖宣皇帝塔克世。顺治初期，清廷在兴京兴建祖茔，主要建设了启运殿、东西配殿、方城、大碑楼等。建成后，将东京陵内的景祖和显祖迁葬至此。顺治十六年（1659 年）尊祖茔为“永陵”（如图 1-16）。

永陵前有十字形甬路，南北甬路上建有石桥，由前院、中院和后院构成。其中轴线上依次建有正红门、大碑楼、大班房、启运门、启运殿、东西配殿、焚锦亭、宝城、宝顶。陵寝环以红墙，东西各开一侧门，称东红门、西红门。大红门前以南设下马碑，西红门外又有一组院落为省牲所。周边设有具服殿、官碾房、水井和冰窖等。四周还设有界桩，分红、白、青三色。

永陵的大红门建筑比较独特，为硬山式通道门，面阔三间，进深六米，每间均为对开的木栅栏门，涂以红色，顶部覆以黄色琉璃瓦。因女真族先世们常年以游猎为生，习惯居住在依山傍水的城寨，寨门大都以木栅栏门为主，这种门能起到蔽障作用。木栅栏门更体现了满族的民俗传统。

永陵葬有四祖，因此建有四个大碑亭，为单檐歇山式建筑，顶覆以黄琉璃瓦，门上部浮雕有坐龙，类似狗蹲坐式，满族视狗为神

兽，当地传说坐龙是为了纪念此神兽，故坐龙是永陵建筑特色之一（如图 1–17）。

大碑楼北部是启运门，为单檐歇山式，正脊上饰六条行龙，每扇门上钉有八十一颗鎏金门钉，左为君门，中为神门，右为臣门。启运门北部的启运殿即寝殿，殿内供奉四座暖阁，内供奉四祖和四后神位。永陵在清代香火不断，康熙、乾隆、嘉庆、道光四位皇帝都曾东巡祭陵。

启运殿后有一处不规则的半圆形院落，这便是永陵的宝城。宝城分上下两层，上层台的封土便是宝顶，宝顶为三合土砌筑。由左至右依次为景祖和福晋、兴祖和福晋、显祖和福晋的宝顶。宝顶按昭穆制度排列，居中者为兴祖福满，居左者为景祖觉昌安，居右者为显祖塔克世。在景祖宝顶北侧，葬有肇祖原皇帝孟特穆及福晋的衣冠冢。

图 1–17　四祖碑亭

图 1-18　牛庄古码头

永陵内陪葬有武功郡王礼敦和恪恭贝勒塔察篇古。礼敦为景祖翼皇帝觉昌安的长子，骁勇善战，屡立战功。东京陵建成后，礼敦遗骨迁葬于东京陵。崇德四年（1639 年）被追封为武功郡王，并配享太庙。塔察篇古为景祖翼皇帝觉昌安的第五子，清太祖努尔哈赤念其父功绩将其一齐迁葬于东京陵。顺治十五年（1658 年）将礼敦、塔察篇古的遗骨迁葬永陵陪葬。永陵内两座陪葬墓在 20 世纪 80 年代被清理发掘，均为火葬，出土骨灰罐等。在永陵之外的山下，曾经埋葬着不少宗室墓。其中有觉罗伯秀墓、副总管西屯祖墓等，大部分墓葬主人的身世还有待史料翔实后考证。

2. 海城市牛庄镇

牛庄镇东临海城、西接盘锦、北依鞍山、南连营口，位于太子河（辽河的支流）下游左岸。

关于它名字的由来，传说特别多，主要有五个：第一，刚刚建城的时候，在东南的城基内置一铁牛，因而得名牛庄；第二，在城内马神庙南有口数丈深的土井，井内有用铁链锁的铜牛，重不可拖，终不可得，因此而得名牛庄；第三，此地很早就是港口，当太子河涨潮时，帆船可进入城东太平桥处，关内有一种船叫牛船，成群结队来运载货物，晚上抛锚河上，牛船点上灯，河内灯火一片，犹如村庄，因此得名牛庄；（如图 1-18）第四，唐太宗李世民征战到此，

因荒野一片，无法宿营，就一夜之间修建此城，大兵撤后，唐王用此城养牛，得名牛庄；第五，很久以前此处是个荒野，一个叫大壮的孩子和牛相依为命，有一天出现了一群狼，大壮和牛一起消灭了狼群，但大壮与牛受伤过重，都死了。人们为了纪念大壮与牛，将此地起名为牛庄。

牛庄历史悠久，夏商周时期分别隶属于营州、青州、幽州管辖。辽金时期，辽河在牛庄入海，商船云集于此，一片繁荣。然而，牛庄的辉煌时期无疑在清代。在明代，它仅仅是辽东都司下辖的驿站，有四百多名驻屯的官军。军屯制度下，军粮可以自给自足，无须海路调配，所以牛庄也就默默无闻。1621 年努尔哈赤攻下辽阳、沈阳以及太子河以东的 70 多个城堡之后，牛庄纳入后金的势力范围。当后金与明朝隔太子河对峙时，牛庄城的战略地位即刻凸显，因而成为双方争夺的焦点。明朝辽东总兵熊廷弼曾说过：“欲以轻兵袭牛庄，夺马圈守之，为明年进兵门户。”后金于 1623 年重新修筑牛庄城，以抵御明军，动员八旗官兵及其家属进驻牛庄城。八旗军在牛庄驻防贯穿了清王朝的始终，直到 1913 年被裁撤。康熙于东巡祭陵拜祖返京途中，曾住在牛庄城中。咸丰年间，英、法、美、俄强迫清政府签订不平等的《天津条约》，其中规定，牛庄、登州、台湾、潮州、琼州等被列为通商口岸，随后，牛庄正式开埠。

牛庄古城设有三个城门，东门叫德胜门，西门叫外攘门，北门叫福胜门。城外有护城河。古城墙已于清代末期倾倒。昔日，牛庄古镇也有八景：太平夕照（太平石桥）、一柱擎天（法国教堂）、神楼新月（清真古寺）、紫气东来（地藏禅寺）、古槐夜钟（马神庙私塾）、海韵龙祥（冀兖青扬会馆影壁）、河口昏鸦（西小商港）、石坊精魂（甲午战争）。现今这些景观大多数已经不复存在，只剩下了太平桥。太平桥，也称北关石桥，十五孔。桥为东西走向，横跨护城河，用花岗岩石砌筑而成。桥面两侧修有望柱和栏板，望柱柱头上雕有狮子、猴子、石榴、桃、八宝等。桥墩迎水的一面修有

图 1-19　太平桥石刻

三角形分水石。太平桥始建于明末清初，道光二十九年（1849 年）重修；在桥南侧中间的石栏板上刻有“太平桥”三个字，并有“道光己酉年菊月谷旦”的落款（如图 1-19）。

牛庄孕育了诸多东北第一，如第一个通商口岸，第一个巡检司衙门，第一个英国领事馆，第一个邮电总局，第一个红十字会，第一个水文站，第一座天主教堂，第一座清真寺。可以说，东北乃至中国的许多近代史篇章从这里翻开。

第二章 中原大地钟毓秀
——晋陕豫鲁地区古镇

一 山西省古镇

（一）汾阳市杏花村镇

“清明时节雨纷纷，路上行人欲断魂。借问酒家何处有？牧童遥指杏花村。”杜牧的这首《清明》大家耳熟能详，这里不仅提到了杏花村，还提到了杏花村以酒闻名。的确，杏花村的酒文化源远流长，据《北齐书》记载，杏花村的酿造史自北齐河清年间始，历经唐、宋、元、明、清，至今未有间断。

杏花村镇不仅有美酒，更有数量众多的古建筑。其中以太符观、护国灵岩寺、汾酒老作坊遗址为典型代表。

据《太符观创建醮檀记》记载，太符观（如图 2–1）位于上庙村，创建于金承安五年（1200 年），坐北朝南，两进院落，中轴线上由南至北依次是照壁、牌楼、倒座戏台、昊天玉皇上帝殿。牌坊至戏台之间，东设关帝庙，西设二郎殿，戏台至昊天玉皇上帝殿之间，东设后土圣母殿，西设五岳殿，在后土圣母殿、五岳殿南侧各设有窑洞十孔，窑顶分别建有钟楼、鼓楼。昊天玉皇上帝殿是正殿，建筑形式为单檐歇山顶，面阔五间，进深六架椽，前后檐下及两山檐下均置斗拱。殿内塑有玉皇大帝坐像及侍臣、侍女立像，栩栩如生，墙壁上是三百六十五日值日神君“朝无图”壁画。

“高阁凌云一凭眺，汾川俨入画图中”，这是清乾隆年间汾阳进士曹祝龄《游灵岩寺》诗中的一句。护国灵岩寺位于小相村，始建于南北朝时期，唐代重建。传说李世民曾在此避雨，发愿定将此寺重振；登基后命尉迟恭监造重修并扩建殿宇，始称“灵岩寺”。明代是灵岩寺发展的重要时期，嘉靖二十八年（1549 年），当地官绅集资增建了药师七佛多宝塔。万历年间，神宗皇帝御笔亲书“恭喜万安阁”金匾，灵岩寺从此被冠以“护国”之称。灵岩寺从万历年初开始增修扩建，崇祯九年（1636 年）基本竣工。清代也不断增修扩建，清中叶终于达到了鼎盛。灵岩寺现存碑记载：“嘉庆十四年，修缮大悲阁及新塑大悲菩萨。殿宇辉煌、常住云集，钟

图 2-1 太符观

声、鼓声、木鱼声、梵声、声声响彻云霄，游客仰叹、香客焚香，一派佛国景象。”

汾酒老作坊遗址位于东堡村，现有元明清时期的建筑50余间，是国内现存保护最好的古代酿酒场所，由南北两组院落组成，北院为酿酒作坊原址，有五个院落，面积约7000平方米。院落内有一元代的古井，是汾酒酿造专用水源，古井上建一亭子，名曰“古井亭”。杏花村镇是通往长安（今西安）的要驿，历史上很多官员和文人墨客途经此处，饮酒作诗，如陈子昂、李白、崔颢、杜甫、韦应物、杜牧、傅山等均在此留有诗作，形成了这里酒文化的一大特色。

（二）灵石县静升镇

静升镇位于灵石县县城以东，东屏绵山，西望汾河，依山傍水。新石器时代，静升就有人类繁衍生息，春秋时期晋文公火烧绵山，后悔莫及，“为记吾过，且旌善人”，以环绵山的田地封给介子推，由此得“旌善”之名。在介休与灵石的方言中，“旌善”与“静升”读音相近，便取意“居静穆祥和、歌舞升平之地”，而改名为“静升”。清代时期，这里农商手工业发达，经济繁荣，庙宇大院较多，被誉为“晋中第一镇”。（如图2-2）

“灵石古村山水间，四合坊巷礼为先。楼台塾馆凝文气，儒雅兴衰二百年。”这是对王家大院的赞美。灵石县历史上“四大家族”之一的王氏是太原王氏后裔，元代时迁到静

图 2-2 静升古镇民居

升。王家以商贾起家，后步入官场，不断升迁，成为富甲一方的员外官绅。王家大院先后经历康熙、雍正、乾隆、嘉庆四朝的添建与维修。从整体上看，王家大院依山势而建，受地势影响，修建时逐渐递增建筑高度，远远望去，高低起伏，错落有致，正中大门紧闭，戒备森严，犹如古堡一般。院中雕饰精美，砖雕、木雕、石雕艺术琳琅满目，使得整座庭院熠熠生辉（如图 2–3）。

除了王家大院，静升古镇还有其他古迹。红庙又称“东社”，以其建筑红墙、红门的颜色而得名，主要建筑有正殿、东配殿、西配殿和戏台等。每逢夏收、秋收和冬至等时节，家家户户都会来红庙上香，祈求神灵保佑。红庙在每年农历六月十九时都会举办庙会，吸引着来自四面八方的人们。庙会有戏剧、跑马戏、耍猴、吹糖人

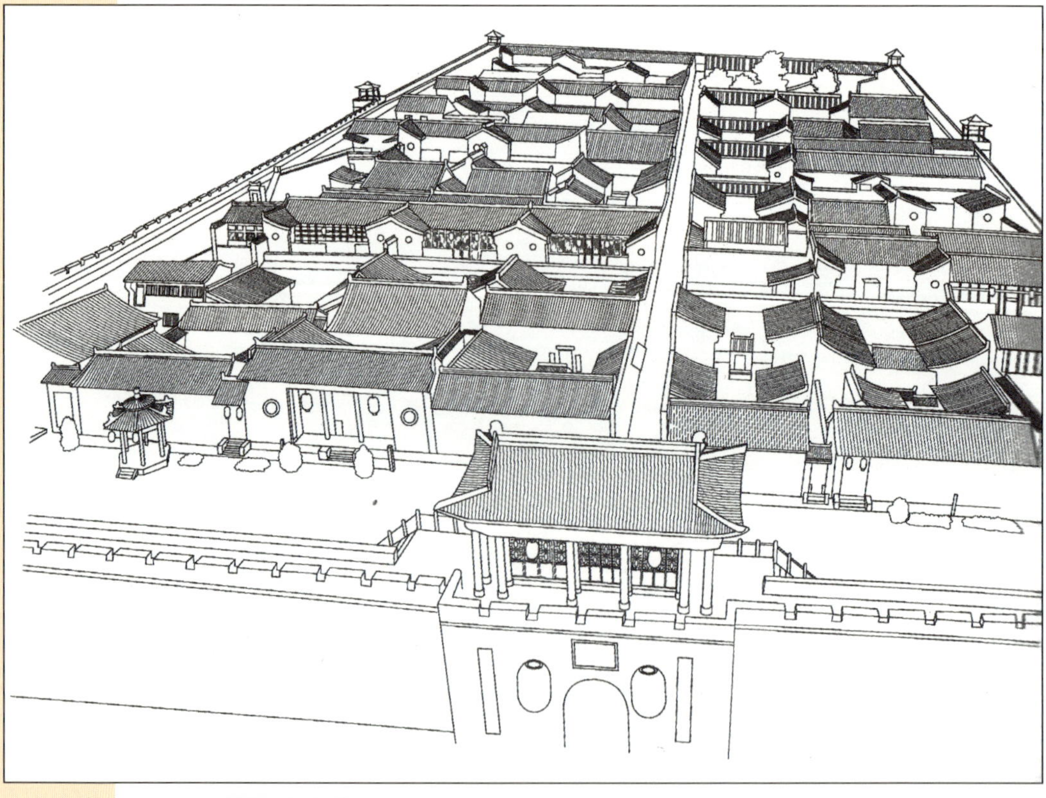

图 2–3　王家大院平面图

等民间活动，十分热闹。当地农民车载肩挑，带着五谷杂粮、瓜果蔬菜去赶庙会，亦是庙会中的热闹景象。

资寿寺，也叫苏溪寺，位于苏溪村西侧，被冠以“处于山明水秀之地，立于人杰地灵之乡”。据碑文记载，资寿寺创建于唐代咸通十一年（870 年），重修于宋代。该寺规模颇大，布局完整，主要建筑有天王殿、雷音殿、罗汉殿、地藏殿、药师殿、二郎殿等，均为砖木结构。该寺的壁画为我国现存明代壁画之精品，壁画分别记述了有关佛祖释迦牟尼的传说故事以及儒、释、道三方神圣同台“献艺”等内容，体现着一种多元交融、博采兼收的和睦情怀。药师殿内顶部藻井，由大量小巧匀称的彩色斗拱组成，依八卦图样层层向上，其精致程度在我国北方寺庙古刹群里极为罕见。

文笔塔是静升镇著名的古塔之一。塔高 26 米，底部周长约 12.3 米，塔基为砖砌结构，青石方形。其形似毛笔，塔周墨、砚、水齐全，据说是象征着王家才思泉涌，文人不断，真是独具匠心。

孝义坊由青石雕刻而成，有石底、石柱、石梁、石顶、石脊、石兽、石斗拱、石匾额，还镶嵌以镂空的石图案。坊高 7.36 米，宽 13.49 米。坊额上“孝义”两字为清代著名书法家、内阁学士翁方纲所书。

（三）临县碛口镇

碛口镇是以黄河水运为契机发展起来的货运码头型商业集镇，崛起于清康熙年间，发达于道光年间，至光绪年间而极盛，繁荣 200 余年。黄河流经碛口处，因有湫水河携大量泥沙砾石汇入，在湫水河入黄河处的黄河东岸，堆积成一个千米长的碛。碛口险恶，礁险水急，驾船人手艺再好也对行船安全把握不大，船运货物至此必须转为陆地运输，于是，碛口就成了黄河水路货运转为陆路运输的水旱转运码头，碛口镇便因此逐渐繁荣起来，成为晋、冀、鲁、豫与陕、内蒙古、宁、甘之间物资交流的桥梁。（如图 2–4）

古镇由三条主街和十条小巷构成。沿街店铺依山傍水，为了安全起见，砌有低矮的腰墙。随地形层层而上的店铺鳞次栉比，参差错落，立面景观层次丰富。从清乾隆开始到民国年间，碛口镇店铺达 260 多个，至今保存最早的店铺是乾隆十年（1745 年）建的永顺店，该店四周以高墙封闭，出入只开一扇小门，也许是店家考虑到防盗的需要。

黑龙庙是碛口镇的标志性建筑，始建于明末清初，是当地人虔

诚的象征。黄河水患无穷，为了乞求河龙王的保佑，道光二十一年（1841 年），商贾筹集资金，对黑龙庙进行了一次大规模的扩建，建成前低后高的两座院落。先是山门，山门的左右两侧分别是钟鼓楼；后是前院，大院门阔三间，正殿供奉龙王，殿内及左右檐廊有历代修建庙宇记录的石碑，两侧偏殿供奉着风伯和河伯二神。正殿对面是戏台。穿过前院，进入后院，正殿为三开间，悬山式屋顶，

图 2-4　碛口概貌

飞檐斗拱，雕梁画栋。

碛口镇民居非常有特色，是明柱厦檐的窑洞。明柱厦檐指的是在成排的窑洞前设一排木构的单坡檐廊，前用明柱。黄土高原上木料奇缺，但碛口及其周边村落可以在黄河码头买到不回上游去的筏子和船，所以木料很多且价廉，可以做到“明柱厦檐”。典型的例子是位于碛口镇南山顶上的李家山民居，以明柱厦檐的砖拱窑洞为主。

碛口镇另一有名的民居是西湾村民居，它是碛口镇兴盛时期商贾投资建造并遗存至今的城堡式古建筑群。第一个投资建造的是富商陈师范，他在湫水东崖紧邻啧口西湾的一处背山面水的风水宝地上建起了村落。他兴修的第一批建筑在村东，而将村西的大片空地留给后人去建设。历经陈氏后裔的陆续修建，发展到拥有 40 余座宅院的村落。这些宅院坐落于两座石山之间的 30 度斜坡上，层层叠置，最高处可达六层。金、木、水、火、土 5 条石砌街巷将这些宅院连为一体，四周以高墙围护，形成了一个庞大的城堡式封闭空间。仅在南向留大门三座，寓意天、地、人。西湾村的所有建筑均磨砖对缝砌筑，屋顶结构有硬山式、悬山式、歇山式、卷棚式、门洞式、单面坡、双面坡、单檐、重檐等，祠堂、过厅、窑洞及楼台亭阁等应有尽有，各式门楼及壁画、楹联、题刻等制作精巧细腻，具有很高的艺术价值。

二 陕西省古镇

（一）神木市高家堡镇

高家堡镇位于神木市中部，旧称飞鸦川、弥川。历史悠久，有史前文化遗址——石峁遗址。石峁遗址位于高家堡镇石峁村秃尾河北侧的山梁上，是我国目前所知面积最大的史前城址。经专家初步断定，石峁遗址最早修建于龙山文化中期或略晚，兴盛于龙山文化晚期，夏朝时期被毁弃，距今 4000 多年。2011 年，由陕西省考古研究院、榆林市文物勘探工作队和神木县文体局联合组成的考古队，对石峁遗址进行了区域系统调查，发现了一处规模宏大的石砌城址。城址由民间俗称的“皇城台”、内城、外城 3 座石构城址组成，每座城址基本完整并且相对独立。石峁遗址总面积超过了 400 万平方米，几乎相当于半个榆林古城。随着发掘工作的推进，它将有可能改写中国上古史及中华文明的起源。

高家堡自古以来就是兵防要塞、军事重镇。唐代时期属丰州管辖。城池始建于明正统四年（1439 年），原为夯筑土城，万历时期进行加固，四周用砖包砌。清代乾隆年间曾两度重修，之后又有过多次修葺。

从城池选址来看，高家堡古城非常符合古代风水理论的理想空间模式要求：“背有靠，前有照，负阴抱阳；左青龙，右白虎，明堂如龟盖，南水环抱如弓。”它四面环山，秃尾河和永利河绕城而过。自身处在秃尾河东岸一处群山环抱的平坦之地，从远处眺望，其犹如骑在一巨大神龟的背上，山下起伏的土丘恍如龟头出壳，欲

饮秃尾河之水，故此地被取意为“神龟探水”。从自然风光来说，这种二水绕城、四山环护的情形使古镇景色如画。

高家堡古城属于军事堡寨聚落。（如图 2–5）《辞源》解释:“堡，指一种坚固的或设有防御工事的防守用构筑物。”古城平面呈长方形，据测量，东南墙均长 311 米，南北墙均长 431 米，残高 6.5~9.1 米，基宽 7.52 米。在东、南、西墙各辟一券门，并筑有瓮城。城墙上还建有女墙、垛口、瞭望洞。在北城建有三官楼，东南角建有魁星楼。而今魁星楼、女墙、垛口、瞭望台、瞭望洞已被毁坏，其余建筑均保存完好。街道以中兴楼为轴心，向东西辐射为东西街，向南北辐射为南街和北巷。东、西、南街各通巷道，巷道内民居具有北方古城特有的建筑风格，比如李家大院是四合院，卢家大院是

图 2–5　古城门楼

前庭后院，还有楼院形式。

城内原有中兴楼、城隍庙、财神庙、五道庙、祖师庙、西门寺、贞节牌坊等古建筑，现在仅存中兴楼和财神庙。中兴楼始建于明万历四十八年（1620 年），清乾隆年间及 20 世纪 90 年代末均进行过大规模的维修。一层为台基，基本呈长方形，内夯黄土，外砌青砖，下部为块石。中辟十字券洞，与四面街道相通，楼南面的东西两侧为拱券式窑洞。台面上为两层楼阁式建筑，重檐十字歇山脊，周设回廊。二层供着日神和月神。台面两侧各有硬山式带前廊建筑一间，内分别供观音、关公。楼的四面皆有字，东书中兴楼，南书镇中央，西书幽陵瞻，北书半接天。据传旧时楼上匾额楹联特别密集，有“紫气东来”“夕阳西照”“北极呈祥”“南官毓秀”等巨匾，异彩纷呈。财神庙是一座木构架抬梁式的砖墙建筑。院落方正，主殿坐北朝南，正房三开间，东西各有一座耳房。高家堡虽为军事要塞，但也是商贾集中之地，在精神上需要求助神明保佑财运，遂有财神庙。

高家堡崇文尚武，古城内遍布私塾与学馆。据记载，清中叶至清末，中榜及第的有文武进士 3 人、文武举人 5 人、贡士 3 人、监生 15 人、贡生 3 人、文武秀才及庠生 70 余人。光绪年间，高家堡创立了高等小学堂。民国初年，神木县第二高等小学校及女子学校在此创立。学校倡导新学，开授英文、地理、自然、算学等科目。

高家堡的医药之风兴盛，民国初年，此地创办的药铺医馆有十余家，比较著名的是仁寿堂、万和堂、太和堂。众多名医在此地悬壶济世，造福了当地的百姓。

（二）宁强县青木川镇

在介绍青木川镇之前，先说一下小说《青木川》，作者叶广芩是北京市人，1968 年来到陕西插队并生活了 41 年。《青木川》发表后不仅在文坛上引起了很大的反响，而且使青木川镇这个鲜为人知的小镇成为旅游热点。（如图 2-6）

图 2-6 青木川古镇

摄影者：罗汉涛，中国摄影家协会会员，城固县摄影家协会主席。

"小镇在中国地图上找不到它的标志，在陕西的地图上它也不过是个小圆点，位置在四川、甘肃、陕西交界处，是个一脚踏三省的偏僻乡镇。该地山林青翠，植被葱茏，盛产香菇木耳中草药，熊猫羚牛金丝猴，以前还有罂粟。解放前，地僻人杂，盗匪渊薮，反动政府鞭长莫及，地方武装自成一统……"

这是小说对青木川的描写，说出了它的基本面貌。青木川镇位于川、陕、甘三省交界处，曾是入川的要道之一，乃秦蜀之咽喉，亦为兵家必争之地。三国时期，邓艾攻蜀时部队曾经此南下；明代末期，李自成率起义军由青木川入川占领青川县，清代时期，太平天国起义军与官军曾在此鏖战。

民国时期这里出了一个著名人物——魏辅唐，他也是小说《青木川》主角魏富堂的原型。魏辅唐原是贫苦农民，因杀死当时民团团长魏正先而掌握了当地大权，通过种植罂粟发家，买枪，组建部队，与川陕边境地方武装头目联结，形成了强大的武装集团，共同雄踞宁西一隅，长达二十余年。魏辅唐建有豪宅数处，重视文化教育，创办辅仁中学，送乡里贫困孩子出去念书，1949 年宁强解放后，他带队携枪投诚；1952 年在镇反运动中，被定为恶霸土匪，被枪毙于他自己所建的辅仁中学操场边；1982 年平反。

青木川的很多遗迹与魏辅唐有关。回龙场老街始建于明代成化年间，后被毁，咸丰年间重修，民国时期魏辅堂投资重修。老街沿河布局，平面呈弧形。古镇现存民国时期建筑 50 余座。

距离老街不到 500 米的魏家坝是魏辅唐宅院，由毗邻的老院子和新院子两套天井院子组成。旧宅建于 1929 年，为魏辅唐居住和处理公务的地方，坐北向南，由两进天井院子组成，砖木结构，是典型的中式建筑；新宅建于 1932 年，为西式建筑，外面有警卫室、弹药库、榨油坊。老街后南面的一个小山坡上坐落着辅仁中学，1942 年开始修建，1947 年竣工落成，首任校长即魏辅唐。辅仁中学现存大门、大礼堂、宿办楼三座建筑；布局合理，非常讲究传统的对称美；校舍是西式建筑，由魏辅堂邀请上海的建筑师设计建造而成；校门酷似笔架，魏辅唐认为笔架后面就是文房四宝，是文人墨客的用武之地，学校就是出人才的地方。

青木川镇自然景观险峻奇美，诸多景观地处悬崖绝壁之间，下临万丈深渊，使人望而生畏，有阎王碥、望乡台、鬼门关等，吸引了众多登山爱好者与攀岩爱好者来此地探索大自然的奇美。

（三）铜川市印台区陈炉镇

陈炉镇地处炉山之巅，因“陶炉陈列”而得名。这些窑场是古耀州窑的继承和延续，是耀州窑的重要组成部分。炉火传承，陈炉镇亦是研究古陶瓷的活化石。据考古调查发现，自金代始，耀州窑瓷业重心逐渐向东部山地转移，转到陈炉镇。《耀州志》记载：“黄堡不陶，陶于陈炉。”陈炉将耀州窑延续至今。

明清时期，陈炉镇的陶瓷生产达到鼎盛时期。有诗曰：“山外遥看长不夜，星流月奔互参差。”这是当时陈炉陶瓷业繁盛的真实写照。据《陈炉县志》载：“瓷场自麓至巅，东西三里，南北绵延五里，炉火昼夜不熄，弥夜皆明，山外远眺，莹莹然一鳌山灯也。”这便是“炉山不夜”奇观的由来。“炉山不夜”被誉为“同官（古称，今铜川市）八景”之一。直至今天，在此还可以看到明清时期的制陶场景：山中取料，手挖车推；泥池陈列，明亮如镜；手工作坯，转轮就制；入窑烧成。制陶场区瓷瓦堆积如山，俯拾皆是。千年的制瓷业使陈炉镇积淀了浓厚的陶瓷文化。古窑场遗迹遍布镇区，坛罐垒墙、瓷片铺路，构成了陈炉古镇独特的风貌。如今，陈炉镇的制瓷业依然兴旺，古代与现代相融合，作坊与民居星罗棋布，为古老的陈炉镇增添了活力。著名的作坊有王家作坊、许家作坊、李家作坊。（如图 2–7）

陈炉人在陶瓷上绘画的图案古朴而浑厚，体现着当地的民间气息。名誉海外的“大老碗”瓷器，是陈炉镇独有的传统式青花瓷器，当地人把它称作蓝花。这种瓷器上绘制了写意的花鸟鱼虫，通过匠

图 2-7　陶瓷作坊

人的简练勾勒，器物上所绘的兰花、牡丹、苜蓿等争妍斗艳，从视觉上给人以美的享受。又如民间绘画的一尾锦鲤，一只青蛙，经匠人们巧手绘制，活灵活现，质朴的民间艺术与器物浑然天成。倘若用手轻扣器物的表面，还能听到清脆的声音。除了青花瓷器外，陈炉镇还生产孔雀蓝瓷瓶。瓷瓶呈宝石般的蓝色，再辅以描金彩绘作为装饰，尽显雍容富贵之气。

陈炉的人们依山而居，在东、北、西三面向阳的腰坡上，随山势起伏遍布着大大小小的窑洞、高低棚子、宽窄厦子、作坊、窑炉和围墙。镇子的布局体现出明确的分工，以水为中心，分布着瓷器生产区、交易区、瓷民生活区。瓷器生产和交易被安排在整个村镇中心最重要的位置上，瓷民则散住在瓷厂的周围，其他经商人士则在最外围散住。

陈炉镇的民居以窑洞为主，这里的窑洞分为三种类型。其一为糨窑。先在崖壁上挖出土窑形状，再用窑砖砌出窑洞形式。后砌的窑砖像一层糨糊一样紧贴在窑壁上，所以这种窑洞被称为糨窑。它必须建造在土质坚硬的崖壁旁，是靠山窑的一种形式。陈炉镇古民居院落中的大部分正房都是这种窑洞形式。其二为券窑，也叫独立式窑洞。就是在无崖可靠的情况下，于平地上用土坯、砖头或石块建造而成的窑洞。在山坡上适宜建造糨窑的坡地越来越少，后来的居民只能在平地上建造窑洞，所以在陈炉镇，券窑所占的比重最大，

图 2-8 陈炉镇罐罐墙

尤其是近现代建造的窑洞，大部分都是这种形式。其三为地上拱窑，一般指在平地上向上先砌出厢墙和拱券，再用土夯实屋顶形成的窑洞（也叫平地起窑），在陈炉，这种窑洞形式一般被用作厢房。非常有特色的是，陈炉镇窑洞的院墙就地取材，是用废弃的匣钵和残破的缸堆砌而成的罐罐墙，形态万千，充满着艺术感和历史感（如图 2–8）。

当地民间传说，陈炉镇是被一条“鱼”和一条“龙”围合着的，“龙”是位于永兴堡至南堡子之间的山脉，远远看上去像一条巨龙，“鱼”则是位于北堡子附近的一座山峰，山脊的形状像鱼的背部，而在“鱼”头部的位置有一户人家，每到傍晚，这户人家窗户透出的灯光仿佛就是“鱼”的眼睛。“鱼”和“龙”都位于陈炉的外围高地上，恰好将陈炉镇围合于中间的盆地中。

三 河南省古镇

（一）开封市朱仙镇

朱仙镇位于开封市祥符区西南，明清时期与广东佛山镇、江西景德镇、湖北汉口镇并称中国四大名镇。

朱仙镇的历史源远流长。据考古发现，早在五六千年以前，朱仙镇及其周边地区已经有了人类活动的痕迹。春秋时期，朱仙镇地处郑国的东北边陲。出于战略方面的考虑，郑庄公命大将郑邴在朱仙镇古城村一带屯兵筑城，取名“启封”，后避汉景帝刘启讳，更名为开封。

战国时期帮助魏国公子信陵君“窃符救赵”的屠夫朱亥据传说是丹朱的后裔，救赵后朱亥又舍身替信陵君出使秦国，被囚禁。朱亥不愿为秦国效力，以死来报答信陵君的知遇之恩。据说，朱亥的遗体被运回魏国大梁后，葬于朱仙镇一带，其墓俗称“屠儿墓”。据《祥符县志》记载：“朱仙镇，相传战国时，朱亥故里，亥旧居仙人庄，故名。”朱仙镇原名聚仙镇，后因其作为战国名士朱亥的食邑和封地而得名。北宋末年，诸史料记载中出现“朱仙镇”的称号。宋绍兴十年（1140 年），岳飞抗金，大军挺进中原，屡败金兵，前锋曾至朱仙镇。明清时期，朱仙镇因贾鲁河的开通而走向鼎盛，成为“南船北车”的转运处和物资集散地。

历史上的贾鲁治河发生在朱仙镇。贾鲁，字友恒，元代河东（今山西）高平人，幼年聪慧好学，长大后博学多才。元末明初时期，黄河先后多次在开封决口，至正十一年（1351 年），元顺帝命贾鲁为工部尚书兼总治河防使，专司治河事宜。贾鲁先将黄河引入故道；又引密县水，经郑州、中牟，折南至开封朱仙镇，而后汇入古运河，直达商水县入淮。贾鲁治河，消除了水患，复兴了漕运，因此他所疏通的这条河，被命名为贾鲁河。贾鲁河开通之后，朱仙镇作为贾鲁河航运的终点，成为开封唯一的外港。朱仙镇因贾鲁治河而崛起，并逐步确立了“四大名镇”之一的地位。

图 2-9 岳飞庙内景

需要明确的是，这里的贾鲁河指的是贾鲁开通的黄河中的一段，其实是黄河的一部分，与今天的贾鲁河不是一回事。今天的贾鲁河原名孙家渡河，不是元末开通的，而是明末开通的，相当于古汴河、蔡河故道。

明清时期的朱仙镇处于鼎盛时期，沿河两岸，码头林立，主要转运西北山货、本省牲口与土特产，运入货物以木材、瓷器、茶、盐、糖、布匹、粮食、京广货为大宗。约有居民30余万人，多为商贾、外籍商人。商人以山西商人最多，城中建有山西会馆。镇内店铺、商号云集。白天车水马龙，晚间灯火辉煌，繁华一片。

朱仙镇的重要文物史迹有岳飞庙（如图2–9）、关帝庙、郎神庙、三皇庙、救苦庙、北大寺、明皇宫等。人们常说的七十二路神仙，在镇内皆有庙祀奉，故朱仙镇古称聚仙镇。朱仙镇还有久负盛名的内八景和外八景，内八景分别是明皇宫、饮马泉、铁杆栖风、五奸跪忠、春秋楼、清真寺、硕石狮子、运粮河。外八景分别是点将台、烽火台、孟昶墓、朱亥墓、仙人桥、九龙口，迷瑰地、青龙岗。

除了历史古迹，非物质文化遗产——木版年画也闻名中外。《东京梦华录》记载：“近岁节，市井皆印卖门神、钟馗、桃板、桃符及财门钝驴、回头鹿马、天行帖子。”朱仙镇当时属开封府管辖，红纸门神主要为朱仙镇所产。鼎盛时期，朱仙镇的木版年画生产作坊多达三百余家。朱仙镇木版年画作坊一般均在农历正月十五开始生产。农历九月初九是朱仙镇木版年画行会的纪念节日，届时举办“门神会”，在关帝庙和岳飞庙唱戏三天。各作坊大摆宴席庆贺，放假三天。其间，远路客贩闻风而至，纷纷订购木版年画，就此开始了一年一度的购销木版年画的盛会。

朱仙镇木版年画用色讲究，历史上以矿物、植物作原料，运用传统工艺精心炮制而成，印制出的年画构图饱满匀称，线条粗犷简练，造型古朴夸张，色彩艳丽，艺术风格独特，充分体现了中原劳动人民憨厚纯朴、热情豪放的性格和审美情趣。2002年10月28日，由中国民间文艺家协会等单位联合主办的首届“中国木版年画国际研讨会暨中国木版年画大联展”在开封举办。会上朱仙镇被授予“中国木版年画艺术之乡”称号，开封朱仙镇木版年画被列入“中国民间文化遗产抢救工程”。

（二）淅川县荆紫关镇

荆紫关镇地处豫、鄂、陕三省结合部，素有“一脚踏三省”“鸡鸣三省荆紫关”之称。“一脚踏三省”，也称为“三省一条街”，指的是河南省南阳市淅川县荆紫关镇、陕西省商洛市商南县白浪镇、湖北省十堰市郧阳区白浪镇毗邻之地，一座三棱石界碑立在鄂、豫、陕三省分界点上。关于这个三省界碑有一个美丽的传说。白浪河两岸，依山傍水，平坦开阔，田畴交错，阡陌纵横，虽僻处乡陬，其秀实甲。其间有一三尖石，石旁生一石榴树。传说石为陨石，其着地，五彩斑斓，光芒四射，煞是好看。当时石榴仙女为五色石所吸引，流连忘返，乃化树于石旁。后人以此石为界，标记三省之交。有人研究过，在中国版图上，三省交界之地有 40 余处，而在交界之地均设有基层政府的，唯有这个巴山秦岭深处的“三省一条街”。在这块神奇的土地上，你可以听到秦腔、河南梆子、楚剧，可以品尝到陕西羊肉泡馍、河南胡辣汤、湖北三合汤。正如当地民谣咏唱的：“鸡鸣犬吠听三省，土地毗连屋相邻。百姓同饮丹江水，同舟共济一家亲。”

荆紫关古镇历史悠久，有着丰富的商业文化和绚丽的古建筑文化。古代时水运有“丹江通道”，陆运有“商於古道”，所谓“西接秦川，南通鄂渚”，所以荆紫关镇自古便是水陆并通的交通要塞。明清之际，荆紫关镇的手工业、商业得到了迅速发展，繁盛一时。

荆紫关古关门在镇南街最南端，以砖石砌筑，跨街而立，中间是拱门，顶部为砖砌斗拱，门楣上书“荆紫关”三字。进入古关门，便是古街。古街呈南北走向，全长约 2.5 千米，分为南、中、北三段。青石铺设地面，两侧是店铺，多为清代修建，翘檐雕饰，古色古香。

图 2-10 平浪宫

荆紫关府台衙门位于古街南段，建于明代成化年间，清代时设置副将都司，现存建筑有东西城楼、魁星阁、大堂、二堂、审衙、兵营等。

古街除了有府衙、民居，还有一些公共建筑，主要是各类会馆。平浪宫（如图 2–10）位于古街南面，始建于清代，为荆紫关码头船商们组建帮会的场所，取意“风平浪静”，整体建筑坐东朝西，面对丹江，中轴线上现存门楼、中宫、后宫及配房等。门楼面阔三间，进深两间，硬山式建筑，灰色瓦顶，门楣上方嵌大理石匾额“平浪宫”。门楼两侧面各开一边门，边门外侧是钟鼓楼，为四角攒尖顶，三重檐，木结构，顶部安有宝珠和塔刹，上书“风调雨顺”四字。中宫面阔、进深各三间，硬山式建筑，正脊和垂脊上有砖雕。后宫造型和中宫相似。另存屋舍二十余间，均为硬山式建筑。

山陕会馆（如图 2-11）位于古街东侧，始建于清道光年间；是山西和陕西商人筹资创建的，与平浪宫格局基本一致，坐东向西，面临丹江，中轴线上依次有门楼、戏楼、过道楼、钟楼、春秋阁、后殿、卷棚等。门楼三间，门两侧各伏一石狮子；戏楼三间，为两层硬山式建筑；春秋阁面阔三间，硬山式建筑，两侧有透花木雕，前后檐设木雕斗拱。春秋阁内供着泥塑的关公像。后殿三间，歇山式建筑。最后是六间卷棚和住房。

禹王宫（又称禹皇宫）位于古街东侧，又名湖广会馆，坐东向西，是专门为治水有功的大禹而建的，现存前宫、中宫、后宫。万

图 2-11　山陕会馆

寿宫位于古街东侧，又名江西会馆，面对丹江，是清代江西商人筹资兴建的，分为前宫、后宫和耳房，均为硬山式建筑。清真寺位于古街西侧，明朝时期，由荆紫关镇回族兄弟集资兴建。建筑风格为硬山式，房顶为板瓦，拱券门。后来曾屡次修复，基本保持了原貌，现今为伊斯兰教礼拜场所。

古老的码头和古老的城关相得益彰，丰富了这里的文化内涵。

（三）禹州市神垕镇

神垕地处中原腹地，历史悠久，有“钧都”之称。“神垕”之名来自天上星座，取意水火相济、繁荣昌盛。“垕”就是中国神话和古老宗教中的女神后土。道光年间《禹州志》记载：“州西六十里，乱石山中，有镇曰神垕，有土焉可陶为瓷。”

夏商时期有人在此居住，从事农耕和冶陶业。唐代出现钧瓷以来，神垕镇逐步发展为中国北方陶瓷中心之一。瓷器兴盛于宋代，北宋科技发展，商业繁荣，瓷器生产进一步推广，人们把煤炭用于生产和冶炼业，为陶瓷的高温烧制和在釉料中引入金属元素提供了有利条件，使神垕的制瓷业得到空前发展，在艺术上也取得了巨大成就，宋徽宗时钧瓷被列为贡品。

20 世纪 60 年代，故宫博物院曾对禹州市的古窑址做过考古调查，指出神垕镇刘家门窑址的产品最精、时代最早。2001 年北京大学中国考古学研究中心、河南省文物考古研究所组成联合发掘队发掘刘家门窑址，发掘了相距不远的刘家门东区窑址、刘家门西区窑址、河北地窑址和下白峪窑址这四个地点，总计发掘面积 650 平方米，清理出窑炉遗迹 8 座、石砌澄泥池 3 座、灶 1 座以及窑前工作场所 5 处，出土了大批瓷器和窑具残片，其计 10 余万片，其中可复原器物数千件。

神垕镇不仅有古窑址，还有古煤矿遗址。北宋古煤矿遗址位于神垕镇东边的凤翅山北坡山脚下，地势开阔平缓，东有翟村，西邻青岗涧村。1975 年许昌师范学校的艺术班师生去翟村大队进行教

育实习，偶然发现了这处遗址。遗址东西长 300 米，南北宽 200 米。到目前为止，已经发现古煤矿井口 11 座，采集的文物有白地黑花瓷碗 7 件、酱色釉瓷盘 1 件、白地黑花瓷器盖 1 件、白地黑花瓷瓶片 1 片、白地黑花瓷罐残片 3 片。

作为古镇，神垕镇还有老街、古寺庙、古民居等。神垕老街（如

图 2-12）位于神垕中心镇区，俗称“七里长街”。有一首民谣说：“进入神垕山，七里长街观。七十二座窑，烟火遮住天。”老街地势西高东低，街道宽 10 米左右，两边的建筑物结构完整，保存较好。

图 2-12 神垕老街

神垕最有名的寺庙是伯灵翁庙，位于老街中心，也称窑神庙、火神庙，是钧瓷文化的象征性建筑。主要建筑物有窑神庙、花戏楼、

道房、东西日月门等。正门为花戏楼，戏楼与山门合二为一，上为舞台，下为门洞，山门外建一间抱厦，设计精巧，上面雕刻有西游人物、八仙过海等神话故事。

古民居中保存比较完整的有邓禹楼、王家大院、杨家大院、曲家大院、寡妇院等。

邓禹楼原是东汉大将邓禹屯兵神垕时的住处，为一进三的宅院。前院很小，有门楼一间，临街三间，西厢房一间。二门为垂拱门。进二门后，西厢房是青砖灰瓦，石雕窗棂，东厢房是一座红石炮楼，高三层，每层均有砖雕石窗。上房是高台阶，经明代重修后保存完好。

王家大院坐东向西，高门台，走马门楼，石雕门墩，木雕门额，砖雕花角，五脊六兽，有影壁。砖圈垂拱二门，六阶两层上房，由右山墙可达后院。砖雕、木雕、石雕及房头小饰物，均有很高的历史价值和艺术价值。

杨家大院、曲家大院与王家大院布局雷同，此处不再赘述。

寡妇院，顾名思义，住的是寡妇。妇女死了丈夫，需搬进寡妇院居住。寡妇院坐北向南，地基略高，有小门楼一间，临街三间房，两厢房各三间，上房三间，右山墙有路可通后角门， 是个严谨的四合院。

四 山东省古镇

（一）桓台县新城镇

新城镇地处桓台、邹平两县（市）交界处。春秋时期，新城一带是齐国的苑囿。齐桓公爱好游猎，常从临淄来此游观射猎，驯养战马，为此建有戏马台。元太祖时期，山东东路兵马副元帅邑人张贵，组织流民绕台掘土筑城，名为“新城”；1914 年因域内有齐桓公戏马台而改为桓台县（“齐桓公戏马台”的简称）；1984 年改为新城镇。

新城镇在明清时期有沈、王、徐、耿、伊、傅等大家族。其中，王氏为名门望族。新城镇的好多文化遗迹与之有关。

四世宫保坊位于镇南村，是为了纪念明朝兵部尚书王象乾及其父、祖父、曾祖父四代人而立的。王象乾因保卫明朝有功，万历皇帝特许为其建立牌坊，他与其父、祖父、曾祖父四代人都官至太子太保。“四世宫保”匾额为明代书法家董其昌所书。四世宫保坊，高 15 米，宽 9.2 米，进深 3.3 米，除基座外皆为青砖结构的宫殿式建筑。中间大拱门之上嵌有上下两块石匾，上方的匾额刻有“四世宫保”，下方的匾额是叙功匾。拱门洞两侧有石狮 8 只。拱门、楹柱上面雕有飞禽走兽、山水花卉。牌坊的顶部有飞檐和斗拱，瓦当规整，四角悬吊着风铃。四世宫保坊是国家级重点文物保护单位，被誉为“华夏第一砖坊”。

忠勤祠位于新立村，又名王家祠堂，是清代文坛泰斗王渔洋的高祖王重光的祠堂。王重光官至户部左侍郎，后因在贵州平蛮督木，

触冒烟瘴而病卒。嘉靖帝对其有“忠勤可悯”之褒奖，并降旨礼部尚书吴山书“忠勤报国”四字以示嘉奖。祠院坐北朝南，南北长 88 米，东西宽 43 米，有正堂 5 楹，其建筑特色是中间出厦。堂内有合抱圆木柱 8 根，堂顶梁架上饰有彩绘，内壁墙上镶嵌石碣 85 块。石刻碑文是集选了历代名家书体。有钟繇、王羲之、王献之、欧阳询、柳公权、虞世南等人的书体，真、草、隶、篆诸体俱备。堂内供有王重光碑刻彩绘像。后堂面阔三间，称为“司马祠”，原为明末兵部尚书王象乾的祠堂，现拓为王士祯纪念馆。

王氏家族还有另一清代名人王渔洋，就是王士祯，官至刑部尚书。他一生勤于著述，撰写各类著作 36 种，500 余卷，主持诗坛达五十年之久，康熙皇帝曾征其诗三百首定为《御览集》，有“一代诗宗”“文坛领袖”之称。王渔洋故居（如图 2-13）位于城南村，故址是长春园。据《山东通志》载：“长春园，明尚书王之垣建，后王士祯于故址增葺，名西城别墅。”王渔洋去世后，西城别墅曾发生火灾，被毁。清代末期，盐商冯冠儒出资买下了这处庄园，随后进行了改造和扩建。20 世纪 50 年代后，此处一度作为粮仓使用。

除了王氏，耿氏也有大宅院。耿家大院是明朝父子进士耿鸣世、

耿庭柏故居。耿氏家族累世为官，明清两朝，耿氏家族共出了 7 名进士。清末民初，耿氏家族兴办近代产业，开设工厂、店铺，富甲一方，大院为当时规模宏大的居住建筑，见证了耿氏家族的兴衰。现今，耿家大院有四套院落保存下来，共计存留建筑 60 间。

图 2-13 王渔洋故居

摄影者 逯梦群

（二）泰安市岱岳区大汶口镇

大汶口镇地处柴汶河与大汶河交汇处，故名大汶口，历史悠久，《诗经》里有许多关于它的记载，比如“汶水汤汤，行人彭彭”，“汶水滔滔，行人儦儦”等。这里的历史遗迹多出自新石器时代与春秋战国时代，属于早前人类文化遗迹，最为著名的是大汶口遗址。大汶口遗址是黄河下游地区新石器时代的著名遗址。1959年首次发现，山东省博物馆曾对遗址进行过发掘，并将其考定为新石器时代晚期遗存。1964年，大汶口遗址及其他类似的文化遗存以发现地的地名命名，称为“大汶口文化”。而后，20世纪70年代，又进行了几次发掘。在遗址中发现的墓葬均为长方形的土坑墓，大部分葬具为木椁式。墓葬内的随葬品以陶器为主，出土有红陶、彩陶、灰陶、黑陶和白陶。具有代表性的陶器是鼎、壶、罐、杯、尊、瓶、盉形器等。比较精美的当属镶嵌绿松石的骨雕筒等器物。

文姜城遗址在大汶口镇人民政府驻地东北处，东南靠近大汶河，与汶河古渡口相邻。文姜是春秋战国时期的名人，以美貌著称。她是齐襄公的妹妹，鲁桓公的夫人。据说齐襄公与文姜兄妹相爱，文姜嫁到鲁国后，二人仍相互思慕不已。公元前709年，文姜嫁给了鲁桓公，公元前694年鲁桓公出访齐国，并不顾臣子劝诫，带上了文姜。兄妹重逢，旧情复燃。鲁桓公知晓后对文姜大发雷霆，文姜随即将受到的委屈告诉给哥哥齐襄公。同年夏天，齐襄公设下宴席，灌醉鲁桓公，指使一位叫彭生的力士与其同车，并在车中将其杀掉。丈夫死去，文姜并没有回到鲁国，也没有回娘家齐国，而是住在了齐鲁交界之地——汶水河畔。《水经注》载：“今汶上夹水有文姜台。”文姜台就是文姜的行宫。今天的文姜台只遗存一个土台。

云亭山位于大汶口镇北，是古代帝王封禅之地。《史记·封禅书》云：“伏羲封泰山，禅云云；神农封泰山，禅云云；炎帝封泰山，禅云云；黄帝封泰山；禅亭亭。”唐玄宗《纪泰山铭》曰：“古封泰山，七十二君或禅云云，或禅亭亭。”云亭山庙宇众多，布局合理，依次建有魁星阁、山门、二门、殿堂等。殿堂顶覆黄瓦，金碧辉煌，殿内塑有神像。殿前有奶奶庙一处，殿后有皇帝用的祭祀平台。每逢春节，此地还举办传统庙会，人山人海，热闹非凡。

皇营位于大汶口镇卫驾庄西，是清康熙南巡时修建的一座行宫。皇营始建于康熙十八年（1679年），康熙第一次南巡之前竣工。从第一次到第六次，康熙每次南巡都会在此休息。其间留有数十名下僚和奴仆看守、清理、护卫宫室，之后，乾隆皇帝来过两次。据记载，皇营约在1860年被人为破坏殆尽，只剩下隆起的地面和废墟。

山西会馆位于大汶河明石桥北桥头，主要建筑是南院的戏楼及北院的关帝庙。关帝庙建于清康熙年间，坐北朝南，正中是庙门，东西分别建有钟楼和鼓楼。正殿供奉关圣帝君，即关羽圣像。东殿供奉财神，西殿供奉火神，殿内绘有精美的壁画。乾隆年间山西会馆第二期正式建成，后又添建了围墙、东门、西门，两期建筑融为一体。这两次工程均为山西人出资，故定名为山西会馆，为山西同乡聚会和接待过往山西官员、商贾乡人之所。

明石桥（如图2-14）是大汶河上唯一的一座古石桥，也是江北第一古石桥，历经四百余年的风雨，历朝加固，至今能用。其最

图2-14 大汶河明石桥

早为木桥，后来变成分段的石板桥，明隆庆年间，建为整体石板桥。清雍正八年（1730 年），此桥被大水冲毁，以攻石起家的粥店人姜桂松“捐资倡修”，于乾隆六年（1741 年）修建完成并立碑以记此事，并改名“姜公桥”。石桥北起大汶口西南门，南至宁阳县茶棚村，净长度为 221 米，桥宽 2.5 米，全桥共有 66 个桥墩，65 个桥孔，桥孔长度不一。桥面由 360 余块大型石条组成，每块石条的长度因桥孔的长度而定，整座石桥由数百个铁锔子固定。

第三章
小桥流水有人家
——江浙沪地区古镇

一 江南六古镇

（一）昆山市周庄镇

周庄镇是江南六大古镇之一，被誉为“中国第一水乡”（如图3-1）。周庄旧名贞丰里，相传为春秋时期吴王少子摇的封地；自春秋至汉代有“摇城”之说。西晋文学家张翰，唐代诗人刘禹锡、陆龟蒙等曾寓居周庄。据史书记载，北宋元祐元年（1086年），周迪功郎信奉佛教，将庄田捐赠给全福寺作为庙产，当地百姓感念其恩，将此地命名为“周庄”。初为小村庄，金二十相公者随宋高宗南渡侨居于此，周庄才人烟渐稠。元朝时期，江南富豪沈万三之父沈佑，迁至周庄东宅村居住。明代时期，周庄镇廓扩大。清代时期成为江南大镇，商业中心又从后港街迁至中市街。康熙初年正式更名为周庄镇。乾隆年间，江苏巡抚陈文恭将原驻吴县甪直镇的巡检司署移驻周庄，管辖澄湖、黄天荡、独墅湖、尹山湖和白蚬湖地区。

周庄的发展与沈氏父子密切相关。周庄以村落而辟为镇，实沈万三父子之功。当时镇西皆墓地，人烟所萃，惟严字一圩。其东南隅曰东垞，万三住宅在焉，西北半里许即东庄地及银子浜，仓库园亭与住宅互相联络，其巨富气象犹可想见。沈万三利用白蚬江（即东江）西接京杭大运河、东北接浏河的优势，发展出海贸易，将周庄变成了一个粮食、丝绸及多种手工业品的集散地和交易中心，促进周庄的手工业和商业的迅猛发展。

周庄的特色产品有丝绸、刺绣、竹器、脚炉、白酒等。

清光绪年间的《周庄镇志》记载：“镇小且僻，胜景寥寥，然近水远山，平林修竹，春秋佳日，雅足流连。”由此可知自然风光之美。周庄面积小，其建筑物体量也小：小桥、小河、小街、小巷。民居多为一两层，高不过 6 米，河宽 8 至 20 米，街宽 3 到 4 米。然而，弹丸之地古风甚浓，这里有近百座古典宅院、十四座古桥和六十余座砖雕门楼。

图 3-1 周庄一览

图 3-2 玉燕堂

古典宅院当属沈厅和张厅。沈厅由沈万三后裔沈本仁于清乾隆七年（1742 年）兴建。七进五门楼，大小 100 多间房屋。最前面是水墙门（河埠），靠街的墙门楼上悬有写着“沈厅”两个字的匾额，进门后是茶厅，茶厅之后是正厅“松茂堂”，正厅后为大堂楼，供有沈万三彩塑，后二进小堂楼和厅后院上下都可相通，陈列着出土文物及民俗器物。

出沈厅沿街北走便到张厅。张厅原名怡顺堂，由中山王徐达之弟徐逵（孟清）后裔在明正统年间兴建，清初为张姓人购得，改称玉燕堂（如图 3–2），俗称张厅。居所坐东朝西，正厅及后楼为明代建筑，余为清代所建。房屋 70 余间，占地 1800 多平方米，雕梁画栋。厅旁有小河穿屋而过，正所谓“轿从门前进，船自家中过”。小河从后院穿宅而过，通向银子浜，其尽头就是沈万三水底墓。相传银子浜尽头有水一泓，旱年不枯。水下有一座古墓，墓中安放着沈万三的灵柩。每逢河面波光粼粼之时，此处就酷似碎银闪烁。

张厅往北在河道交汇之处便是著名的“双桥”，也就是美籍华人画家陈逸飞名作《故乡的回忆》创作之素材。“双桥”指的是世德桥和永安桥，始建于明代。双桥叠韵，一方拱、一圆拱，两座石桥呈 90 度连接，就像古代钥匙的形状，素有“一脚跨两桥”的说法。

周庄还有优美的自然景观，号称周庄八景：全福晓钟、指归春望、钵亭夕照、蚬江渔唱、南湖秋月、庄田落雁、急水扬帆、东庄积雪。“全福晓钟”指坐落在白蚬江畔的全福讲寺（又称全福寺），每天拂晓之时，钟声阵阵，传送数十里。“指归春望”是指在风和日丽的天气里，可登指归阁眺望，远处的春景一览无遗。“钵亭夕照”来源于永庆庵后院的钵亭。钵亭前有一池清水，后有百年古柳环境幽静，夕阳西下，景色怡人。“蚬江渔唱”是指白蚬江盛产白蚬，每逢傍晚，渔民皆满载而归，他们心情愉快，便成群结队地哼起曲调来。“南湖秋月”指的是每逢傍晚在镇南面的湖边赏月，美丽的秋夜令人陶醉。“庄田落雁”指的是南湖边长满香蒲、芦苇，护卫着庄田，良好的生态环境吸引了众多候鸟来此栖息。“急水扬帆”指的是急水港西连白蚬江，东达淀山湖，江面宽阔，水流湍急；风平浪静时，江中白帆点点，似与水争时。“东庄积雪”指位于周庄东郊的东庄，春季秧苗碧绿；秋季稻谷金黄；冬日银装素裹，是踏雪赏景的上佳之选。

每逢元宵节，人们会在牛郎庙竖立起一根桅杆，杆上横一根小竹竿，两端悬挂串串彩灯。桅杆顶端缚一圈稻草，内放鞭炮以及易燃物品，最后糊上一层黄纸，呈元宝状，这便是“田财”。夜晚来临，人们从四面八方携带鞭炮和各色烟花，欢度良宵，共赏明月。

（二）吴江区同里镇

据考古发掘的大量文物证实，同里镇的历史可追溯到五六千年前的崧泽文化和良渚文化。优越的自然地理条件，使同里所在的吴江地区成为江南最富庶的地方，故同里又称富土。唐代初年改名铜里，宋代改为同里。据古籍记载：“宋元间，民物丰阜，商贩翩集，百工之事咸集，园池亭榭，声伎歌舞，冠绝一时。明初地方五里，居民千余家，室宇丛密，街道透迤，市场沸腾。”民富乐业的繁荣景象可见一斑。

关于同里，有这样一个民谣：“同里水乡五湖包，南北东西处处桥。水泊扁舟通万里，镇里来往但轻摇。休愁到此食无鱼，十里周围大小湖。茶座街头闲结网，渔舟满载笑相呼。”“五湖”指的是九里湖、同里湖、南星湖、叶泽湖、庞山湖。同里为五湖环抱，镇内河港交叉，10 多条河流分割出 7 个圩头，40 多座造型优美的古老桥梁将其串为一体，素有“水乡桃花源”的美称。

江南园林冠天下，作为江南古镇，同里也有精致的园林，最著名的是退思园（如图 3–3）。它是清光绪年间安徽兵备道任兰生退职回乡后所建的私家园林，园名取《左传》中“进思尽忠，退思补过”之意。园林虽然面积不大，占地仅 9.8 亩，但是布局精巧，一应俱全。它突破了常规的南北纵向格局，整个园子（自西向东）横向布局，

图 3-3 退思园

图 3-4　退思园住宅院落（绘）

左为宅，中为庭，右为园（如图 3-4）。宅分内外，外宅又分门厅、茶厅和正厅；内宅则建有南北两幢以主人之号命名的“畹芗楼”，供主人与家眷居住。中庭是为招待客人而设计的。从中庭穿过月洞门就是园子，“退思草堂”是全园的主景，站在堂前，环顾四周，景色尽收眼底。“坐春望月楼”“菰雨生凉轩”“桂花厅”“岁寒居”分别对应春、夏、秋、冬四季景色；琴房、眠云亭、辛台、揽胜阁，分别对应琴、棋、书、画四艺。园中亭、台、楼、阁、廊、坊、桥、榭、厅、堂、房、轩，布局得体，朴实无华，不愧为江南名园。

江南水乡的一大特色是古桥多，作为港汊纵横之地，同里也不例外（如图 3–5），这里宋、元、明、清时期的古石桥保存相对完好，著名的有太平桥、吉利桥、长庆桥、思本桥、富观桥、普安桥、泰来桥、中元桥、乌金桥、永寿桥、大兴桥、独步桥、升平桥等。太平桥、吉利桥、长庆桥跨于三条圩之间，形成一个三角形，当地人称之为吉祥桥，新人嫁娶、老人祝寿都要绕行三桥，以图吉利。

同里景色优美，后人总结出同里八景：长山岚翠、九里晴澜、林皋春雨、莲浦香风、南市晓烟、西津晚渡、野寺昏钟、水村渔笛。后来又有续定八景：法喜骄祥、洞真灵迹、仁济元宇、翊灵古祠、东溪望月、西皈夕照、北山春眺、忏院钟声。再后来又有后定四景：松亭秋色、罗星听雨、梅山香雪、白云遗址。

同里不仅风光旖旎，而且人文荟萃，名人辈出。这里曾经诞生了南宋诗人叶茵，明代书画家王宠，清代书画家杨天骥、陆廉夫，

图 3–5　同里古桥

近代著名诗人陈去病，国学大师金松岑，民主斗士费巩等。元、明以来，倪云林、姚广孝、董其昌、沈德潜、柳亚子等社会名流还曾来此寓居。

（三）吴中区甪直镇

甪直镇是一座与苏州古城同龄，具有 2500 多年历史的水乡文化古镇，素有“淞江甫里村”“五湖（澄湖、淀山湖、金鸡湖、独墅湖、阳澄湖）之汀”“六泽（吴淞江、清水江、南塘江、界浦江、东塘江、大直江）之冲”之称，是江南太湖流域保存完好的水乡古镇。

甪直镇有三个千年遗址：澄湖遗址、张陵山遗址和摇城遗址。澄湖遗址考古发掘整理出各类文物近 500 件，有崧泽文化时期的彩绘陶瓶、黑皮陶壶，良渚文化时期的提梁壶，西周时期的陶尊，东周时期的铜削等珍贵文物。张陵山遗址位于甪直镇澄湖村张陵山，这里出土了新石器时代墓葬 11 座、崧泽文化墓葬 6 座、早期良渚文化墓葬 5 座、东晋砖室墓 5 座以及大量的石器、玉器和陶器。摇城遗址位于甪直澄湖西侧的大姚、瑶盛、澄墩一带。经发掘，清理出古井 150 口以及各类器物 1200 余件。《越绝书》载：“摇城者，吴王子居焉，后越摇王居之。”摇城遗址证实了春秋时期越王摇城的存在。

甪直镇最为著名的寺庙是保圣寺（如图 3-6），原名保圣教寺，为江南四大寺院之一。明代吴宽、王鏊、祝允明、文璧等修的《姑苏志》中记载：“保圣教寺，在长洲县二十都甫里，唐大中建，宋祥符中僧维吉重建。”归有光《保圣寺安隐堂记》中云：“长洲东南五十里，地名甫里，天随先生之故居在焉，今为保圣教寺而郡志又有白莲讲寺，然甫里无二寺，盖白莲，保圣之别院也。志云：寺创于唐大中间，熙宁六年，僧维吉重修，又谓：维吉于祥符间创白莲寺，今里俗所指，以为白莲者仅在西庑，其后即为天随先生祠。”清康熙年间，陈惟中编纂的《吴郡甫里志》记载：“保圣寺，梁天监二年创，宋祥符六年僧维吉重建。”后来重修保圣寺大殿时，在梁拱木板高处发现纪年字迹，为梁天监二年（503年）。由此可知保圣寺始建于南梁时期。唐代会昌年间灭法时寺院被毁，北宋大中祥符六年赐紫僧维吉重建，明崇祯年间进行过一次较大规模的重修，清咸丰十年（1860年）寺庙毁于战火。关于寺里的具体情况，《吴郡甫里志》记载："大雄殿供释迦牟尼佛像，旁列罗汉一十八尊，为圣手杨惠之所摹，神光闪耀，形貌如生，真得塑手之三昧者，寺之西北有安隐堂归有光记。"1932年，蔡元培等人募建古物馆，保护了这些幸存下来的泥塑罗汉。

甪直镇号称江南桥都，原有72座半宋、元、明、清各时代的石拱桥，现存41座，造型各异，各具特色，有多孔的大石桥、独孔的小石桥、宽敞的拱形桥、狭窄的平顶桥，也有装饰性很强的双桥、左右相邻的姊妹桥和方便居民的平桥。

在这些桥中，历史最悠久的是和丰桥（又称中美桥），位于镇中心北端，连接上塘街中市和西市，桥呈拱形单孔，拱圈是青石做的，桥墩是武康石做的，桥面上有精美的石雕，两侧是镂空栏石，栏石之间立有镌刻花纹的石柱。规模最大的桥是正阳桥（俗称东大桥），位于镇东市梢，始建于明万历年间，初名青龙桥，崇祯初重建，改今名。清代多次修葺。桥体由花岗石砌成，拱脚阔厚宽大，拱矢高达5.5米，拱径跨度9.6米，桥身连同南北两桥堍共长44.8米，有66级石阶。规模最小的桥是东垂虹桥和西垂虹桥，位于保圣寺内清风亭两侧，建于明正德十三年（1518年），是用砖砌成的拱形桥，小巧玲珑，民间称其"桥挑庙，庙挑桥"。

另外，还有"三步两桥"这一现象，就是两座桥在两河交汇处连成直角，几步即可跨过，这样的桥俗称双桥，又因其形似古代的钥匙而名钥匙桥。在甪直镇，比较有名的双桥有4对，分别是三元桥与万安桥、南昌桥与永福桥、东美桥与交会桥、环玉桥与和丰桥。

图 3-6 保圣寺

图 3-7　西塘一隅

（四）嘉善县西塘镇

沁园春·西塘

古老棚廊，依水绵延，风物显彰。有轻舟流韵，桥拱跨虹；青豆陈酿，独得芬芳。苏绣争妍，根雕竞胜，水阳楼头瀚墨香。明月下，更如诗似画，疑莅仙乡。　盛名千载西塘，远喧嚣烟尘任炎凉。蕴静气钟灵，碧波汇秀；俊朋彦友，勤展华章。为学树人，厉身报国，留取宏图荐韶光。凭解释？惟善销寂寞，声振家邦。

这首词的作者是楼炽阳，词作描绘了古镇西塘的景色、特产及人文。西塘历史悠久，相传春秋时期，伍子胥出兵于此，凿河塘以兴水利，称伍子塘、胥塘，“胥”“西”音相近，后来称为西塘。（如图 3-7）

西塘的河多。南北走向的三里塘与东西走向的西塘港这一十字形的河道构成了全镇的骨架，除此以外还有乌通港、云彩塘、烧香港、里江港、来凤港、十里港、杨秀泾等，河道都交汇在十字形河上。

河多，桥自然多。有宋代的望仙桥，明代的安境桥、里仁桥（狮子桥）、鲁家桥、五福桥、永宁桥等，以及清代的卧龙桥（如图 3–8）。望仙桥是以唐道篆介寿立桥望仙而得名；初为单孔石台木板桥，现为石台石板桥。卧龙桥是单孔石拱桥，桥身长 31.46 米、宽 4.95 米，桥东坡有石阶 32 级，西坡有石阶 30 级，西堍朝南转角处还有石阶 9 级，为镇上最高之桥梁。关于卧龙桥有这样一个感人的故事。卧龙桥原为木桥，非常简陋，下雨时变得湿滑，行人过桥有时跌落桥下，被湍急的河水淹死。有一个名叫朱公传的竹篾匠，住在桥西堍，有一次，他见到一个孕妇过河时从桥上跌落淹死，非常悲痛，遂削发为僧，法名广缘。他以铁链穿肩，誓愿募建石桥以济众难，苦行奔走十余年，历尽艰辛，终于募得白银三千余两，于康熙五十五年（1716 年）动工建桥，历时 3 年建成。

图 3–8　西塘卧龙桥

廊棚是西塘的一大特色。廊棚就是带屋顶的街，一端靠着铺面楼底，一端伸出街沿，撑以木柱，实铺屋瓦，成为店铺门面的延伸。西塘的廊棚原来大多集中在北栅街、南栅下街、朝南埭、椿作埭、塔湾街等商业闹区，后来在里仁街、朝东埭、四方汇等居民区也建起了廊棚。经年久远，有所坍塌，后来经过整治新建，从小桐街一直延续到塔湾街，基本把古镇的古河沿串连了起来，成为西塘古镇一道亮丽的风景线。

西塘的弄堂非常多，有长弄、短弄、明弄、暗弄、一步弄、石皮弄等 122 条，其中百米以上的长弄有 5 条。最有特色的一条弄叫石皮弄。石皮弄是王家子孙两宅第之间的一条弄，全长 68 米，最窄处仅 0.8 米。阮仪三先生考证了弄堂的由来。他认为弄堂是江南水乡大宅民居布局的产物，是出于住宅群体相互隔离和交通的需要而产生的。唐宋以来，江南水乡地区镇市繁荣，居民中多有殷实富裕的人家，这些大户人家的住宅多为“进落”组合的厅堂院落式结构。“进”指房屋的纵向排列，“落”指横向排列。为方便进出，这种多进纵深的宅院之间就出现了“弄”。这些弄设在厅堂的侧背面，像脊背一样连接着各个厅堂和天井，因此叫作“背弄”。“弄”过去都是各户自家用的，新中国成立后，这些大宅都住进了许多人家，“弄”就成为各家出入的公共通道了。

西塘的古迹还有种福堂、圣堂等。种福堂是南宋王渊子孙的宅院。相传王渊是作为宋高宗赵构南渡时的护驾随行到江南的。元朝末年其子孙为了躲避战乱而定居嘉兴，后来又移居到了西塘镇。种福堂共有八进院落，第一进是门厅，第二进是轿厅，第三进是种福堂。厅堂中央悬挂着相传为陈邦彦题写的“种福堂”匾额。圣堂旧称庞公祠，初建于明万历三年（1575 年），原用于祭祀巡按庞尚鹏。清康熙十三年（1674 年）沈志高重修，改供关帝像，俗称“圣堂”。清康熙五十年（1711 年）重修殿廊，改名静觉庵，但镇人仍称其为“圣堂”。

西塘人以诗书传家，重视文化教育。民国时期，著名诗人柳亚子常来西塘吟诗会友，18位西塘文人参加了柳亚子创办的南社。20世纪80年代末期，在西塘发现了民国档案，涵盖了1913年至1949年的历史档案资料，共有64卷。这些档案资料主要记载了国民党西塘区党部、三青团、战地服务处、西塘水巡队侦缉组、一贯道、自卫队等团体及有关人员的职务、下落、活动等情况。

（五）桐乡市乌镇

乌镇历史悠久，根据谭家湾新石器时代古文化遗址，可知早在六千多年以前，这里已有先民安居乐业。乌镇地处两省（浙江、江苏）、三府（嘉兴、湖州、苏州）、七县（乌程、归安、石门、桐乡、秀水、吴江、震泽）交界之地，可谓是水陆要冲。关于其名字的由来，说法不一。有的说其古称

“乌墩”，“墩”指的是地脉凸起、高于四野的地方。有的说，春秋时吴戍兵备越，名吴戌，后来“吴”讹转为“乌”音，所以名“乌戌”。“乌镇”一名，有人考证最早见于唐咸通十三年（872 年）的一篇碑文中，在此之前无据可查。虽说众说纷纭，但有一点是肯定的：乌镇自建镇以来，已有 1200 多年的历史。乌镇的古迹无处不在，有唐代银杏和昭明书院遗址，有梁代的石佛和宋代的修真观，有石板街路、老宅民居、马头墙、石库门和木窗结构的典型水镇老街（如图 3–9）。

乌镇是大文豪茅盾的故乡，实际

图 3–9 乌镇掠影

上很多读者是通过茅盾的作品知晓乌镇的。“朋友！你大概能猜想到这封信是在怎样的环境下写起来的罢？是在我的故乡的老屋，更深人静以后，一灯如豆之下！故乡！这是五六万人口的镇，繁华不下于一个中等的县城；这又是一个‘历史’的镇……现在，这老镇颇形衰落了，农村经济破产的黑影沉重地压在这个镇的市廛。”这是茅盾《故乡杂记》里的一段文字，描写了当时乌镇的情况。我们沿着茅盾这条线索来看一下乌镇。

19 世纪末，茅盾的曾祖父沈焕购置了一处房产，茅盾自 1896 年诞生至 1909 年离乡求学，在这幢房子中生活了十三个春秋。茅盾故居是木结构的临街四开间两进楼房，分为东西两个单元。东单元先买进，称为“老屋”，西单元后买进，称为“新屋”。“老屋”第一进楼下东边的一间为过道，现作为陈列的序厅。门口高悬着“茅盾故居”匾额，屋子中间安放着茅盾半身铜像。茅盾逝世后，故居经过修复，“新屋”被分为六个陈列室，陈列着茅盾的 150 多幅照片和他的作品、手稿、书刊、题词、用品等实物，这些资料介绍了茅盾一生的革命活动和他走过的文学道路。

立志书院是茅盾读小学的地方。“又过了半年多，乌镇办起了第一所初级小学——立志小学，我就成了这个小学的第一班学生。”（茅盾《我走过的道路》）这里的立志小学的前身是立志书院。书院大门门檐上嵌着“立志”二字，两旁的抱柱联为“先立乎其大，有志者竟成”。院子里有一天井，天井两端种有桂花树，旧时乡试揭晓所示之榜称“桂榜”。过了天井是讲堂，讲堂大门上方挂着“有志竟成”的匾额，两边有一副对联：“分水旧规模，但愿闻风皆立志；殳山钟秀杰，定知异日有成材。”此联为清道光年间进士俞樾所题。讲堂的后面是云楼。光绪二十八年（1902 年）书院改为学堂，定名为国民初等男学堂，门檐上“立志”二字并未改动。

茅盾曾多次提到家乡的昭明书室。“唐代银杏宛在，昭明书室依稀”是茅盾写的关于故乡的词，后来在《我走过的道路》一书中，他又专门提到昭明太子在乌镇读书一事："值得一提的，是梁昭明太子为他的母亲祈福而在乌青镇建造宝塔两座，俗称东塔、西塔。东塔正式名称是寿圣寺塔，寺已不存，塔在光绪年间仍在，后来里人卢学溥（鉴泉）又集资重修。梁昭明太子还在当时西塔附属的寺中读书。这个寺，清朝光绪年间也还存在（当然是屡经修葺，不一定是本来面目了）。"那么昭明书室具体情况如何呢？昭明书室位于今乌镇剧场，至今尚有砌入墙中的牌坊一座，牌坊正面上端有一石匾，镌有"六朝遗胜"四个大字，下面有"梁昭明太子同沈尚书读书处"的刻字，落款是"里人沈士茂"。沈约是乌镇人，他父亲的墓就在乌镇河西十景塘普静寺西北隅。每年清明沈约都要回乡扫墓并守墓数月。梁武帝怕儿子荒废学业，就命太子随行读书。为了让太子更好地读书，就建立了昭明书院。

清人施曾锡的一首竹枝词很好地诠释了这个优雅而又宁静的古镇："苕溪清远秀溪长，带水盈盈汇野塘。两岸一桥相隔住，乌程对过是桐乡。"

（六）湖州市南浔区南浔镇

"张帆出东郭，沽酒问南浔，画屋芦花净，红桥柳树深""港汊纵横入水乡，菱歌隐隐起回塘""浔溪溪畔遍桑麻，溪上人家傍水涯""野花临水发，江鸟破烟飞"……描写南浔美景的诗句比比皆是，可见人们有多喜欢它。南浔是太湖边上的一颗明珠，不仅景色优美，风光旖旎，更有悠久的历史与灿烂的文化。南浔有洪城、花城、上石等古文化遗址。大禹治水时南浔归"天下九州"之一的扬州管辖，春秋战国时期属于楚国春申君的封邑。

南浔是一个靠蚕丝业发展起来的古镇。辑里丝驰名天下，唐代《元和郡县志》记载"湖州开元贡丝布"。唐宋以来，湖州的蚕丝业兴盛，湖丝遍天下，畅销海内外。而湖丝中之最佳又为南浔郊区辑里村所产之丝，就是辑里丝（"辑"简作"七"，故亦名七里村、七里丝）。据周庆云《南浔志》记载："辑里村居民数百家，市廛栉比，农人栽桑育蚕，产丝最著，名甲天下，海禁既开，逐行销欧美各国，曰辑里湖丝。”清末出现了“湖州一个城，勿及南浔半个镇”的说法以及“四象、八牛、七十二墩狗”的南浔丝商富豪集团。

在南浔丝商富豪集团中，涌现出一批嗜书、藏书、藏古画、鉴定古画的人。一个个藏书楼随之诞生，最为有名的是刘承干的嘉业堂、蒋汝藻的密韵楼、张均衡的六宜阁，它们并称为三大藏书楼。有首诗这样评价这三家藏书楼:“籍甚吴兴蒋与刘，石铭参立学尤优。适园未抵嘉业富，择是精过密韵楼。”诗中的“适园”主人即是张均衡，由此可见嘉业堂名列第一。

图 3-10 嘉业堂藏书楼

嘉业堂藏书楼的创始人刘承干是光绪三十一年（1905 年）的秀才，为南浔首富，其伯父刘安澜辑有《国朝诗萃》，然未成而殁，父亲刘锦藻则以编纂《清朝续文献通考》而闻名。刘承干自幼嗜好读书、买书、校书、写书、藏书。他的藏书机缘与辛亥革命有关。1911 年，辛亥革命爆发，时局动荡，南方的一些故旧世家纷纷避居上海，大量藏书散出，刘承干趁机广为搜罗，耗资 30 万元，得书 16 万册，一跃成为近代史上私家藏书的巨擘。1920 年，刘承干在小莲庄刘氏家庙的旁边兴建一座藏书楼，历经 4 年落成，建筑规模让以往藏书家望尘莫及。因捐巨资修光绪陵墓，清末代皇帝溥仪赐其“钦若嘉业”九龙金匾。刘承干深以为荣，将书楼取名为“嘉业堂藏书楼”（如图 3–10）。藏书以宋刊《史记》《汉书》《后汉书》《三国志》最为珍贵，号称镇库之宝。书楼是一座砖木结构、中西合璧的两层楼房，分前后两进，每进面宽七间，左右厢房各六间，共五十二间。从上面看，楼呈“口”字形，中间正方形天井平铺方砖，不生杂草，为夏季晾晒图书之用。书楼对防火、防潮、通风等要求十分严格，四周河水围绕，利于防火、灭火。楼房皆用专窑烧制的青砖铺地，既通风又隔热，也是防潮的有力措施。

收藏、鉴定古画，当属庞元济。他是光绪六年（1880 年）的补博士弟子，因助赈 10 万元，特赐举人，其父是“南浔四象”之一的庞云镨（铮）。庞元济是个成功的丝业商人，他去日本考察，改良辑里丝，创办了多个丝厂。后来潜心绘画，尤其喜欢收藏历代古画。他收藏了韩干、周行通、郭熙、赵孟頫、王渊、王蒙、唐寅、文徵明、沈周、仇英、郑板桥等名家的作品。他对古画鉴别有独到的见解，曾在《中华历代名画记序》中说：“唐宋迄今，千有余年，代远年湮，真迹日少，赝鼎日多，若非于笔法绢素着色三者辨别精审，易以鱼目混珠。”他还著有《虚斋名画录》十六卷、《虚斋名画续录》四卷。

南浔自古就被称为“水市”，镇内河流纵横，密如蛛网，有“十步一座桥”的说法。“君到姑苏见，人家尽枕河。古宫闲地少，水港(一作‘巷’)小桥多。”各具风姿的石桥、木桥共同塑造了南浔典型的江南水乡特色。

沿着河畔，有大型明代民居群——百间楼（如图 3-11）。百间楼是明万历年间礼部尚书董份所建，因傍河建楼百间，故称百间楼。东起东吊桥，北至栅桩桥，长约 400 米。有专家考证：“纵观江南水乡，南浔百间楼是迄今为止保存最为完整并留有传统风貌的沿河民居群落。”白墙、青瓦、廊檐、古桥、水埠、花墙、券门、河水、船只构成百间楼独特的江南水乡风景。

南浔园林较多，有自南宋至清代的各式园林 24 处，其中小莲庄、嘉业堂藏书楼、宜园、适园、颖园五大名园被称为“园林巨构”。

图 3-11　百间楼

嘉业堂藏书楼前面已提过，在此重点说一下小莲庄，它又称“刘园”，是清朝光禄大夫刘墉的私家花园及家庙所在。园名取自画家赵孟頫所建“莲花庄”之名，刘墉因羡慕之，而取名为“小莲庄”。它由刘氏义庄（桂花厅）、家庙和园林三部分构成。园林分为内园和外园，与义庄、家庙相连。内园的主体是一处用太湖石堆砌的假山群，外园以十亩荷花池为中心。池北为柳堤，上有六角亭掩映在绿柳翠竹之间。

南浔还有一处非常重要的历史遗迹，那就是张静江故居。张静江是中国近现代史上的风云人物。其故居位于南浔镇东大街 108 至 110 号，又名尊德堂。居所是张静江祖父张颂贤于清同治年间修建的，是张静江少年、青年时代生活的地方。故居是三进五间式古建筑，大门上方悬挂着题为“张静江故居”的匾额，一进有一厅五室，每进之间各有天井，每进一堂便递高一级，俗称“步步高升”。每进建有防火用的直式火巷。正厅上悬挂着张謇题写的黑漆金字“尊德堂”堂匾，两侧是孙中山题写的一副楹联：“满堂花醉三千客，一剑霜寒四十州。”抱柱上有翁同龢所写的对联：“世上几百年旧家无非积德，天下第一件好事还是读书。”二厅、三厅里陈列着张静江的家谱、家族发展史和张静江一生的大事纪略。

二 其他古镇

（一）海宁市盐官镇

盐官镇是良渚文化的重要发源地之一，2200 年前吴王刘濞在此设置司盐官，地以官名。唐会昌三年（843 年）置建宁镇，五代后梁开平四年（910 年）改为盐官镇，镇名沿用至今。盐官古镇（如图 3-12）在清代非常有名，乾隆皇帝下江南时驻跸此地，这里还是清朝名臣陈元龙的故乡。作为千年古镇，盐官镇整体看起来古色古香，左右对称布局。

图 3-12 盐官古镇

盐官镇，地处海宁市中南部，提及海宁，大家都会联想到海宁潮。“八月十八潮，天下壮观无。”海宁潮是天下奇观，而盐官镇是观潮胜地。唐宋年间，人们都在杭州观潮，后来由于地理变迁，杭州的潮势减弱，于是盐官镇东南的一段海塘便成为近代的观潮胜地。潮水涌入钱塘江口后，因南北两岸地势不同，分成两段，南段快，北段慢，当南段荡回与北段相遇时，潮头相撞，满江汹涌，声如山崩地裂可谓“世界瑰绝岂有比，江立飞，海立起……”“病者睹之气皆生，勇者睹之神皆死”，由此可见江潮的气势磅礴。

占鳌塔，又称镇海塔（如图 3–13），位于盐官镇春熙门外的海塘上，是观潮的绝佳之所。乾隆皇帝曾登塔观潮，并作诗：“镇海塔傍白石台，观潮端不负斯来。塔山潮信须臾至，罗刹江流为倒回。”镇海塔始建于明万历年间，是六边形的砖木楼阁式塔，高十五丈，周围九丈六尺，外观七层，内为八层。塔刹由六条铜链、葫芦和相轮构成，顶层屋脊为六条喷水吐浪的龙。六面戗角采用斗拱结构，悬有铜质风铃。塔身绘有五彩壁画、禽兽海浪。塔顶有“占鳌塔”的匾额，由当时的知县陈扬明题写。

海神庙位于盐官镇春熙路东端，与清皇室关系密切，由雍正皇帝发内帑建造，其亲信李卫负责监造。雍正八年（1730 年）开始建造，第二年竣工，占地 2.7 公顷。咸丰年间大部分建筑毁于兵燹，光绪十一年（1885 年）重建。正殿为重檐歇山式宫殿建筑，仿故宫太和殿形式建造，五楹陛四出七级。正脊为双龙抢球，并书有“保厘东海”“永庆安澜”字样。正殿中设一无名之海神，钱镠、伍子胥配享左右。在正殿后有八角重檐攒尖顶御碑亭一座，亭内御碑通高约五米，为汉白玉石质。阳面是雍正口述、和硕果亲王允礼书写的《浙江海神庙碑文》，阴面是乾隆口述、浙江巡抚庄有恭写的《阅海塘记》。乾隆皇帝曾拜谒海神庙，并作诗：“盐官驻马先虔谒，庙貌枚枚皇考修。捍患御灾宜祀典，恬风静浪赖神庥。即今南涨方坍北，尚此春逢况值秋。黍稷非馨在明德，是吾所愧敢忘愁。”

图 3-13　占鳌塔

陈阁老宅是清代大学士陈元龙的故居。陈元龙，字广陵，世称广陵相国，清代相国称阁老，故其宅谓“陈阁老宅”。此宅由陈元龙曾祖建于明代晚期，陈元龙拜相后，将它改建扩大，现尚存轿厅、祠堂、寝楼、双清草堂和筠香馆。陈阁老宅中有“陈家三宝”：明代陈氏法帖碑刻、雍正帝御赐的“躬劳著训”九龙匾和古罗汉松。

安澜园位于海宁盐官镇西北隅，与南京的瞻园、苏州的狮子林、杭州的小有天园并称为中国明清时期四大名园。安澜园本为南宋安化郡王王沆的故园，明神宗万历年间，陈与郊重建，取名隅园；清康熙二十四年（1685 年）后，传给本族曾孙陈元龙，更名遂初园。当地人也称之为陈园。乾隆皇帝南巡，曾四次驻跸于此，赐名安澜园，并写《安澜园记》以及几十首关于安澜园的诗。

盐官镇是国学大师王国维的故乡。王国维故居位于盐官镇西门内周家兜。居所为王国维的父亲王乃誉建造，是王国维少年时代的住宅。庭院坐北朝南，建筑为二进的木结构房屋，第一进是三开间的平屋，第二进是楼房，两进之间有天井及厢房，楼后为花园，花园一侧有腰门通向周家兜。故居的大门悬有“王国维故居”匾额，前厅置放王国维半身铜像，各展厅分别展示了王国维生平、主要学术成就、著作、手稿、拓片、照片等内容。

（二）江山市廿八都镇

据《江山地名志》记载，宋熙宁四年（1071 年）江山始行乡都制，在十二乡下设四十四都镇，廿八都镇因排行第二十八而得名。

廿八都镇的历史要从仙霞古道、黄巢起义说起。仙霞古道又称黄巢古道、浙闽官道、江浦驿道。据《江山交通志》载：“江浦驿道，自县城南门出城，经清湖、石门、江郎、峡口、三卿口、保安、仙霞关、廿八都、枫岭关至福建浦城接闽驿，江山县城至浙闽分疆处枫岭关全程 150 华里。”仙霞古道周围多为崇山峻岭、悬崖峭壁，人迹罕至。这条道路是黄巢起义军打开的。黄巢起义军攻破江西后，打算从海路进军福建，但却找不到足够的船只，只好“刊山开道七百里，直趋建州”，穿越仙霞古道到达福建建州，自此，浙闽之间的这条道路被打通。

仙霞古道地势险恶，从北到南，依次矗立着窑岭、仙霞岭、茶岭、小竿岭、枫岭、五显岭，道两边是悬崖峭壁，在小竿岭和枫岭之间有块枫溪谷地，地势相对平坦，适宜人类居住生息。在没有战火的年代，仙霞古道逐渐变成商旅交通要道，是当时京城通往福建沿海的唯一陆上通道。枫溪谷地成为商旅歇脚和货物集散的中心，久而久之发展成一个集镇，这就是廿八都。它位于仙霞古道峡口至浦城的中段，峡口至廿八都、廿八都至浦城都正好是一天的步行里程，因此廿八都成为挑夫歇脚宿夜和货物中转的重要城镇。

从这段历史可知，廿八都位于仙霞古道上，古道在军事上“操七闽之关键，筑两浙之樊篱”，使廿八都以“枫溪锁钥”之势而成为历代兵家必争之地。（如图 3-14）它是从军事要塞发展成为市镇的，战时是军事重镇，平时是商业重镇。晚清至民国时期，廿八都镇的商业繁荣至极。商铺云集，有米行、饭店、旅店，纸业兴盛，还有绸缎棉布、茶叶、桐油等货物，药店、剃头店等各行各业均在此可见，甚至出现了工商业行会组织。商铺集中的地方形成了浔里街和湖里街（今为枫溪街）等商业街道，这些街道首尾相接，北起上浔门，南至水安桥，全长 1300 米。

廿八都镇现存的民居以晚清至民国时期的建筑为主。这些建筑采用砖木的合院式结构，广泛安设木雕门楼；门罩由梁、枋、柱、撑拱、挂落等构件组成，采用樟木等上等木材雕制而成。民居大多采用八字形墙体门面，这类门面的墙体构造从侧面看犹如一座牌楼，中间高、两侧斜，低矮的墙体向前敞开，呈八字状，当地人称“八字大门”。

廿八都镇的公共古建筑有文昌宫、文昌阁、万寿宫、东岳宫、水星庙、忠义祠、水安桥、枫溪桥等。其中以文昌阁最具特色。文昌阁始建于清同治六年（1867 年），位于枫溪街西北段，坐西朝东，

占地面积约 500 平方米，三进二天井三开间，正门设单层木雕门楼，檐翘角出挑，歇山顶屋面。宣统年间又建了一个规模更大的文昌宫，占地面积 1570 多平方米，坐北朝南，沿中轴线依次为照壁、大门、前殿、天井、正殿、天井、寝殿，共三进二天井。正殿共三层，重檐歇山顶。前殿、寝殿为单层硬山顶。左右为厢房，以檐廊相连接。彩绘很有特点，整幢建筑约有 450 多幅彩画，内容丰富多彩，有“鹿来报喜”“老翁秋读”“五子登科”“鲤鱼跳龙门”“状元及第”等。在廿八都，文昌阁（宫）的公共属性非常明显，它不仅是个宗教场所，还是公共事务处理场所，承担着地方的教育、社会救济、纠纷调处、公共设施建设等工作。

（三）青浦区朱家角镇

朱家角镇位于上海市西南部的淀山湖畔，从地图上看呈折扇形，方圆近 50 平方千米，被誉为“上海的威尼斯”。（如图 3-15）相传朱家角成陆于 7000 年前，考古学者曾在淀山湖底发现新石器时代至春秋战国时代的遗物。宋元时期，朱家角一带已形成集市，名为朱家村。明万历年间朱家角发展成大镇，朱家村改名为珠街阁，也称为珠里、珠溪、角里。

“今珠里为青溪一隅，烟火千家，北接昆山，南连谷水，其街

图 3-14 廿八都镇

摄影者
董百志，绍兴文理学院原成教学院院长。

衢绵亘，商贩交通，水木清华，文儒辈出。”这段话描写的是清代朱家角的面貌，其昔日的繁华可见一斑。当地曾有“三泾（朱泾、枫泾、泗泾）不如一角（朱家角）”之说，明清时期的朱家角布业、米业发达，成为江南巨镇。

江南古镇多以小巧精致为特点，而朱家角却以其大气闻名。它的面积是周庄的三倍，如果说周庄是小家碧玉，朱家角则是大家闺秀。最具代表性的是一桥、一街、一寺、一庙、一厅、一馆、二园、

图 3-15 朱家角掠影

三湾、二十六弄。

“一桥”指的是放生桥。它是江南最大的五孔石桥，始建于1571年，由古镇慈门寺僧募建。该桥的石刻比较有特点，刻有8条盘龙，环绕明珠，形态逼真，还有4只石狮，仰头张口，栩栩如生。放生桥长如带，形如虹，“井带长虹”成为朱家角十景之一。

“一街”指的是北大街。它是明清时期的商业街，“长街三里，店铺三千”，因此成为江南古镇最热闹的老街道。

“一寺”指的是报国寺，是上海玉佛寺的下院。报国寺原址关王庙，建于明崇祯十三年（1640年），因祀关羽，故名“关王庙”。

“一庙”指的是城隍庙，已有二百多年的历史，坐西朝东，并非常见的坐北朝南格局，另外还有三宝：斗拱戏台、木刻横梁和中堂画轴。

“一厅”指的是席氏厅堂，为明代礼部尚书席永培建造，集江南豪门大富人家建筑之大成。宅邸前后共五进厅堂，正墙门前有三级石阶，石阶两边各有一个石墩，石墩上雕有麒麟，这在民间建筑中极为罕见。头厅仪门上雕有龙凤走兽，二厅为起居间，后厅为三开楼台。

“一馆”指的是王昶纪念馆。王昶是清代乾隆年间进士、刑部右侍郎，为当时的“吴中七子”之一。纪念馆是二层楼房，底楼门廊正中挂着黑底鎏金的“三泖渔庄”匾额，门前廊柱上有王昶好友钱大昕题、现邑人钟则钧手书的一联：“文章真到欧曾垒，经书还传郑服衣。”门庭正中央是王昶的半身铜塑像，两侧墙上挂满了有关王昶的介绍和王昶手迹。左厢房是经训堂，右厢房是春融堂、郑学斋。楼上第一间有王昶、钱大昕、刘墉三位好友谈文论经的塑像，中间是王昶的卧室，第三间有两排长玻璃柜，展示着王昶的《金石萃编》《春融堂集》《太仓志》等著作。后院则陈列着介绍王昶的各种碑石，其中有王昶为好友钱大昕写的墓志铭。

“二园”指的是课植园和珠溪园。课植园由马文卿于1912年建造，历时15年建成，也称为马家花园，乃寓“课读之余，不忘耕植”之意。它集江南园林之精华，由厅堂区、假山区、园林区三部分构成，共有200余间房屋。课植园内有全镇最小的桥，全长5米，虽然小，但桥栏、桥洞一应俱全。珠溪园建于1956年，占地70余亩，置成春、秋、冬三园，各具特色。

“三湾”指的是三阳湾、轿子湾、弥陀湾。

“二十六弄”指的是朱家角有26条弄堂，其实朱家角的古弄何止26条？

历史上，朱家角佛教活动兴盛，前后有大小庙宇二十余处，除了报国寺，还有普光寺、圆津禅院、慈门寺等。普光寺始建于南宋时期，为朱家角地区有历史记载的最早的寺院。圆津禅院，又称“娘娘庙”，始建于元代至正年间，系禅宗曹溪派，院内供奉观音菩萨。明清以来，诸多文人雅士慕名而至，如王时敏、王原祁、王昶、刘墉、郑板桥、钱大昕、董其昌、徐乾学等。他们在此修身养性，潜心书画，创作出了一幅幅不朽的名作。慈门寺始建于元代，原名明远庵。明嘉靖年间被毁，后重修；万历三十九年（1611年），敕赐寺名为“护国明远慈门寺”，并赐乌斯藏大士一尊，经二十部，分别保存于寺内的观音阁和藏经阁之中。

除了佛教寺庙，朱家角还有天主教堂。朱家角天主堂迄今已有160多年的历史，始建于清咸丰十年（1860年），光绪九年（1884年）扩建，取名“耶稣升天堂”，其为中西合璧式建筑，长近30米，宽约13米，面积约400平方米，能容纳700人。教堂内部装饰异彩纷呈，十字架、玫瑰窗、拱券门，金镶边壁画，前有圣坛，后有咏诗台。宣统元年（1909年），在教堂北面另建方形钟楼一座，共4层，钟楼从地面到楼顶十字架上端高约45米，在当时为全镇最高建筑，里面悬有巨型铜钟一口，用粗绳相连，敲钟时拉动绳子即可使钟发出响声，钟声可传于数里之外。

（四）嘉定区南翔镇

南翔镇位于上海市嘉定区。提起南翔，大概很多人立马会想到

图 3-16 南翔古街

小笼包。的确，南翔小笼包驰名海内外。南翔小笼包原名南翔小笼馒头，至今已有 100 多年的历史了。它始于清同治年间，其创始人是黄明贤。黄明贤出生于杭州，幼年时被太平军带到嘉定南翔，后被南翔镇日华轩糕团店店主收养，长大成人后继承父业。黄明贤不仅善于经营，而且颇有钻研创新意识。一次，他精心和面和擂打，

并加入适量的麻油，制成薄薄的面皮，再裹以蟹粉鲜肉馅心，做成100只小巧玲珑的包子，上笼蒸熟。出笼的小包子皮薄透明，犹如精制的工艺品，加上用料讲究，因而味道特别鲜美，取名“南翔小笼馒头”。第二天刚一上柜就轰动全镇，从此，其盛名不胫而走。后来，日华轩糕团店的伙计们分别又在南翔镇的古猗园、松鹤杆等处自行开店，镇上的其他饭店、餐馆也纷纷仿制，自此，南翔小笼馒头就成为嘉定的一大特色名点。1986年，英国女王伊丽莎白二世访华游览上海时，曾指名要品尝南翔小笼馒头；国内外一些电视台也曾专门拍摄有关南翔小笼馒头的纪录片加以宣传介绍。

南翔镇的名字得于南梁所建的白鹤南翔寺，因寺成镇，便取名南翔。其名由来还有一段故事。南梁天监年间，常有两只白鹤飞到南翔这个地方，停留在一个农民挖出不久的一块巨石上，于是传为仙迹，僧人德齐便去那里建造寺院。唐代又有二鹤飞来，而自从寺中建尊胜陀罗尼经幢后，鹤一去不返。后来寺庙被毁，现仅存双塔。

南翔镇布庄林立，是布业的集散中心，清代初期，这里人口密集，货品多样，商贾车马川流不息，十分热闹，有“小小南翔赛苏城”之美誉（如图3-16）。清乾隆三十四年（1769年）特在南翔设立县丞署，宣统年间在此大兴铁路。南翔镇的这段铁路贯通后，各种农产品通过交通工具运输到此地，当地的特产也由此地输出。主要交易的产品有棉花、洋纱、蚕豆、鲜茧、竹木、油饼、水产、蔬菜等。

南翔镇自古以来人才辈出，镇中有一条尚贤廊，用来纪念南翔历史上的文化名人和社会贤达。明代“嘉定四先生”之一的李流芳、清代竹刻名家吴之璠、当代国画大师陆俨少等风流才俊的故乡都在南翔。

第四章
江边古镇峰峦集
——两湖赣皖地区古镇

一 湖北省古镇

（一）监利市周老嘴镇、程集镇

1. 周老嘴镇

周老嘴镇位于洪湖西岸，据说是因旧时南面的西荆河迂回东流，使该地形状似嘴，最早有一位姓周的老翁在此摆渡，故称周老嘴（旧时也称周家渡）。又有龙潭河、西荆河、内荆河、胭脂河、小荆河等五条河流交汇于此，因此周老嘴又被称为“五龙捧圣”之地。

夏商时期周老嘴镇属于古南蛮国，西周时期周老嘴镇称为州国，春秋时期为楚国所灭，后来建立了容城国，成为楚国的附庸。秦朝实行郡县制，又隶属于南郡。南宋时期周老嘴镇曾废置，元末又恢复，明代属荆州府，清代一直沿袭未变。

悠久的历史给周老嘴镇留下了许多遗迹和传说。这里有屈原教楚王子读书的“御字台”，有三国时期曹操为攻打东吴用来囤积粮草的仓库坑，有唐代寺庙白马寺等历史遗迹，还有胭脂河的传说。胭脂河是流经周老嘴镇的一条古河，相传陈友谅曾驻兵黄蓬口，他时常带侍妾游览此河，清风徐来，水波不兴，两岸鸟语花香，景色宜人，侍妾深深爱上了这条河，甚至流连忘返。于是陈友谅下令收缴河湖税银以“充侍妾脂粉费”，故此河名为“胭脂河”。

周老嘴镇是一个“因渡而兴”的集镇，在人挑马驮的年代，它借河流之便得以舟楫运输，人们依河而居，形成自然聚落。来往的商贾乘坐这里的渡船奔向四面八方，周老嘴逐渐成为一个渡口，也是后世所称“古华容道”的必经之地。明末清初时南北商贾多涉于此，使沿河一带成为客商云集之地，商业、手工业一时兴起，远近闻名。

古镇的格局呈四庙锁镇之状。街东河王庙、街西北心慈庵、街东南璇台观、街西南五显庙，这四座古庵庙如众星捧月般分布

图 4-1　老正街

在周老嘴的周围，构成了四庙锁镇的空间格局。现存的主街名为老正街，全长628米，宽约3米，平行于其南侧的河流，呈东西向布局，两侧的建筑多始建于明清和民国时期，共有150多栋（如图4–1）。

周老嘴镇还是红色文化和爱国主义教育基地。在第二次国内革命战争时期，它是湘鄂西革命根据地的红色首府，是湘鄂西政治、军事、经济和文化中心，更是革命的发源地。1929年至1932年间，湘鄂西省苏维埃政府、中共湘鄂西省委会和中国工农红军第六军军部及直属机构均设在周老嘴，湘鄂西党政军领导人、老一辈革命家周逸群、贺龙、邓中夏、关向应、柳直荀、谢觉哉、段德昌、许光达等曾在周老嘴浴血奋战。在抗日战争和解放战争时期，周老嘴一直是监利县机关所在地。1988年1月13日，国务院将周老嘴镇列为第三批全国重点文物保护单位。

2. 程集镇

程集镇是监利市的另一个历史文化名镇，位于江陵、监利、石首三地交界处，素有“一声鸡鸣闻三县”之称。如果说您没听说过程集镇，那么对金庸的小说《连城诀》应该不陌生。没错，程集镇就是《连城诀》里的程家集，始建于南宋嘉定年间，距今已有800余年历史。据传，南宋初年有程姓富户在此地临水处，辟建石级码头，开设店铺，逐渐形成了集市，始称程家集。明永乐年间是程家集的鼎盛时期，形成了两街相交、呈三岔形的布局，沿街店铺竞列，异常繁荣。直至清初，这里仍是当时远近闻名的商埠。

程集古镇拥有江汉平原保存原貌最为完好、规模最大的古建筑群体，包括古街道、古桥、古寺庙、古墩等古迹。现存的古街道有中兴街、程集老街和三岔街，均以青石板铺砌而成。魏桥是连接程集老街和三岔街的交通要道，据《监利县志》记载，魏桥，又称宋桥，位于监利县程集镇程集老街东南端，1989年文物普查时被发现。该桥为敞肩单拱式，始建于明洪武十三年。程集老街两侧是110多栋明清时期建筑。（如图4–2）

图 4-2 程集古镇街道

摄影者 王凯

荆台又名景夷台，春秋时为楚王所建，故址在姚集街附近，后来荆台倾废。唐开成年间，在荆台旧址建了荆台观。后梁开平年间，武信王赏识唐末进士梁震，重修了荆台观，让梁震闲居于荆台。后来台、观俱废。

文昌宫位于三岔街最南端。现存有前殿、大雄宝殿、弥陀殿、斋缮房、客堂等主要建筑。据程集镇党政办公室汇编的《古镇新姿》记载，相传明朝天启年间，汤、孙二家，风闻老籍同宗举子进京应试，得中状元、榜眼，喜不自胜，当即邀家人焚香供牌，拜谢祖宗积德行善感动了上天的文昌星（即文曲星）才使族中学子金榜题名，光宗耀祖。于是合资兴建一座土地庙，旨在保佑离境儿孙浴圣恩，沾文运，故取名“文昌宫”。庙内中央供文昌星的神位，汤、孙两家祖宗牌位分供两旁。清道光年间，文昌宫易地重建了规模宏大的宫庙群，尤以过街楼、阎罗殿蔚为壮观，聚长江两岸香火，吸引来往过客。

（二）钟祥市石牌镇

这里讲的石牌镇就是钟祥市石牌镇。石牌镇位居钟祥市“四大古镇”（钟祥四大古镇：石牌镇、丰乐镇、洋梓镇、旧口镇）之首，地处江汉平原北部，汉江依镇而过。传说明末清初时，汉江岸边有一石头牌坊，江中行船常以此为记停靠，牌坊边有茶肆店铺供过往船商食宿歇息，久而久之，人们就将石头牌坊简称石牌，沿袭至今。

石牌镇历史悠久，汉朝时属荆州刺史部江夏郡，三国时名荆城，蜀将关羽曾屯兵于此，可见其当时为军事重地。据《三国志·魏志·文聘传》记载："又攻羽辎重于汉津，烧其船于荆城。"南北朝时此地属于建安郡，明清以来属于钟祥县，民国初年设立石牌镇。石牌镇依托汉江水路交通优势，曾一度贸易繁盛，"水陆舟车，辐辏云集，一带烟火迷离，不下数千户"，有"小汉口"之称。

石牌古镇现有道路基本保持明清时期的框架（如图 4–3），即"十街三巷十八门"的防卫型布局。"十街"指的是山街、上正街、集街、西街、衣街、东街、杉楠街、药王街、火神街、仁和街十条街道，这十条街道分别由东西走向和南北走向构成，形成了十字形街道网络。"三巷"指的是萝卜口、寺门口、狮子口三条巷道。街与街、街与巷的交叉路口呈 T 字形或 Y 字形。"十八门"指的是 18 个闾门。在各街巷入口和交会处都有供安全防卫的关卡——闾门，共有 18 个。在夜间或外敌入侵时关闭各门，有的闾门采用过街楼形式，楼下为守护人的临时居所。

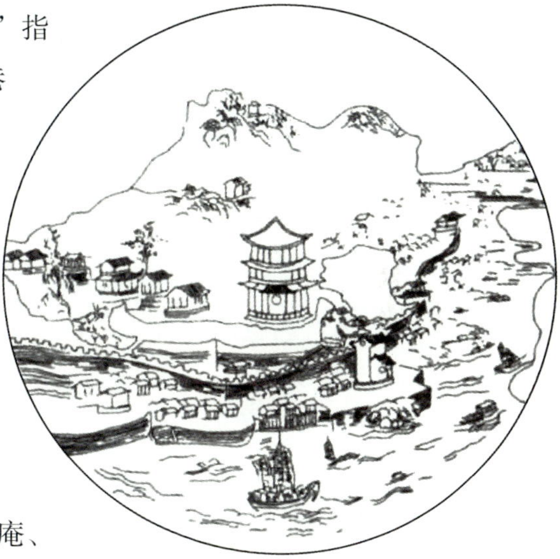

图 4–3 清代石牌镇布局图

石牌镇有"三庵六庙不过王大桥"之说，"三庵"指的是广慈庵、准提庵、蓑衣庵："六庙"指的是泰山庙、关帝庙、药王庙、杨泗庙（端）、火神庙、崇果寺（庙）。王家大桥为清康熙时期的乡绅王作楫所建，光绪时期改为三孔石桥，该桥是进入石牌镇的北门户，1971 年因公路改造被拆毁。

汉剧是石牌镇的传统剧种，兴于明末清初，根据楚剧楚调发

展而来。镇上有关帝庙、泰山庙、药王庙、雷祖庙、上真观、陕西会馆、西方丈共七座古戏楼，来往戏班演出频繁。关帝庙戏楼是湖北省现存的唯一一座大型古戏楼，始建于清康熙五十三年（1714年），重修于乾隆四十二年（1777年）；为两层单檐歇山顶宫殿式建筑。戏楼平面呈凸字形，上面用琉璃瓦覆盖楼顶，闪光耀眼；下面用石柱子顶托楼身，坚实牢固。戏楼门口有石狮一对，正面与关帝庙相对。戏楼的梁柱和板壁上至今仍留有自清乾隆年间以来各地戏班来此演出的一些班名，比如泰元班、金翠班、永泰班、洪福班等。

（三）咸宁市咸安区汀泗桥镇

汀泗桥镇因湖北省最古老的石拱桥——汀泗桥（如图 4–4）而得名。它是咸宁市咸安区的南大门，历史文化底蕴丰厚，有始建于宋代的汀泗桥、汀泗街、庙巷、胭脂路，始建于明清的醉仙阁、寿春堂，以及宋明时期的民居、商铺、作坊。

关于汀泗桥的建立，有段美丽的传说。唐朝以前，这条浅浅的小河上并没有桥，住在河边的好心人丁四，只要看到老人和孩子过河，就会放下手中的活，下水扶一把，或者干脆背过去。后来丁四自己也成老人了，再也没有办法帮别人，于是用一生积攒的钱修了一座木桥。大家为了纪念他，就把这座桥叫作丁四桥，将桥下的河叫作丁四河。后来桥被冲毁，无法使用。唐贞观年间，玄奘西游前告诉唐太宗要做万件好事，唐太宗便派出一万名和尚，让他们每人做一件善事。其中有一个和尚到了这里，便

图 4–4　汀泗桥

用随身携带的官银以及化缘得到的布施，修起了一座三眼石拱桥，桥碑用汉、梵两文镌刻。这就是今天汀泗桥的雏形。宋朝时，该桥正式进入县志，而且前两字都加上了三点水旁，于是“丁四桥”就成了“汀泗桥”。南宋时期重修汀泗桥，并在桥头两岸加砌条石保护桥身，使其更加坚固，历经数百年风雨而不动。

图 4–5　汀泗桥战役遗址纪念馆

汀泗桥所处之地形势险要，桥东有山，桥西有湖，是兵家必争之地。1926 年 8 月 25 日至 26 日，国民革命军第四军叶挺独立团等将士同吴佩孚的北洋军在此展开了一场激战，北伐军大败北洋军，为进军武昌开辟了道路，在中国革命史上写下了光辉的一页。为纪念此次战役中牺牲的英雄烈士，在此修建了北伐汀泗桥战役纪念馆。（如图 4–5）

汀泗桥既承载着光荣的革命传统，又拥有美好的自然风光。这里的森林覆盖率达 90% 以上，雨量充沛，气候温和，为亚热带季风气候。这种环境非常适合竹子生长。汀泗桥镇的竹林总面积近 10 万亩，绿竹万千犹如繁星满天，俗称“星星竹海”，故此地是华中地区最大的竹林风景区，也是联合国粮食与农业组织定点考察基地。

二 湖南省古镇

（一）龙山县里耶镇

秦简故里——里耶镇位于湖南省武陵山腹地，湘、鄂、渝三省（市）在此交界，酉水在此经过。“里耶”一词为土家语，在土家语中有“开拓土地”之义。里耶遗址证明早在6000年前，就有人类在此居住。清康熙年间此地始建街道和码头，雍正年间设置里耶塘，初步形成了比较活跃的码头市场，湖南、四川等地的商人陆续在此定居，进行商贸交易。随着贸易的繁荣，里耶逐渐成为湘渝边贸重镇和酉水流域最大的码头。

里耶镇有里耶战国古城遗址、麦茶战国墓地、魏家寨西汉城址、大板东汉遗址、清水坪西汉墓地、古建筑、古街道、古井等丰富的物质文化遗产。

里耶古城位于酉水上、中游分界处，是天然的关口，作为2000多年前楚国边地的军事城邑，其防御和守卫功能特点突出。里耶古城深藏于武陵山中，充分利用了山脉地势和自然环境，整体上沿酉水河北岸呈线形布局，靠山面水。山指的是八面山，水指的是酉水河。靠山有利于瞭望防守，面水则便于水上交通和生产生活。

里耶古街形成于清康熙年间，有中孚街、稻香街、辟疆街、万寿街、江西街、四川街和德邮巷等七街十巷。它们构成了里耶

图 4–6 里耶古街

古街区历史风貌的主要骨架。同治年间里耶曾发生过一场大火，全街焚烧殆尽，后来重建。古街（如图 4–6）以石板路面为基，两边的民居青砖粉墙，多为两进式三开间的两层木房子，青灰瓦，坡屋顶，用高耸的青砖封火墙（俗称“马头墙”），古朴而别致。大户人家有两进院或多进院的“印子屋”。这种“印子屋”属于四合院，四周砌有高耸的封火墙，形成封闭式院落，平面布局犹如一颗“方印”，因此被称为“印子屋”。这种类型的民居云南也有。

除了古街道、古民居，里耶镇还有八部庙、青平寺、婆婆庙、土王祠、文昌阁、雅麓庵、关帝宫、水府宫、龙吟寺等古建筑。婆婆庙是土家族地区保存最为完整的一处母性崇拜的祭祀胜地，体现了独特的土家祭祀文化和建筑工艺。庙中供奉的是土家族远古首领向老官人的夫人冲巴妮。土家人都把她奉为守护小孩的神灵，立庙虔诚祭拜。

甘霖寺建于清雍正十年（1732 年），是尊孔倡文、举行祭礼的地方。其主体建筑分为厅堂、天井、佛殿三大部分，是三进三开间的佛殿。光绪三十年（1904 年），在甘霖寺的基址上扩建成文昌阁。文昌阁有三层，第二层比第一层略小，扶手游廊由 6 根柱头挑棋挑出，第三层又略小，有平胸高敞开式窗户。楼正中的神台上有“雷震子”单腿独立像。三层楼均无中柱过梁，无铁钉铜楔，一律以边柱圈举，木枋榫合，榫卯严丝合缝。各层均为出檐翘廊，屋顶均由琉璃瓦覆盖。

关帝宫始建于清同治元年（1862 年），庙墙长约 100 米、宽约 40 米、高约 20 米。正中是条石岩大门，大门上壁直框内刻有“天地同流”四字，左右横匾分别刻有“文经”“武纬”四字。岩门两旁有一对四足岩狮子，进门过戏台，上五级石阶就是青石铺就的院坝，院坝两边是吊脚楼式的看戏花楼。穿过院坝，再上三步台阶，便是五柱八棋的正殿，殿内关公圣像英武气派，关平、周昌侍立两旁。

雅麓庵位于里耶镇西南雅麓山，又叫鸭绿庵。佛殿正中，观音塑像盘腿端坐在两米多高的神台上，佛殿右面墙外有一栋两层楼阁，是土家吊脚楼风格。

里耶镇还因出土了秦简而闻名。秦简发现于里耶古城 1 号井，共 36000 多枚。秦简的主要内容是秦洞庭郡迁陵县的档案，包括户口、土地开垦、物产、田租赋税、劳役徭役、仓储钱粮、兵甲物资、道路里程、邮驿津渡管理、刑徒管理、祭祀先农以及教育、医药等相关政令和文书。学界认为它是继秦始皇陵兵马俑之后秦代考古的又一重大发现，为研究秦朝历史打开了新的窗口。

（二）永顺县芙蓉镇

提起芙蓉镇，大家可能首先会想到电影《芙蓉镇》；除此之外，还有大文豪沈从文，他让我们了解了湘西，包括芙蓉镇。先看一段沈从文对芙蓉古镇码头的描写：“白河中山水木石最美丽清奇的码头，应数王村，属永顺县管辖，且为永顺县货物出口的地方。夹河高山，壁立拔峰，竹木青翠，岩石黛黑。水深而清，鱼大如人。河岸两旁黛色庞大石头上，在晴朗冬天里，尚有野莺画眉鸟，从山谷中竹篁里飞出来，休息在石头上晒太阳，悠然自得啭唱悦耳的曲子，直到有船近身时，方从从容容一齐向林中飞去。水边还有许多不知名的水鸟，身小轻捷，活泼快乐，或颈膊极红，或缚上一条彩色带子，或尾如扇子，花纹奇丽，鸣声都异常清脆。白日无事，平潭静寂，但见小渔船船舷顶站满了沉默黑色鱼鹰，缓缓向上游划去。傍山作屋，重重叠叠，如堆蒸糕，入目景象清而壮。”

芙蓉镇的魅力跃然纸上。从上面一段文字描述可知，芙蓉镇原名王村镇，隶属于永顺县。沈老是湘西人，他知晓芙蓉镇，可对普通大众来说，在20世纪80年代以前，芙蓉镇还是个默默无闻的小镇。后因1986年电影《芙蓉镇》的拍摄而声名远扬，2007年正式更名为芙蓉镇。实际上，与里耶镇一样，芙蓉镇也是个千年古镇，也处于武陵山中，因历史上作为行政治所与军事驻地而闻名于湘西。早在西汉时期，朝廷就设酉阳县治所于此。20世纪60年代初期至70年代初期，考古专家在芙蓉镇的黄土堡、公馆坪、商合街等处发掘了西汉和东汉时的墓葬群，出土了大量陶器和铜器。

史书记载芙蓉镇的地理位置：“位酉水北面，是酉水的重要码头，通川黔，达鄂泸，舟楫之便，得天独厚。”占据如此便利之地，芙蓉镇在明清时期发展成“楚蜀通津”的通商要地，享有“酉阳雄镇”、湘西“四大名镇”之一和“小南京”等美誉。清乾隆、嘉庆、道光年间，当地店铺五百余家，每日经骡马千余，往来客商逾二千，一片繁荣。“川盐自龙山之隆头入湖南境，过永顺之王村，十里而至站塘口入厅境，五里之厅之罗依溪市起岸。”可见，芙蓉镇是川盐古道上的一个中转站。

芙蓉镇处于酉水中游，宏伟壮观的瀑布穿过古镇流入酉水，故小镇被形象地称之为“挂在瀑布上的千年古镇”。（如图 4–7）清代杨大勇曾作诗描述芙蓉镇的瀑布：“千寻瀑布势淙淙，激石声腾震远峰。两岸削崖崖上寺，风清夜静听僧钟。”

图 4-7 芙蓉镇的瀑布

芙蓉镇有个古老的溪州铜柱（如图 4–8），现立于芙蓉镇铜柱馆（湘西民俗风光馆），柱高丈余，八棱形状，中空，重 2500 多千克，柱面镌铭文 2619 个字，字体遒劲，且又不乏异体。这个铜柱与一场战争有关。后晋天福四年（939 年），溪州刺史彭士愁发兵反抗楚王的统治，挑起了土家族历史上的溪州之战。楚王马希范率兵迎击，彭士愁兵败。第二年，彭、马会盟于会溪坪，订下了和睦相处、各治其所、互不侵犯等条约和誓盟，并筹措金银钱币铸造铜柱立界，把盟约的全部条款镌于铜柱之上，既便于见证，又昭示后人以此为鉴。

图 4-8 溪州铜柱

福音堂是芬兰牧师所创立的一所基督教教堂，始建于1923年，位于河畔街街北靠近河码头处。教堂为石砖木混合结构，总体一层，局部二层，外观带有北欧的简约风格。美国牧师司铎巧年所创立的永顺天主教王村分会堂，位于河畔街南侧，并附有天主教小学，整个建筑群用当地特产的花色青砖围墙围起。

芙蓉镇的居民以土家族为主，土家族自称“毕兹卡”，当地现在仍然保留了许多特有的土家族民俗活动。比如摆手舞、打溜子、铜铃舞、茅古斯舞、梅嫦舞、八幅罗裙舞、土家族梯玛歌、土家族咚咚喹、八部大王祭、土家年、给树喂年饭、土家牛头宴、土家哭嫁歌、“过赶年”、社八节、牛王节、跳马节、酉水龙舟节、龙谷节等。

（三）花垣县边城镇

“由四川过湖南去，靠东有一条官路。这官路将近湘西边境到了一个地方名为茶峒（又作：茶洞）的小山城时，有一小溪，溪边有座白色小塔，塔下住了一户单独的人家。这人家只一个老人，一个女孩子，一只黄狗。”看过小说《边城》的读者，想必对这段文字并不陌生，这是小说的开首语，里面提到了“茶峒”，不错，这就是我们要讲的边城。边城镇原名茶峒镇，隶属于湘西土家族苗族自治州花垣县。“茶峒”一词为苗语音译，意为“汉人住的凹地”。与芙蓉镇一样，边城镇也是因小说（电影）而出名、改名。沈从文行军时随军入川，在茶峒镇逗留了数日，被这里的人文历史积淀和自然风景所吸引，于1934年完成了他的巅峰之作——中篇小说《边城》，后被凌子风拍摄成电影《边城》，这使得茶峒古镇驰名中外。2005年7月，茶峒镇改为边城镇。

边城镇地处湖南省西南部，一条清水江将湘、渝、黔三省（市）分割开来，一条拉拉渡船就可以轻易地穿越三省（市）。这里有史前洞穴遗址，人们在边城镇隘门口村马鞍山山腰的“药王洞”中发现了大量早期人类活动遗迹。然而边城镇作为重镇，是清中叶时期的事情了。乾隆、嘉庆时期，苗民起义，朝廷在苗区修建了边墙和营盘，茶峒就是众多营盘中的一个。由于茶峒处于湘、渝、黔交界处，地理位置险要，住了一个协（相当于旅级军事编制）的军队，因此茶峒也被称为茶峒协。茶峒的营盘建得比较扎实，是个石堡城，清嘉庆七年（1802 年）建成，长 412 丈，高 1 丈 1 尺；设东、西、南、北 4 个门，每个门楼上各有 4 座炮台，共 420 个垛口。

抗日战争时期，以重庆为代表的大西南成了大后方，很多人纷纷将财物转移到大后方，而茶峒正是进入重庆的咽喉要道，也成为战时重镇，一时间整个小镇都变得喧闹起来。解放战争时期，刘邓大军就是从这里挺进大西南的。

茶峒老城由 4 条主街、10 条巷道、6 座石桥构成。4 条主街分别为城内街（也叫茶峒老街）、隘门街、河街（分为上河街和下河街）和桥脚街。这 4 条主街由 10 条巷子连接起来。6 座石桥分别为江龙桥、观河桥、民师桥、隘门桥、油坊桥和观音桥，这些桥将被溪流隔断的街与巷连通起来。这里的宗教建筑主要是天王庙和普庆庵。天王庙修复后仍采用砖木结构，现在也是香火鼎盛；普庆庵坐落在镇区原城东门边，原为协台守城清军的火药房旧址，是边城镇现存最完整的寺庙之一。

边城镇民居以临江吊脚楼为主，楼前是街道，楼后是江水，临江一面的底层用石块建造，上面开小窗。平日用做储存间，一旦涨水时可以起到蓄水、减缓水势和防洪的作用。屋里面有火塘，就是在屋内靠墙一侧的地面上挖出小坑，四周垒上砖石，中间生火取暖，也叫火坑，可用于祭祀，祈求平安。

由于边城镇从古至今是三省（市）最大的集贸市场，所以诞生了一种特色民俗活动——“边边场”（就是赶集）。这里每月逢五、十，早上八九点钟，附近的人们便三五成群，向边城（茶峒）汇集，男女老少均盛装出行，集上各种货物琳琅满目，拔牙的、占卦的、照相的、补锅的、染布的，应有尽有。

（四）浏阳市文家市镇

湘赣边界有名的红色小镇——文家市镇，位于浏阳市东南部、澄潭江南岸。因文姓在域内最先建立集市，故名文家市。在近现代史上，文家市镇因秋收起义部队在此会师而闻名。1927年9月19日，毛泽东率秋收起义部队会师文家市，在里仁学校召开了前敌委员会扩大会议，决定放弃攻打长沙，向敌人统治薄弱的农村进军，由此开辟了农村包围城市的正确革命道路。文家市镇拥有秋收起义会师相关的历史遗迹，为更好地保护这些遗迹，加强爱国主义宣传教育，相关部门决定设立秋收起义文家市会师纪念馆（如图4–9），把秋收起义文家市会师旧址、历史陈列馆、积谷仓、秋收广场等遗迹整合在一起，便于人们参观学习。

秋收起义会师旧址原为文华书院，该书院创办于1841年，取“文章华国”之义，是浏阳著名的书院之一。古语曰此书院“胜揽吴楚英华显地灵，誉震南北人杰现神龙”，后更名为里仁学校。整个建筑坐南朝北，背靠文华山，由学校主轴线自南向北依次是望山亭（后山亭）、成德堂、状元桥、大成殿、讲堂、门楼、过路亭、照壁、巷道、街门。大成殿是主殿，为土木盖成的重檐歇山顶式建筑，其东侧是东斋和文昌阁，西侧是西斋和武帝庙（关帝庙）。东西斋、武帝庙均为砖木结构，悬山顶式。成德堂和讲堂均为双坡硬山顶式，门楼为单坡硬山顶式，文华山上的望山亭为攒尖顶式。里仁学校现在成了秋收起义纪念馆的一部分，大门两边的墙壁上依稀还可以看到当年红军留下的红色标语“建立工农政权”等。

图4–9　秋收起义文家市会师纪念馆

三 江西省古镇

（一）浮梁县瑶里镇

瑶里镇位于景德镇市东北部，地处祁门、浮梁、婺源、休宁四县交界处；始建于汉代，约有2000年的历史。该镇的布局采取一河两岸的模式，“河”指的是瑶河，沿河两岸的空地均作为公共通道。街道的走向皆顺着河流的走势，街边每隔10米还设有若干石凳供人休憩、闲坐，这在中国古代城镇布局中具有典范性。镇内分布有明清商业街、高岭古村、东埠古街、程氏宗祠（图4-10）、狮冈胜览、陈毅旧居、绕南陶瓷主题园区、古窑遗址、种植茶园等历史遗迹。

明清商业街位于瑶里的街上村，是瑶里最繁华的街市，街道总长度超过1000米，分为三个部分：上街头、中街头和下街头，且处于徽饶古道上，也是古代浮梁县四大名街之一。街道的中心由二尺宽的青石板铺成，两旁镶嵌鹅卵石。店铺柜台高筑，以接待来往骑马的客人，这里主要经营陶瓷、茶叶及其他日常用品。曾有民谣云：“上街头，下街头，街面宽又长；粮盐醋，布绸缎，店面八百八。”足见当年商贸的繁华程度。唐诗中也有“浮梁歙州，万国来求”的盛世景象之描述。

程氏宗祠建于明代，后来被毁，清后期重建，仍保留着明代建筑的风格。正堂四楹，东西庑八楹，门屋四楹。宗祠内有全实木雕花结构的戏台，还有各种木雕、砖雕和石雕。1938年皖浙赣边区革命根据地的三支红军游击队在陈毅同志的部署下会师瑶里，改编

图 4-10 程氏宗祠

为中国国民革命军陆军新编第四军第一支队第二团第三营。改编期间，在程氏祠堂召开了各界群众抗日动员大会，陈毅作重要讲话，并宣布将江西抗日义勇军第一支队正式编入新四军序列。

除了传统的中式建筑，瑶里古镇还有欧式建筑风格的民居——狮冈胜览，其外形为西欧风格，内部为徽派传统建筑风格。从对面的狮山上观看此建筑，灵秀而不失气势，故曰“狮冈胜览”。整座建筑为两堂八房的楼房结构，分为前堂、正堂和后堂，后堂的墙上有“狮冈胜览”四个大字，字上方是一对狮子（如图 4-11）。门窗、房梁上有近百幅木雕，以当时流行的题材和吉祥典故为主题，生动逼真，未施油漆，显现了木板纹理的天然美。

图 4-11 狮冈胜览

瑶里地处亚热带季风气候区，气候宜人，素有“瓷之源、茶之乡、林之海”的美称。

瓷之源。瑶里古名“窑里”，因陶瓷而得名，在唐代中叶，这里就有生产陶瓷的作坊。它是景德镇陶瓷的发祥地，景德镇瓷器的主要原料——高岭土产于瑶里附近的高岭山。高岭土即宋应星在《天工开物》中提及的“粳米土”。至今高岭山仍完整地保留有元、明、清时期大量的矿坑、矿洞、淘洗池、尾沙堆、古道，以及与生产活动相关的碑刻、工棚等遗址、遗物。其中最为壮观的当属“青山浮白雪”的景象，这里的“雪”并不是真正的雪，而是高岭土被淘洗后留下的白色尾砂。在众多的窑场中，绕南古陶窑区是目前世界上发现的最具代表性的陶瓷堆积断面。瑶里不仅有高岭土，还出产景德镇制瓷的釉果。釉果是制釉用的瓷石，主要矿物成分为绢云母、石英和长石等，具有较低的熔融温度、良好的透明度。瑶里釉石开采于明代，清代蓝浦所著《景德镇陶录》称：“釉土出新正都，最上者为长岭，为义坑。长岭作青黄釉，义坑作浇白釉。”“新正都”即现在的浮梁瑶里镇。

茶之乡。元马端临《文献通考》中记载：“饶，池州，盛产仙芝、嫩蕊。”明汤显祖《浮梁县新作讲堂赋》载：“今夫浮梁之茗，冠于天下，帷清帷馨。”明张谦《茶经》中也有“饶池之仙芝”的记载。瑶里山高林密，气候温湿，常年云雾缭绕，所产的茶叶色泽嫩绿鲜润，汤色清澈，叶底匀整，故瑶里成为当时浮梁茶的主要产地之一。

林之海。瑶里地形呈盆状，地势东南高、西南低；五华山主峰海拔 1618.4 米，是赣东北最高峰。植被茂密，森林覆盖率达 90% 以上，人为破坏少；有南山瀑布、汪湖原始森林、天河谷、双龙溪、瑶河观鱼、梅岭古樟群、麒麟洞、百岭松涛等 20 多处自然景观。

（二）龙虎山风景区上清镇

上清镇位于鹰潭市贵溪市龙虎山景区，魏晋时期就有人在此居住，唐武德八年（625 年）在此设立雄石镇，宋元时期称上清镇，明初称沂阳市，明末又改称上清镇。作为中国道教发源地，上清镇闻名天下。自宋徽宗时期，上清观从龙虎山迁至现今的上清宫旧址后，上清镇的道教氛围变得越来越浓厚，有许多新建或修复的道教建筑，与之相关的建筑数量逐步增加，慕名而来的人也越来越多，逐渐成为较大的闹市，商业活动日益繁荣，这奠定了上清镇的发展基础。至明代后期，上清镇已相当热闹繁华，《徐霞客游记》称上清街“甚长”。清咸丰年间，太平军和清军曾在此激战，镇内建筑损毁严重，直至民国年间大体修复。

上清古镇位于背山面水的清幽之地，其选址体现了道教无为而治的精神。古镇背靠江西东面的武夷山脉，面对鄱阳湖盆地，依山构势，傍水结庐，与自然浑然一体，有利于道家的修行。古镇只有一条沿泸溪河而建的主街道，长 2000 米，宽 4~5 米，天师府门前的街道宽 20 多米。临街商铺多为明清时期的建筑，大多是一到二层，一层是商铺，进深 12 米左右，面阔宽窄不一。临河一侧的建筑以吊脚楼为主，另一侧的建筑比临河建筑高，商业大户多居于此。

泸溪河自东向西贯穿全镇，全镇有 16 处码埠。其中，龙码埠主要用于居民饮水和停泊。当本地遇到大旱时，16 岁以上的男女都要从这个码埠出发，三步一拜，去远山上的龙王庙求雨。姜家码埠主要由附近的观前村民集资修建，供饮水、洗衣及船只停靠之用。大码埠呈扇形，是当时古镇货运繁忙的码埠之一。新渡口码埠是目前唯一能摆渡的水上通道。

天师府位于上清镇中部，全称“嗣汉天师府”，“嗣汉”指的是承嗣汉天师张道陵，明太祖认为天岂有师，改授天师“正一嗣教真人”，所以天师府又称“大真人府”。府门曾有对联“麒麟殿上神仙客，龙虎山中宰相家”，以示天师在道教和历史上的地位。（如图 4-12）据《龙虎山志》记载，宋崇宁四年（1105 年），府第始建于上清镇关门口；元延祐六年（1319 年）重建于上清镇长庆坊；

图 4-12 天师府

明洪武元年（1368 年），在今天的位置建新府，成化年间赐御书“大真人府”匾额。但其大部分建筑已毁，现存建筑多是清乾隆、同治年间重建的，也是龙虎山中三大建筑群（上清宫、龙虎山、天师府）唯一得以保存的一组建筑。

整个府第建筑按照八卦方位布局，坐北朝南，以三省堂为中心，分中、东、西三路，中路有府门、仪门、二门、大堂、三省堂、灵芝园、纳凉居、救书阁、观星台，东路有家庙、后书院，西路有万法宗坛、玄坛殿、真武殿、百花园、百花池。三省堂是主体建筑，是历代天师的住宅，位于八卦的中心——太极。古时道家认为天师居于此，能够拥有沟通人神、控制阴阳万物的能力。三省堂由前厅、中厅和后厅构成。前厅是客厅，正中供奉张道陵坐像，两边是十八般兵器。中厅是狐仙堂，是天师祀奉“狐仙”之所，后厅是食宿生活区。府前有权星门、祭坛，便于观察星象。院内古木参天，浓荫郁绿，还有诸多石额和嵌刻的诗文；不愧“西江无双地，南国第一家”之称。

上清镇还有佛教的遗迹，在长庆坊内有长庆寺。上清镇还有一座天主教堂，位于古镇的东面，为荷兰神父所建。教堂建筑为哥特式风格，主要建筑有主堂、神甫楼、男学堂、女学堂以及一些附属房屋。该教堂于 2001 年重修完毕，恢复了原来的建筑风貌。

由此可见，上清镇不仅以道教文化著称，还以海纳百川的道教理念宽容接受了多元文化。

（三）广昌县驿前镇

驿前镇隶属于抚州市广昌县，顾名思义，此地与交通有关，应为交通要道或枢纽之地。从地图上看，该镇位于广昌、宁都和石城三县交界地带，水陆交通便利，是连接赣州、抚州等地的交通要道，为古代驿前镇通往闽、粤的必经之地。的确，该地因其地理位置而发展起来，先设驿站，后来发展成市镇。宋绍兴十七年（1147 年），广昌县令因此地商旅来往频繁而设立驿站，因处梅岭之北，又称梅驿，附近村庄则称梅村，驿馆即设于梅村。也有说法是因为此处有千棵梅树，所以称为梅驿。因商旅多集中于驿站之前交易，遂逐渐发展为圩市，“驿前”之名遂取代“梅村”。驿前镇在明末清初尤为鼎盛，有 36 座祠堂，24 座庙宇，72 家酒店，200 多幢商邸、民宅，是通往广东、福建的边贸交易重镇。

驿前镇现存古建筑以明清时期为主，共 50 余处，包括祠堂、家庙、官邸、别墅、店铺、作坊等，是江西省保存较完整、规模较大的古民居建筑群。这些古建筑上的木雕、砖雕、石雕非常精致，堪称江南明清古建的上乘佳作。木雕多用于额枋、梁柱、斗拱、华板、枫拱、驼峰、平盘斗、雀替、叉手、替木、梁脐、隔扇、窗栏等；砖雕是在质地坚细的青灰砖上雕镂，广泛用于门楼、门套、门楣、屋檐、屋顶和屋瓴等处；石雕多用于牌坊、碑刻、勾栏、踏步、柱磉、门框、抱鼓等处。

驿前镇古民居中最为典型的是石屋里和船形屋（如图 4–13）。石屋里建于清康熙五十五年（1716 年）。整栋房屋基本由石料建成，门槛、神龛、房柱、墙体、照壁、屋檐、门楼及地面等，都采用光滑细腻的四方石块，故名石屋里。石屋里建筑面积为 1075 平方米，坐北朝南，三进院落，厅堂由 10 根高 7.8 米的石柱牢牢撑起。双门楼居正厅刻有 “双凤朝阳” “龙凤呈祥” 等图案，石柱座上八

图 4-13　驿前镇民居

面玲珑，雕有狮、象、鹿、鹤、莲花、文房四宝、花卉等精致图案，具有典型的徽州雕刻的特征，但又更具厚实感，惟妙惟肖。据说，当年主人兴建房屋时，选一根石柱就得花费一根金条。

在驿前镇上街东头，有一幢仿古代官船的形状、临江而建的古代建筑，当地人称之为船形屋，是洪门建筑文化的典型遗存。它坐北朝南，占地面积 540 平方米，有大小厅堂、厢房 30 余间。门楼是牌坊式的，门楣上以行书题刻“清汲盱源”匾额，无落款，无年号。主建筑的中部是重檐亭式屋顶，整幢建筑采用穿斗式结构，并全用杉、桉、桦等木料接合。船形屋是明代云南按察使赖巽的省亲别墅，也有专家认为它是洪门（天地会）会员的联络地点。

驿前镇还是革命老区。第二次国内革命战争时期，毛泽东、朱德率领红军来这里发动革命，留下了千古美谈“一箩铜板”的故事。在中央红军第五次反“围剿”战役中，高虎脑阻击战在这里打响，有高虎脑战斗红军烈士纪念碑和红三军团指挥部旧址为证。

（四）吉安县永和镇

永和镇地处赣江中游西岸，北邻禾水河、泸水河，东濒赣江，是一座积淀了丰厚文化底蕴的千年古镇。明初永乐年间《东昌志》载：“异时谈吉安之盛，萃于庐陵，故庐陵为郡之望；谈庐陵之盛，萃于永和，故永和为天下三镇之一。” 永和镇与宋代朱仙镇、汉口并列为“天下三镇”，有“西南一大都会”之称。

永和在东汉时曾为东昌县治，南北朝时辟为焦度将军的封邑，唐末五代至宋代，由于陶瓷业的发达而兴旺，是古吉州窑的发源地。（如图 4–14）《景德镇陶录》载：“江西窑器，唐在洪州，宋出吉州。”昔日的六街分别是瓷器街、莲池街、柴草街、锡器街、鸳鸯街和迎仙街，三市为上、中、下三市。用瓷器命名街道，可见瓷器对永和

图 4–14　吉州窑黑釉盏（江西省吉安市永和窑遗址出土）

镇的影响之大。永和镇不仅可以生产瓷器，还能够凭借赣江水系便利的水运交通和地处赣江中游交通要点的优势把瓷器运输出去，而且还吸纳其他窑口的产品在此贸易和转运。

吉州窑昔日的繁华可体现在现存的24座窑包遗址上，这些窑包像一个个小山岗，延绵近2000米。这是各窑场所烧陶瓷碎片的堆积物，人们称之为窑岭。据专家考证，窑包遗址总面积达8万平方米。

永和镇不仅商业繁荣，还是“文墨之邦”。《东昌志》说永和“文人硕士，冠盖相望”。这里是周必大、文天祥、欧阳修、欧阳珣、曾凤韶的家乡，有苏东坡和黄庭坚的聚会讲学之所。胡铨、解缙、胡广、王阳明、方以智和施闰章等曾畅游永和，作诗赋文以抒怀。所以永和有一批人文景观。“明秀楼”有周必大的诗咏，“金钱池”有状元罗洪先的诗咏。“苏黄台”是苏轼（字东坡）、黄庭坚讲经论道的地方；“东坡井”与苏东坡结下了不解之缘，东坡在永和小住，为观题名，会见了农学家曾安止，曾为其所著《禾谱》补写了农具图，还作了《秧马歌》。

永和镇的名胜古迹很多，曾有著名的“东昌十五景”，但大部分已不复存在。现存比较典型的景点有以下几处。

本觉寺塔，位于吉州窑遗址西南，始建于唐开元年间。据《东昌志》记载：“南山本觉寺塔在上市，创于唐开元中，宋为禅寺，壬辰毁于火，露塔正对精舍。”塔身九层八面，第一层至第五层为中空，有螺旋台阶拾级而上。塔身表面抹灰，无装饰；塔檐以砖叠砌，挑起；塔刹为黑釉瓷葫芦。

清都观位于原桐木桥村的东面，创建于南唐，为寺庙式的砖木结构道观。观内供奉的主神为玄帝，左脚踏龟，右脚踩蛇，为北方之神。

堆花井位于文天祥的祖居地石窟村，井口直径1.5米，井壁由砖石砌成。方以智在《游永和记》中记载：“自桐木窑西南三里许，

为石窟，文山祖居，此长于富田，有堆花井。文山生时，此井溢出为秀水沟，柴市之后，其井遂竭。崇祯戊辰，文震孟相国发时，此井亦溢。”

（五）横峰县葛源镇

葛源镇隶属于上饶市横峰县，因漫山遍野生长着野葛，又处于溪水源头而得名。隋末唐初的时候此地陆续有人迁入居住，至宋代已成为繁荣的山区集镇，有“小小横峰县，大大葛源街”之说。当地很早就有加工葛粉的历史，明清时期葛粉被作为贡品贡奉朝廷。

葛源镇有白石书院旧址、万年戏台、石拱桥等历史文化景观，其中白石书院是葛源最早的书院。

另一方面，葛源更因“红色省会”而闻名，这里是第二次国内革命战争时期由方志敏、黄道等革命先驱创建的闽浙皖赣革命根据地省府所在地。从 1927 年到 1934 年的 7 年时间里，方志敏和黄道、邵式平等同志一起创建了赣东北革命根据地。1931 年 2 月，赣东北特区党政机关由弋阳芳家墩迁至横峰葛源。从此，葛源成为赣东北和闽浙赣革命根据地的中心。1932 年至 1933 年， 根据地建设达到了全盛时期，范围涵盖闽、浙、皖、赣 4 省 50 余县的部分地区，人口超过一百万；是全国六大革命根据地中唯一获得苏维埃中央政府授予的 “苏维埃模范省”光荣称号的政府。

葛源拥有厚重的革命建设历史。1931 年春，信江军政学校迁到葛源，9 月易名为赣东北彭杨军政学校，1933 年初更名为中国工农红军学校第五分校，为部队培养了大批班、排、连及营团干部。1931 年赣东北省苏维埃政府在葛源创办了列宁师范学校，培养县、区教育行政干部和小学师资力量，第一任校长为胡德兰。同年在枫林村叶家创办赣东北共产主义学校，方志敏兼任校长；学校每期招生 80 人，学期为 3 个月。1932 年 3 月在沙畈创办赣东北卢森堡训练团，这是一所妇女干部培训学校，先后培训妇女干部 700 余人。葛源现存革命旧址共 44 处，均属当年各机关旧址，保存完好，有代表性的有闽浙赣省委机关旧址、闽浙赣省苏维埃政府旧址、闽浙赣省军区司令部旧址、红军操场、第五分校旧址、列宁公园等。闽浙赣省委内设省苏政府办公室、财政部银库等机关。1933 年方志敏在闽浙赣苏区成功发行了闽浙赣省苏维埃银行股票，这是红色政权正式发行的第一支股票。在葛源村葛溪河畔还坐落着列宁公园，公园建于 1931 年，占地 6000 余平方米。

四 安徽省古镇

（一）肥西县三河镇

三河镇位于肥西县南端，处于肥西、舒城、庐江三县交界处，因丰乐河、杭埠河、小南河三条河流纵贯其间而得名。从名字可以看出，此地河流众多，属于水乡。三河镇位于巢湖之滨，河网纵横，圩堤交错，“外环两岸，中峙三洲，而三水贯其间，以桥梁相沟通”，这是清人对三河镇地形的形象描述。（如图 4–15）三河镇以鱼米之乡、人文荟萃、皖中徽派古建筑等诸多因素享誉全国。

三河镇历史悠久，夏商时代，渔人结庐避风于此，始有人居住。春秋战国时期，小镇已初具雏形，初称“鹊渚”，据《左传》记载，春秋时期吴楚相争，在此发生了“鹊岸之战”。魏晋南北朝时期曾称“鹊尾”“三汊河”等名，之后遂称“鹊渚镇”。1858 年，太平军将领陈玉成镇守三河，大胜湘军，这就是著名的“三河大捷”。

三河古镇是以鱼骨形道路系统为骨架的传统空间格局，有二龙街、五里古街、上横街、下横街、南大街、仁里街、尚仁街等 10 条古街及 26 条古巷。其中，二龙街是最古老的街道，

图 4-15　三河镇河景

图 4-16 五里古街

位于小南河的南端，经历了唐、宋、元、明、清、民国，存留至今。五里古街最长，位于小南河的北岸，也称河北大街，沿着小南河，向南绵亘两千米，至杭埠河。这在江南古镇的老街中算是较长的了。古街路面全用青色大块条石铺砌而成，首尾相连，线条方正明晰（如图 4-16）。街宽 3 米，呈鱼脊样式，中间高，两边低，每隔一定距离铺设有对称两孔式、环状三空式、双排四孔式的下水石篦，排水性能良好，虽历经百年，其下水道依然完整无缺，主支管层次分明。

古镇的古建筑以前店后宅、前店中坊后宅、下店上宅、坊宅混合四种形式为主。院落沿建筑的中轴线纵向延伸，少则二进，多则六进；均为木质与砖石混合结构。山墙多竖有立柱，柱间填充青砖，称之谓“排山排柱”，墙倒房不倒。梁柱皆以圆木为主，有满堂柱或隔柱落地两种形式。

三河镇以河出名，河多，桥自然多。三河镇的古桥有三县桥、济公桥、鹊渚廊桥、无蚊桥、国公桥、木鹅桥等。其中，三县桥名气最大，鹊渚廊桥历史最为悠久，无蚊桥和木鹅桥都有着美丽的传说。

三县桥位于大南门口，是1926年建成的，因衔接肥西、舒城、庐江三地而得名。它是一座三孔桥，桥身高大而雄伟，全桥没有使用钢筋和水泥，但异常坚固。（如图 4–17）

鹊渚廊桥位于小南河外河上，因三河古称鹊渚而得名，已有1500多年的历史，是三河最古老的桥。廊桥上有由12根立柱撑起的两层飞檐翘角式的长亭，桥两边建有美人靠，供游人在桥上休憩和观景。

图 4–17　三县桥

无蚊桥又名小南桥、戴氏桥，是一位姓戴的寡妇出资修建的。据说宋朝末年，有一位罗士先生来到三河，为了感谢戴氏的款待，便想为戴氏做一点事。戴氏说："没什么要做的，就是这桥上蚊子太多。"罗士先生说："我帮你扇蚊子，我一扇子把这里的蚊子扇到八国九州去。"戴氏说："不要扇那么远，只要把蚊子从桥这边扇到桥那边就行了。"于是，罗士先生用羽毛扇轻轻一扇，扇走了蚊子，戴氏桥上从此就没有蚊子了。于是，这座小桥便被称为无蚊桥。

木鹅桥与一只木头雕刻的大鹅有关。相传古时候，因河渠纵横，合肥与舒城界线难分。有一年，两地官府雕了一个大木鹅（也有说是木鸭）放进河里，从上游往下游漂，漂到三河南街，木鹅不动了。于是，原南街的河便称为木鹅河，三河镇又称为木鹅镇。为了纪念木鹅划界，便在木鹅停止的地方建了一座桥，称作木鹅桥，由于桥面太短，又称三步两县桥。

万年台是三河镇的标志性建筑之一，始建于清咸丰年间，为当时乡绅娱乐的场所。现在的万年台是一座仿古建筑，平日里作为文化活动广场，可同时容纳近万人观看演出。

三河大捷遗址在三河镇东街和中街一带，主要有太平军城墙、英王府。当年太平军与清军大战时修建了城墙和官道。目前遗留下来的城墙有两段，一段是北城墙，长约 50 米；另一段是东城墙，长约 30 米。城门上题有“朝阳门”三个大字。（如图 4–18）另外，还有太平军城垒、太平军驻三河大本营、太平军火炮、石雕、石刻等文物。英王府即太平军驻三河大本营，也是三河大战前后太平军指挥部所在地。

三河古镇的另一特色是名人故居多。古往今来，从这个市镇，走出了许多历史名人。清末大臣李鸿章曾在三河建有仓房。“鹤庐”，是淮军将领刘秉璋的故居，五进平房，前后进各有 12 间。这在寸土寸金的三河，也算是屈指可数。孙立人故居为典型的皖中徽派建筑，两进院落。孙家世代居住在三河，孙立人生于三河八扇巷，从出生到八岁外出求学这段时间他一直居住在这里。郑善甫故居为砖木结构建筑，面积约为 400 平方米，共五进房屋。郑善甫是著名爱国将领、西北军将领冯玉祥的秘书。20 世纪 30 年代，

图 4–18　三河镇太平军城墙遗址

蒋介石将冯玉祥软禁于山东泰山,郑善甫被迫举家迁到三河。著名物理学家杨振宁曾客居三河一人巷。杨振宁旧居坐落于古南街，是一座始建于明清时期的民间宅院，前身为三河孙大生老字号药铺。抗战时期杨振宁与母亲一同寄住于此。修葺后的杨振宁旧居是一座典型的砖木结构的明清风格宅院，庭院为三进三落布局。打开院子里的后门，就可看见古镇有名的“一人巷”。“一人巷”长约 80 米，窄得只能容一人通过。（如图 4-19）

三河的民间文化也非常丰富，有闹花船、车上轿、河蚌舞等传统文化活动。闹花船，也称“旱地行舟”，主要演员“灯芯子”在花船的中间，一对“老夫妻”分别在花船两侧，手持船桨并做划船的舞蹈动作，小丑在一旁逗笑戏语。还有伴舞的花挑子随船行走，小孩子组成的花篮队唱着秧歌助兴。车上轿是准备一辆竹木条扎成的独轮小车,车上放一顶轿子，表演三国时关羽护送皇嫂出关的故事。河蚌舞表演的是渔翁、渔婆划桨，蚌姑舞蚌壳做张合状，鱼鹰做觅食态，结局为“鹬蚌相争，渔翁得利”。

（二）六安市金安区毛坦厂镇

毛坦厂镇是个千年古镇，是国家 2007 年公布的第三批历史文化名镇之一。

毛坦厂镇历史悠久，上古时期，皋陶部落在此繁衍生息。1989 年，当地村民在挖土时发现了一处春秋时期的墓葬。墓为东西向，东西长 460 厘米、南北宽 240 ~ 275 厘米（南北壁外弧）；墓底仅存两道枕木痕迹，长 180 厘米、宽 40 厘米，底呈弧状，最深处 27 厘米。从墓里挖出青铜器七件、硬陶三件、青瓷碗一件。根据专家考证，这批青铜器应当为春秋早期的青铜器，其中的凤鸟纹铜尊则属西周时期中原文化遗物。

图 4-19　一人巷

一人巷
One-man Lane
일인항
一人巷

毛坦厂处于舒城、霍山、金安三个县（区）的交界地带，依山傍水。山指的是大别山脉，水指的是龙舒河与石笋河，有着“青山横北廓，白水绕东城”的气质。景色如此优美的古镇在早期却是一片滩涂。毛坦厂，原名“茅滩场”，据史料记载，该镇得名前，茅草丛生，一片沙滩，故称茅滩厂，谐音“毛坦厂”。此地虽然茅草丛生，但并非无用之地，这里水草丰茂，适合养马，成为元末明初朱元璋饲养军马的基地，也是明朝实行马政的地方。有学者统计过，明在内地养马计有十四监所，其中在安徽就有五监三十三群。在明朝的马政之下，当地居民以养马代赋税，人越聚越多，小镇逐渐繁荣起来。在清朝的茶马政策（以茶换军马）时期，马、茶、盐、农、商五业齐头发展，此地商旅云集，前所未有。清咸丰年间逐渐发展成为商业市镇。

图 4-20 涂氏家庙

毛坦厂镇成为古镇的一大重要元素是明清老街以及周围的明清建筑群。老街的形成与晚清时期一位名叫涂宗瀛的官员有关。涂宗瀛出生于六安的花石嘴村，是清道光二十四年（1844 年）的举人，后官至湖广总督。他请来了能工巧匠，从江南买来上等的石料，在毛坦厂修建了光禄大夫第（人称小公馆）和涂光禄公祠等徽派建筑（如图 4–20）。受他的影响，毛坦厂的富户们先后在附近修建宅邸与商铺，于是一条繁华的老街形成了。明清老街位于毛坦厂镇区的中心，长 1320 米，东西走向，保存着较为完整的街巷空间格局，有店铺、民宅、戏楼、庙宇等构成的集中成片的传统建筑，这是江淮地区极为少见且保存完整的明清建筑群，多为大驮小重梁阁楼，青石路、灰砖、灰瓦、马头墙、木构架、撑栱、窗花等元素构成了庄重典雅的徽派建筑风格。

作为历史文化名镇，毛坦厂还具有红色文化、兽医文化和庐剧文化。原张家店战役三纵指挥部、新四军和三纵衣被厂旧址等革命文化遗址体现了大别山革命老区的红色文化。这里还诞生了第一部兽医著作《牛马经》，它是我国兽医史上的重要里程碑，以喻本元和喻本亨兄弟为代表的兽医文化在此地源远流长。庐剧曲调清新朴实，优美动听，深受群众喜爱，经国务院批准列入第一批国家级非物质文化遗产名录。

（三）青阳县陵阳镇

陵阳镇地处九华山南麓、太平湖北畔，是九华山的南大门。据史料记载，汉武帝元封二年（前 109 年），置县于陵阳。陵阳是徽商通往苏杭的必经之地，自古水陆通衢、商贾云集、人才辈出。

镇内明清徽派古建筑较多，太平山房、李氏宗祠、曹氏宗祠等古建筑还入选为第七批全国重点文物保护单位。

太平山房又名“聚德堂”，坐落在青阳县陵阳镇所村的西面。太平山房按祠堂形制建造，由三进院落组成，属于明朝建筑。它始为陈氏公堂，由明永乐年间族人陈馨筹资建造。清乾隆三十六年

（1771年），改建为学馆。太平山房正门为五层四脚牌坊形，高10米，顶部有斗拱飞檐以及“鲤鱼跳龙门”浮雕，浮雕下镶嵌一块勒刻“积善流芳”的石匾，匾下是砖雕八仙图。房屋是抬梁式结构，内有116根粗壮的圆柱顶梁而立。1934年由方志敏带领的红军北上抗日先遣队曾在此宿营，司令部亦设于此。

李氏宗祠坐落于上章村，始建于明代，重建于清乾隆四十六年（1781年）。宗祠坐北朝南，由前厅、享堂、寝楼三进院落组成，房屋是抬梁式梁架结构，内有方形石柱顶梁而立。屋面为硬山两坡式，山墙上砌马头墙。其木雕、石雕和砖雕的工艺水平较高，雕刻的内容有“云龙戏水”“喜鹊登梅”“渔樵耕读”以及“包公斩包勉”“白蛇传”“长坂坡”等民间故事，其中的人物形神兼备，神态逼真。

曹氏宗祠原坐落于陵阳镇济阳村，是明末清初建筑，由门楼、明伦堂和寝楼三进院落构成，房屋为抬梁式梁架砖木结构。曹氏宗祠后来被整体搬迁至县城，辟为青阳县博物馆。

除了古建筑，陵阳还拥有众多风景优美的自然景观。知名度较高的是被称为“小九寨沟”的黄石溪。黄石溪位于三河村，是陵阳上九华登天台的必经之路。水流曲折湍急，多瀑布深潭，其中“龙门一跃”“雪滩三级”“美女潭”“百丈岩”瀑布等最为著名。黄石溪的东面有座仙人峰，又名仙姑尖，流传着有关汉朝陵阳第一任县令窦子明修道成仙的各种故事。传说峰南的滴油洞原来是滴水洞，是窦子明汲水炼丹的地方。窦子明成仙后，水变成油，供周围的山民采薇炒烹之用。陵阳还有一座两千多米长的神仙洞，原名“玉华洞”，后因传张果老在此修行而得名。洞分上、中、下三层，有立式通道，洞中有洞，洞洞相通。

陵阳因其风景秀丽而引得众多文人驻足，并留下许多名篇佳句和墨宝。远至战国，近至当代，不一而足。屈原曾顺江而下，居于陵阳多年，并留下《九章·哀郢》之诗篇，其中有诗句“当陵阳之焉至兮，淼南渡之焉知”；谢朓任宣城太守时，写出了“山积陵阳阻，溪流春谷泉”的诗句；李白到访陵阳，登九华山，与友人吟咏唱和、联句成篇，留下“妙有分二气，灵山开九华”“天河挂绿水，秀出九芙蓉”“白龙降陵阳，黄鹤呼子安”等诗句。如今的陵阳老街的门坊上刻着的“香池里”三字，传系李白所书；杜牧也有“陵阳北郭隐，身世两忘者”之句。除此以外，唐代诗人贾岛、陆龟蒙、杜荀鹤，北宋诗人郭祥正，清代诗人袁枚等皆写过有关陵阳的诗篇。近代名人董必武途经陵阳时，也留下了“富贵陵阳镇，风流谢家村”的佳句。这些优美的诗文给陵阳秀美的山水景色增添了醉人的文化气息。

第五章
南国风情古典存
——两广闽琼地区古镇

一 广东省古镇

（一）广州市番禺区沙湾镇

沙湾镇是一个具有800多年历史的古镇，位于珠江三角洲中部，靠近珠江口，四周环水，镇内外河网纵横，约有数十条水道，是粤港澳大湾区的著名小镇。虽历经近千年，沙湾镇“三街六市”的粤中地区典型商业市镇格局仍保存完整，堪称“岭南民间建筑文化的博物馆”（如图5-1）。

沙湾镇因位于古海湾半月形沙滩之畔而得名。它的历史文化与何氏有着密切的关系。南宋绍定六年（1233年），何氏先祖德明从内地来此，在沙湾购买了大量山地和海田，定居此地，繁衍子孙，富甲一方，沙湾也逐渐变成“鱼米之乡”。番禺有谚云：“沙湾何，有仔唔忧无老婆。”

图 5-1　沙湾镇

留耕堂是沙湾何氏宗族的始祖祠。“留耕”两字取自“阴德远从宗祖种，心田留与子孙耕”，意为建祠造福后人。留耕堂始建于元代，屡毁屡建，如今的面貌是清康熙年间扩建而成的，从康熙三十九年（1700 年）开始，历时 17 年竣工。此次扩建是按明制品官家庙的有关规格进行的，为五开五进院落，有头门、钟鼓楼、仪门、东西两庑、拜庭、后寝和衬祠等部分。留耕堂是番禺现存年代最久远、布局最严谨、规模最宏大、造工最精巧、保存最完好的粤中宗祠，集元、明、清不同时期的建筑特色于一体，堪称“岭南古建筑园林艺术代表作”。

沙湾何家诞生了不少名人。何炳林（1918—2007），沙湾何族第二十四代子孙，中国著名高分子化学家、教育家，曾为中国第一颗原子弹的试爆成功做出杰出贡献，开创并发展了中国离子交换树脂工业，被誉为“中国离子交换树脂之父”。建于清嘉庆年间的衍庆堂，原是留耕堂甲二房九世何志明及以下的宗祠，现在辟作何炳林院士纪念馆。

何柳堂、何与年、何少霞是广东音乐名家，被誉为“何氏三杰”，他们的祖上何博众是清末著名的琵琶演奏家，独创出“十指琵琶”演奏技法，开创了何氏典雅派，《雨打芭蕉》《赛龙夺锦》等是其创作的经典曲目。何博众、何柳堂等人曾在三稔厅演奏、研讨、创作广东音乐。到民国时期，三稔厅成为沙湾文化交流与外事活动的中心，现在这里成为广东音乐纪念馆。2019 年，沙湾镇凭借广东音乐入选 2018—2020 年度“中国民间文化艺术之乡”。

宝墨园在清末民初是包相府，为纪念包拯而建。相传有一年西江发大水，有一段黑色的木头漂流到村边，人们把它放回江里，谁知下游水大，木头又回流到村边来。这种情况再三出现，人们觉得十分奇怪，便把黑木头供奉起来。清嘉庆四年（1799 年）贪官和珅被铲除，民众希望能有像包拯那样的清官来治理政事，便把那块木头刻成包拯像，在此建起包相府。后来宝墨园被毁，1995 年得以重建，但已经不在原址，原址变成了民居。目前，园内有治本堂、宝墨堂、清心亭、仰廉桥、紫洞舫、龙图馆、千象回廊、石拱桥和风味美食街等建筑及景观（如图 5–2）。

沙湾镇还拥有丰富而有特色的民俗文化。比如北帝诞、沙湾飘

图 5–2 宝墨园

色、沙坑醒狮等。北帝，又被称为“真武帝君”或“玄武大帝”，因此北帝诞又叫作“真武会”。北帝诞在每年农历三月初三举行，这一古老的民俗是古代沙湾重要的节庆之一。伴随着北帝出巡，还有飘色、醒狮、舞龙、鳌鱼舞等各种活动。

沙湾飘色是一项具有沙湾镇本土特色的民间艺术活动，流行于珠江三角洲一带。它集材料、力学、音乐、造型、装饰等于一体，以色柜作为展示舞台。色柜上坐立着的人物造型称为“屏”，一般由十到十二岁的小演员扮演；凌空而起的称为“飘”，一般由三岁上下的小孩扮演。二者由中间的色梗连接，形成一个有机整体，以此表现某个民间传说或戏曲故事片段，具有色彩艳丽、造型大方、装置奇妙、讲究力学、内容含蓄等特点。沙湾飘色究竟起源于何时，说法不一，有人认为起源于清末，有人认为起源于明中叶，由沙湾北帝诞迎神赛会娱神节目发展而来。最初，沙湾飘色在农历三月三伴随北帝出游。近年来，沙湾飘色先后到过广州、香港、佛山、中山、开平、吴川等地表演，在影视媒体上也广为传播。

沙坑醒狮被认为是驱邪避害的吉祥瑞物，每逢节庆，或有重大活动，必有醒狮助兴，是一种融武术、舞蹈、音乐等为一体的传统民俗文化。沙坑醒狮是在南派醒狮原有技艺的基础上，吸收融入北派舞狮的技艺，将高桩醒狮、民间武术的“梅花桩”与南派醒狮套路相融合，形成了新的艺术形式。表演分文狮、舞狮和少狮三大类。通过在地面或桩阵上腾、挪、闪、扑、回旋、飞跃等高难度动作，演绎狮子的喜、怒、哀、乐、动、静、惊、疑八态，表现狮子的威猛与刚劲。

沙湾镇有“中国兰花名镇”的称号，所产兰花享誉海内外。全镇花卉种植面积达四千三百多亩，花卉产品除销往国内各省市外，还出口到韩国、日本、泰国等国家。能够培养出如此出色的兰花，与沙湾镇的气候有关，这里地处北回归线以南，属于亚热带海洋性季风气候，夏长冬暖，雨量充沛，非常有利于兰花生长。

（二）开平市赤坎镇

赤坎镇位于珠江三角洲西南部经济开发区，历史上曾是开平县城所在地。珠江一级支流——潭江横贯全镇，自古以来水运发达。赤坎镇于清代成为重要渡口，下辖十三个渡口，外有通往澳门、广州、东莞、佛山、江门、新会、台山的定期航班，内接开平境内的苍城、马冈、楼冈、长沙、水口、赤水、塘口、四九、东山、百合等二十三个乡镇码头。现存的赤坎古渡口遗迹是古时赤坎水运发达的印证。古渡口全长180米，是赤坎埠最古老的渡口码头，又称“古老渡街”。该段码头是目前青石踏跺保存最为完整的渡头遗址，我们甚至能看到当年系缆船只的石墩。

赤坎镇不仅水路交通发达，陆路交通也走在开平市的前列。民国时期，开平的公路建设首先在赤坎镇展开。民国十三年（1924年），赤坎镇到百合镇义兴墟的百赤茅公路建成通车，这是开平的第一条公路。

赤坎镇的发展与关氏、司徒氏两大家族密切相关。根据清康熙年间的《驼驸关氏族谱》记载，关氏原籍为福建省建宁县，入粤始祖为关景器，于宋代定居冈州（今属江门市新会区）。到北宋中后期，其六世孙关兴义从新会迁至驼驸冈大梧村（今属开平市赤坎镇）。至明朝隆庆年间，关氏已成当地一大族。清康熙年间，关氏在镇子的西端建立了集市。

司徒氏在开平的历史亦有600多年。相传司徒氏的入粤始祖为司徒宜翁，他先是进入广州，转而定居新会水东石坑村（今属江门市新会区）。其七世孙司徒新唐于元代后期从新会迁到开平赤坎滘堤洲（今属开平市赤坎镇），成为开平司徒氏之鼻祖。据清道光年间的《司徒福相公祠记》记载：“开平滘堤洲，四周河流，东西十余里，南北七八里，乡村络绎，皆吾司徒姓族处。”因地势开阔，土地资源丰富，司徒氏在滘堤洲的生息繁衍颇为顺畅。清顺治年间，司徒氏在镇子的东端建立集市，到清道光年间，司徒氏在滘堤洲和潭江两岸已经发展出了相当的规模。近代以来，司徒氏出了很多名人，如中国致公党创始人司徒美堂，1911 年和冯如一起设计并制造了中国第一架飞机的司徒璧如。

赤坎镇里有两条主干道，堤东堤西路和中华路。堤东堤西路是沿江铺设的，中华路与之平行，也就是说，这两条主干道均与潭江平行。堤东、堤西的界线是潭江上的下埠桥，堤东的居民姓司徒，堤西的居民姓关。

赤坎镇以骑楼与华侨文化闻名。与岭南其他地区一样，骑楼是赤坎的主要建筑类型，赤坎的骑楼连绵成片，比开平老街的骑楼规模大。而且，赤坎的骑楼呈现出中西合璧的特点，这与华侨密切相关。赤坎走出了很多下西洋、南洋谋生的人，这些人中有的发达了，就建设家乡，将西洋式建筑风格带回老家，与岭南本土的建筑风格相结合，形成了中西合璧的风格。目前赤坎镇保留着 600 多座融合中西建筑风格的骑楼（如图 5-3），有人将其形容为“广州十三行

图 5-3 骑楼

的缩影”。比如，最惹人瞩目的堤西路上 400 米长的商铺式骑楼，是由早年移民欧美的华侨带回建筑图纸和材料，融合开平本地的建筑特色而建成的。这片骑楼采用了西洋混凝土建筑材料，有青砖结构和雕花门楼，也有“金”字形瓦顶和罗马石柱。另一个典型是加拿大村，该村的楼房全部为旅居加拿大的赤坎华侨所修建。民国时期，一部分关姓族人远赴加拿大谋生，后来落叶归根，陆续出资修建了 13 座西式洋楼。洋楼的正面一般是罗马柱，二楼、三楼的正面多为三个圆拱，下面是圆柱，楼房内的神台也是圆拱形，窗台、阳台等多处刻有欧陆式雕花（如图 5–4）。

赤坎镇不仅是侨乡，还有可歌可泣的抵抗侵略事迹。1945 年 7 月 16 日，从湛江经潭江撤退的日军伺机进入赤坎，企图占领这座古镇。七名司徒姓壮士在镇东面的南楼坚守，顽强阻击敌人，击毙

图 5–4　加拿大村建筑

日本军官十六名，打死、淹死伪军近百名，击沉木船、汽艇多艘，经受十一天的围困后，七名壮士联名写下遗书：“煦、璇、遇、昌、耀、浓、丙：我等保卫腾蛟……已击毙敌十六名，亦已及相当代价，现在我们各同一心，于中华民国三十四年六月十五日自杀于腾蛟南楼，留语族人，祈在敌人退后，将此情发表报上，则同人等死亦心甘矣。”日军最后恼羞成怒，施放毒气，后把中毒昏迷的七壮士捆绑运回赤坎，抓到司徒氏建的图书馆门前，捆绑到门前的大树上示众，杀害后抛入潭江。在这座兴建于1913年的南楼上至今还能看到弹痕，这是永不屈服的印迹。1999年，开平市政府筹资200多万元，兴建了南楼纪念公园，将其作为中国侨联的爱国主义教育基地。

坐落在赤坎镇三门里村的迎龙楼，是赤坎镇现存最早的碉楼，始建于明代嘉靖年间。迎龙楼坐西北朝东南，占地面积152平方米，砖木结构，楼高11.4米，为全村制高点。楼的建筑风格没有受到外来因素的影响，非常传统，是当地碉楼最原始的模式，目前仍保存完好。

赤坎镇有两大图书馆，分别由司徒氏和关氏所建。司徒氏图书馆位于堤东。1920年，司徒氏人在此处开设了阅览室，后于1923年动工修建图书馆，1925年落成。这是一座前有庭院的三层钢筋水泥结构大楼，为欧式建筑，馆内一楼为阅览室，二楼为蔽书室、借书处，三楼为会议室及归国华侨俱乐部。1926年，该馆购置了一个美国机械钟，并在楼顶增建一座大钟楼，用以摆放此钟。楼顶的正面有书法家谭延闿所书的“司徒氏图书馆”横额，楼下正门的横楣上刻有书法家冯百砺所书的“司徒氏通俗图书馆”。该馆藏书逾万册，藏品还包括慈禧太后的题字。关氏图书馆位于堤西，1927年动工，1929年建成，藏书包括《四库全书》《万有文库》《廿四史》。与司徒氏图书馆一样，关氏图书馆也购置了一个西洋钟表，不过不是美国产的，而是德国产的。

（三）梅州市梅县区松口镇

松口镇隶属于梅州市梅县区，地处梅县区东北部的梅江下游（如图5–5）。松口港曾是广东内河港的第二大港口，地理位置优越，水陆交通便利，是昔日的粤东商贸重镇，自古有“松口不认州”的说法，明清时期已是嘉应州（今属梅州市）最繁华的乡镇之一，人口密度和商业繁华程度远超当地其他乡镇、地区。它是明末以后客家人远涉重洋的第一站，他们从松口坐船经汕头出国。松口码头最繁忙时每天有三百多条来往船只停泊、六千多位旅客进出。

“松口”这一名字与松树运输有关，意为松木出口的地方。松源河上游树木丛生，其中松木最多，这些树木被砍伐后，都是经过松源河的运输，到达松口塔下潭后扎成大排，由梅江运至潮汕一带。

据《松口志》载，西汉赵佗在此建立南越国，统领岭南，和辑百越，因松口主户为畲族人，故置名“东畲寨”。南汉高祖刘龑曾在此地设立“义安围”，士兵驻扎在上寨、中寨、下寨。还有留隍渡口为证。留隍，乃“刘皇”的谐音，是溪南下寨的一个渡口，就在现在的梅东桥边的大榕树下。

图 5-5　松口古镇

相传刘龑曾在此渡江，从对面上岸，上岸的地方有登岸楼。岸边建有宁丰寺，晨钟暮鼓，有“夜半钟声到客船”之感。后来，此地曾出土铁衣、铠甲、铜护衣等南汉军的遗物。清嘉庆年间，松口镇为当时松口堡的一个圩镇，是集市贸易的中心。清光绪《嘉应州志》记载：“梅口镇在梅州东南百里，与闽之汀州接境，梅溪所经，松江合之，今称松口镇矣。”

松口镇的民居以客家围屋为主，客家围屋是客家民居经典的三大样式（客家围屋、客家排屋、客家土楼）之一，被誉为“东方的古罗马城堡”“汉晋坞堡的活化石”“中国民居建筑的五大特殊形式之一”。围屋起源于北方的“大夫第”（文职官员的私宅），采用中原传统建筑工艺中抬梁式与穿斗式相结合的技艺，主体结构为“一进三厅两厢一围”，以南北子午线为中轴，东西两边对称，前低后高，主次分明，错落有序，布局规整，以屋前的池塘和正堂后的“围龙”组合成一个整体，集中原宫殿式、府第式、四合院式建筑风格于一体。松口镇保存了许多围屋，如建于南宋末年的围屋“围里”，是当地现存最古老的围屋，为山口村梁氏开基祖屋，现仅存门楼和部分遗址。除此之外还有世德堂、源远楼、石柱堂、百寿楼、官坪余屋祠堂、承德楼、古秀阶等。

松口镇的围龙屋通常建造在平缓山坡与山地的交界处，由后侧坡面上的弧形围屋与前侧低处的半月形池塘组成。弧形的后侧围屋使得围龙屋看起来像把太师椅，平缓的山坡则能引入夏天的凉风，同时利于地面排水。围龙屋融合了传统四合院对称、轴线、等级、围合等空间要素的同时，另有许多独特之处：如并置的上中下三堂、由前到后逐步升高的建筑立面以及前侧的巨大池塘。

松口镇的民居除了围屋，还有洋楼，部分侨民出资在家乡兴建洋楼，将他们对海外建筑的观察和理解体现在洋楼中（如图 5–6），比如丘哲故居喆庐、黄氏家族的益庐等。

松口镇自古重视文教，文化氛围浓厚，人才辈出。据《嘉应州

图 5-6　洋楼

志》记载，明清两代松口出了四位翰林、九位进士、二十七位举人。其中最有名的是明末在京城任侍读学士的李士淳。松口镇的标志性建筑——元魁塔（如图 5–7），就是李士淳于 1619 年倡建的，历时十年竣工。元魁塔塔高七层，约四十多米，耸立于岌顶，以悬崖为基座，以潭水为基脚。李士淳曾亲题门联，上联是“澜向阁前回，一柱作中流之砥”，下联是“峰呈天外秀，万年腾奎壁之光”，表达了李士淳的远大抱负。1982 年，广东省邮局以“十大名塔”作邮资票花，元魁塔为其中之一。

在近代历史上，松口镇曾留下孙中山先生的脚印，是孙中山发动辛亥革命的策源地之一。孙中山曾以松口为基地，在粤东开展武装起义。1918 年，孙中山从潮汕乘船来到松口视察，住在华侨谢逸桥、谢良收兄弟的家中。谢氏兄弟当年曾极力支持孙中山先生组建中国同盟会，并以松口为基地，在粤东地区发展会员，开展武装起义。1933 年，松口人为了纪念孙中山先生这次有意义的视察，在镇中心建造了中山公园。大力支持中山先生革命的还有松口人梁密庵，他是爱国华侨，同盟会会员，他散尽家产去支持革命。如今，中山公园中有孙中山先生的石雕像、密庵亭。密庵亭内保存着孙中山颁布的《旌义状》及蒋介石、于右任、陈立夫、林森等人给梁密庵先生的题词。

图 5-7　元魁塔

（四）梅州市大埔县百侯镇、茶阳镇、三河镇

1. 百侯镇

百侯镇隶属梅州市大埔县，是粤东客家地区著名的文化之乡、人才之乡、华侨之乡，是梅州市首个中国历史文化名镇。这里历史文化底蕴深厚，有120多座保存完好的官厅式明清民居，肇庆堂（如图5-8）、通议大夫第、州司马第、太史第、萧氏鸳鸯祠、杨氏宗祠、继志堂、海源楼、裕庐、绮园等是其中的代表。这些古建筑既有深宅大院，又有大小祠堂；既有客家民居，又有西洋建筑。

百侯原称“白堠”，后来当地进士杨之徐取“白堠辖地，出百位诸侯”之意，提议将“白堠”改为“百侯”，取“多出人才”之意。此地清初以来科举兴盛，侯南村被称为“进士村”，“一腹三

图5-8 肇庆堂

翰院”的美谈就发生在此村。“一腹三翰院”指的是通议大夫第的主人杨缵绪与其弟杨黼时、杨演时，在清康熙、雍正、乾隆年间先后考取了进士，入翰林院。杨缵绪的父亲杨之徐亦是进士，母亲是茶阳人饶氏。相传，杨之徐前往茶阳探友，路经一屋，看见门前晾晒一草席，隐隐有三条龙形，甚奇，叩门而问，方知该屋主有一女年十八，自小遗尿，皮肤粗糙有鳞片，急求婚，当即应许。选定佳日出嫁，天降暴雨，茶阳河水暴涨，人们都说是龙女出嫁。后饶氏生七子，其中三个是杨缵绪、杨黼时和杨演时。

百侯镇山多、人多、田少，为维持生计，历来有“走川生”的习俗。据民国《大埔县志》记载，自清嘉庆以来，大批百侯人开始外出谋生，先是集中在潮州、苏杭等地，清道光以后集中在上海、汕头以及东南亚一带。至民国时期，村民已“络绎于南洋群岛矣”。外出南洋谋生者的大量出现，为水客和侨批的产生和发展提供了空间。杨潮荣是当地大水客之一，不仅经营侨批，也带乡亲出洋工作。他每次所带新客，少则几人，多则几十人。到南洋后，他利用自己的人际网络，结合每人的能力和特长，为新客介绍相应的工作。若有人在南洋无法返家完婚，也会委托水客带妻子过来。利用经营水客业所得的巨款，杨潮荣修建了气派的海源楼。海源楼是百侯的标志性建筑之一，建于1917年，是一座典型的中西合璧建筑，外形欧式，主要由钢筋混凝土浇筑，内为中式，室内由木构件组成。海源楼完美地糅合了欧美建筑风格和客家民

居建筑风格，也彰显着主人的成功，是大水客财富和地位的象征。

2. 茶阳镇

茶阳镇是梅州市大埔县的另一座历史文化名镇，是1961年之前大埔县县城的所在地，位于粤闽两省三县交界处、汀江下游，是龙汀（今属漳州、龙岩、三明地区）、潮汕的交通枢纽。据史料记载，东晋义熙九年（413年）此地被设为义招县，后改为万川县，明朝嘉靖五年（1526年），设为大埔县县城，茶阳作为大埔县县治所在长达四百多年，《大清一统志》记载：“茶阳，大埔县城绊其上。”（如图5–9）

茶阳因处于种满茶树的茶山之南而得名，旧时闽商乘船来到茶阳古镇的汀江码头，出卖土货后，再乘船南下至韩江，最后至汕头

图5–9 茶阳镇

埠购回各种海外商品。初建于明清时期的茶阳老街长一千多米，由中山路、高福路、太平路、太华路、万川路、新马路、建设路等七条古街组合而成，有着当时粤东最大、最繁华的骑楼群。沿街骑楼多为钢筋混凝土结构，柱墩多数上圆下方，少部分为方形（如图 5–10）。

图 5–10　茶阳老街

图 5–11　“父子进士”牌坊

在骑楼中，有一座名叫“旋庐”的建筑尤为特别，它由中国同盟会早期会员、马来西亚华侨富商何阳生所建，高四层半，大门口有一对联：“旋归田里，庐结河滨。”从建筑风格上来说，有中西合璧的特点，外墙及装饰采用西洋风格，楼上有凸出的半圆形阳台，屋内的屏风和木质门窗则采用中国传统的雕花工艺。它是茶阳骑楼的代表。

茶阳有三座明清时期的牌坊，其中最有代表性的是“父子进士”牌坊（如图 5–11），是大埔县唯一一处全国重点文物保护单位。为了表彰当地的饶相、饶舆龄父子均考中进士，明朝政府于万历三十八年（1610年）在茶阳镇学前街兴建了“父子进士”牌坊。牌坊高12.5米，宽4.6米，三层檐顶，正面有“父子进士”四字，反面则题有“丝纶世美”四字，故又称“丝纶世美”牌坊。在古代，牌坊分为御制、恩荣、圣旨、敕建四个等级，“父子进士”牌坊属于恩荣牌坊。这个牌坊前的左、右两侧各有一块旗杆夹石，分别写着“大明父子进士饶”“大清父子进士饶”。原来，茶阳饶氏不但在明代出了饶相、饶舆龄父子进士，在清代还出了饶芝、饶褒甲父子进士。由于先人已立“父子进士”牌坊，后人不便再立同样的牌坊，就在前面加了一对旗杆夹石。茶阳古镇素有“饶半城”“半城祖屋半城饶”之说，这里的饶氏是茶阳镇的大户人家，与百侯镇的杨氏有姻亲关系，前述的百侯镇的杨氏三兄弟之母即为饶氏之女。

另外两座是清代的牌坊，一是始建于清乾隆年间的“天褒节孝”牌坊，旌表当地人萧以继的妻子邬氏；二是“天荣节孝”牌坊，旌表当地监生张瑄之妻吴氏。

1961年，大埔县城搬出茶阳镇，自此之后茶阳镇日渐没落，但那些历史文化遗迹证明着这里昔日的荣光。

3. 三河镇

这里的三河镇并非安徽省合肥市肥西县的三河镇，而是位于大埔县西部的古镇，因梅江、汀江、梅潭河三江在境内交汇成韩江而得名，上通闽赣，下抵潮汕，为粤东水路交通要冲，乃兵家必争之地，建制于北宋开宝年间，明洪武九年（1376年）设三河驿站、递运所、巡检司，嘉靖四十二年（1563年）筑三河城。自明至清称“三河社”，是清朝重要的盐运枢纽。民国后设为区，1949年后设为镇，可谓“千年六朝古镇”。

位于三河镇的三河古城始建于明嘉靖四十二年（1563年），由砖石砌成，城墙周长1547米，高4.5米，上宽2.4米，下宽3.3米。开设4个城门，垛堞918个，是广东省迄今为止发现的保存最好的明代城墙。三河城筑成后，四方客商、八乡民众云集于此，街道全长达 3 千米，一时有“小潮州”之称。

三河镇的另一座古迹是翁万达墓，位于三河镇凤翔山麓，坐西向东，呈梯形，用水泥灰沙构筑，长 16.25 米，宽 11.1 米，总占地面积 2400 平方米。墓碑为花岗岩，高 1.6 米，宽 0.78 米，有碑文曰：“明赐进士出身资政大夫兵部尚书赠太子少保谥襄敏崇祀名宦乡贤东涯翁公墓。”墓前立有高大石人、石马、石羊、石豹。墓曾被破坏，于 1985 年被修复。

翁万达何许人也？《明世宗实录》这样记载他：

原任兵部尚书翁万达卒，赠太子少保，赐祭葬如例。万达，广东揭阳县人，嘉靖丙戌进士，历户部主事、员外郎中，广西梧州府知府，皆能其官。升广西按察使司副使，画赞督府蔡经，讨平土舍，破左江、断藤峡猺蛮有功，升浙江右参政，改广西，平莫登庸之乱，称首功。累升都察院右副都御史，巡抚陕西。迁兵部右侍郎、总督宣大偏保军务，发宗室充灼叛谋，击虏遁去，擢右都御史。己酉春，虏入宣府，逼居庸，万达督战却之，以功升尚书兼右副都御史。寻召入本兵，以父丧回籍。庚戌秋，诏夺情，起宣大总督。会虏犯京城，本兵得重谴诏，复改兵部尚书。万达方病疽，结芦墓间，闻命单骑就道，不四十日抵京。时虏患方棘，上日夕徯万达至，意迟之，以问大学士严嵩，嵩惧失上旨，不为申理。遂贬兵部右侍郎兼右佥都御史，经累紫荆诸关。以京察自陈乞罢，终丧制。上怒疑其避事，免归。至是年十月，复起为兵部尚书，命未至，卒。

万达幼颖异，五岁能诵书，性刚介坦直，笃于忠孝，处国是若其家。南北征讨，诸所谋画，深远周至，无不

> 措之有功，守之可久，驾驭将士，能尽其才，而得其死力。其料敌甚审，临敌每以身先士卒，故所至咸以威略著闻。庚戌之变，上日夜急才，亲趣召万达。万达且至，不先记谢嵩，嵩密使人谕旨，亦不应。是时，嵩子世蕃擅权黩货，文武吏入贿其门，即谕吏、兵部铨右秩，无敢桡首，虑万达强执，乃乘上怒媒蘖之，万达竟坐废，忧惧而卒。隆庆初，追谥襄毅。至今言者称嘉靖中年后，边臣行事适机宜、建言中肯綮，万达一人而已。

《明世宗实录》记载了翁万达忠肝义胆的一生，他不顾奸佞小人的排挤，于国家危难之际挺身而出，名垂史册。随着海外潮州人的足迹，翁万达的威望还远播异邦。在泰国，他被誉为“英勇大帝”，立庙祭祀多达 100 余处。

三河镇在近现代也小有名气。1918年，孙中山曾亲临三河坝（如图5-12）劳军，敦促陈炯明护法北伐。在汇城村，建有全国第一个中山纪念堂。中山纪念堂是两层水泥框架结构，建筑面积近500平方米，堂顶是胡汉民书写的“中山纪念堂”匾额，堂前有孙中山先生的全身铜像和四根华表柱石。三河镇还是南昌起义三河坝战役的主战场所在地，目前在汇东村笔枝尾山山顶建有三河坝战役纪念园，内有三河坝战役纪念馆、八一起义军三河坝战役烈士纪念碑、朱德雕塑、浮雕墙、石雕门坊、长廊、花架、凉亭等红色文化遗迹。纪念碑高15米，碑身正面镌刻着朱德正楷鎏金题字：八一起义军三河坝战役烈士纪念碑。碑座立在平台的中间，上平台长8.4米，宽12.4米；下平台长35米，宽25米，缝口细密，碑座上刻着第二师师长周士第撰写的碑文。

图5-12 三河坝远景

二 广西壮族自治区古镇

（一）桂林市阳朔县福利镇、兴坪镇

1. 福利镇

福利镇位于阳朔县城东部，漓江纵贯南北，桂梧公路横穿东西，水路、陆路交通便利。该镇三面环山，一面临水，有“三山环古镇，一水抱绿洲”之称。“三山”指飞凤山、鹦鹉山和马山，徐霞客曾用“山开目旷，奇致愈出”八个字概括福利镇的山；“一水”指漓江，漓江在上游两千米处被一座大沙洲分割成汊，而在福利镇被飞凤山拦截为双江，形成弯河深潭和绿洲一片。福利镇是影片《刘三姐》的取景地之一，因该电影而知名度大增。

福利镇在唐代便有人居住，宋代进一步发展，境内的黄道街曾盛极一时。由于村寨坐落在漓江畔，交通便利，往来客商多，渐渐地，这里发展起了墟场。明代建立了马山圩，有“马山名胜甲天洲”之称。清朝道光年间，改称“伏荔圩”，因为那里荔枝树很多，整个村子被荔枝树覆盖着，故名“伏荔”，1926 年取其谐音改为“福利”，取“福国利民”之意。进入福利镇，有个书写着“福利”两字的砖石砌成的门，门两侧是一副对联：“福被千家古镇日新月异，利兴万代漓江水秀山明。”

福利镇的历史遗迹可以用“五个三”概括：三亭（大光亭、接龙桥亭、观景亭）、三街（老街、兴隆街、岭背街）、三宫（天后宫、行宫、水源宫）、三寺（青龙寺、白虎寺、崇佛寺）、三石（三姑石）。

福利码头边上是大光亭，始建于民国十七年（1928 年），1978 年重建，是砖石结构的二层八角形亭楼。亭北有天后宫、接龙桥、魁星楼等。这一带是福利镇亭台楼阁最为集中的地方。历代文人在此留下了美妙的诗句，比如临江面有一联，上联是“临水开轩，四面云山皆入画”，下联是“凭栏远眺，万家灯火总关情”。电影《刘三姐》中囚禁刘三姐的八角楼就是由大光亭改装而来的。

过大光亭三十米左右，河边的石岸上平行排列着三块形貌酷似妇女的石头，人称“三姑石”。这三块石头的来历至今仍是个谜，中外许多岩溶专家先后考察过，均没有给出明确的答案。当地人传说，三姑石是福利镇三个种荔枝的姑娘的化身。

距离三姑石十米左右的地方是接龙桥，别名“洗龙桥”，桥下有一块三米高的大石，酷似龙头，一条小溪自上而下冲在大石上，水花飞溅恰似给龙洗澡，故名“洗龙桥”。洗龙桥的石板路面上又有一拱桥，这拱桥是用一二百斤重的方石块砌成的，拱桥上又有一亭，因此又叫“接龙桥”。

天后宫、行宫和水源宫是福利镇上的三座大庙。水源宫、行宫在“文革”期间已拆掉，只有天后宫完整地保留下来。天后宫内有两尊大菩萨，人称“公公”“婆婆”。每年农历五月初五和初八是公公、婆婆的诞辰，因此每年五月初八是福利镇的盛大节日。

东郎山位于福利镇北约 2 千米，田畴中平地拔起一山，山顶突立一巨石，酷似人形，因位于县东，故称“东郎山”。然而“横看成岭侧成峰，远近高低各不同”，这巨石从山正面看，像是一位老翁，身旁还有一个童子仰面看着他；从山左面看，像娴静端庄、含情脉脉的少女；从山右边看，俨然又是一尊顶天立地的大佛，细看又像是威风凛凛的战将。山旁有一古亭，叫“东山亭”，宋代古街——黄道街就位于这里。

福利镇不仅是历史文化名镇，而且是全国最有名的国画镇之一，被称为“中国画扇之乡”。福利人将《刘三姐》中秀才手里的小折扇发展成一米长的工艺扇，在扇面上画上精美的山水画，提升其艺术含量，使其成为阳朔的特色工艺品。

2. 兴坪镇

兴坪镇是漓江边上的另一座历史文化名镇，距今有一千七百多年的历史，为广西四大古镇之一。三国时期置为熙平县治所，建立溪河圩，是阳朔最早的圩镇。隋代以后因易县治，逐渐成为阳朔管辖范围内的下属区域。在古代，广西地区交通运输以水运为主，经由漓江连接珠江与长江水系，兴坪镇因紧邻漓江，成为货物与商贸的集散地。

兴坪镇的规划体现了《管子》中“因天材，就地利”的自然规划思想，镇的形态不受制于方正规矩，而完全依照山水的多维空间定势，顺着漓江的流向，依山峰间的平地近水处置圩。靠近漓江边设古渡码头，从码头上岸即可进入街市，沿河区域种植树木等植被以防汛（如图 5-13）。

兴坪古街从兴坪镇东南至漓江榕树潭古渡码头，长达一千多米，以石板铺就，两旁是各省的会馆建筑。古街东南侧的狮子崴为熙平县城遗址，现城墙轮廓尚清，随处可见古砖瓦、古陶瓷的残片。古街的临江段有座乾元桥，现在桥下已经没有水了，但桥面上的石板

图 5-13 兴坪镇远景

仍光滑平整。沿着古街往江边走，便可到达榕树潭古渡码头。有横倒在石基上的大石条，石条上浮雕着龙凤，这便是古渡口的六角亭遗址，沿石阶拾级而上，可见三层八角亭和北帝庙遗址。古街附近还有关帝庙，始建于清乾隆四年（1739 年），现存偏殿及戏台。庙内的万年戏台，为桂北地区较为古老又保存完好的清代戏台，对研究广西壮族自治区的戏曲史有极大的价值。戏台台椽横贯着四幅木雕，分别雕刻着《五代荣封》《古城会》《聚子会》《活捉子都》这四出传统戏曲主题雕塑。

兴坪镇的兴坪渔村历史悠久，建于 1506 年，传说为兴坪圩上达官显贵为择贵地而迁此。渔村中有保存完整的 48 座明清时期民居建筑。从建筑结构上来说，它们属于柱架结构的房屋，由竖立的圆柱作屋架支柱，其上架横梁，梁上盖屋顶，屋顶是双斜面屋顶。墙是由木板、青砖、未烧制的土砖砌成的。大门有两道，第一道门是由铁制底和数根木柱子构成的可活动的门，第二道门是一般的木门。门窗的木制部分有精致的雕刻，雕刻内容是花草和动物。总体而言，这些民居体现了明清时期桂北民居的特色，具备青砖黑瓦、坡屋面、马头墙、飞檐、画栋、雕花窗等元素（如图 5-14）。孙中山先生曾造访渔村，渔村人把这段历史记载于祖坟旁边的碑文中："一九二一年秋，孙中山大总统由广东带领部队北伐，乘船沿漓江上桂林。船经渔塘洲，泊船登岸，随带高级将领胡汉民、谭延闿、莫荣升、陈炯明及随从副官二十人，亲临山寨观看，并取名该寨曰天水寨，寨名由此而得，自此名播远扬，常有名人慕名而来观看。"

图 5-14　兴坪渔村民居

画家徐悲鸿有言："阳朔美景在兴坪。"也许大家最感兴趣的是兴坪镇的自然景色。阳朔县内，包括兴坪镇一带，为石灰岩分布区，形成了喀斯特地貌，有"山峰秀、岩洞奇、石头美、江水清"之特色（如图 5–15）。兴坪镇地处漓江流域的旅游黄金水段，九马画山、黄布倒影、七姐下凡、碧潭青螺、渔村小景、莲花奇岩、

图 5–15　兴坪山水

20 元人民币背景图等漓江最著名的景点都位于此段。2006 年国家邮政局发行《漓江》邮票，这是兴坪镇漓江风景首次作为单独的选题进入素有“国家名片”之称的中国邮票之中。

（二）柳州市鹿寨县中渡镇

中渡镇是鹿寨县西北部的经济重镇，建镇于三国吴甘露元年

（265 年），距今已有近二千年的历史，素有“四十八弄的明珠”之称，是鹿寨文明的发源地。该镇辖区多变，至明、清时属雒容县，民国时属中渡县。

中渡镇地处鹿寨、融安、永福三县的结合部，位于洛清江中段，上接桂林，下通柳江入柳州，地势险要，“中渡地方为桂、柳二府之关键，扼四十八峒之咽喉”。因此这里历来是兵家必争之地，发生过不少战争，也有不少记载着战争的历史遗迹。中渡镇西郊山麓有一块巨石，上刻“京观”二字，右刻“平定洛斗下半团叛乱，斩首五百余级”，左刻“万历三年七月书”，记载了明朝万历年间镇压中渡、平山一带的农民起义的历史。位于中渡镇东八千米处的三门隘牛角坳，有一块石上刻有“全州石匠十名为记太平军好行，□□年二十七日闰月”的字样。古炮楼也与战争有关。太平天国起义期间，为保卫城防，当地政府在中渡城制高点——西眉山顶修筑炮楼。古炮楼

分两层，一层用山石砌成，基础用混合灰砂夯实；二层为青砖木板楼结构，设有瞭望孔、炮孔、枪孔等。还有抚民厅官署，清光绪三十二年（1906 年）设立中渡抚民厅，任命陈嵩沣为中渡抚民厅同知，掌理中渡抚民厅防务。中渡抚民厅官署设在中渡镇北街 82 号，当地百姓习惯称之为“武衙门”。民国二十五年（1936 年）为国民党中渡县县党部。1951 年，中国人民解放军进驻中渡城剿匪，在此地设置了解放军中渡支队司令部。

明朝时期，中渡是洛容县（清初改名为雒容县）县治，因此有洛容县古城墙遗址，城墙由鹰山背沿山脊到鹰山山头，长一百余米，其中完好的约七十米。

中渡古镇还有一座建于清朝时期的武圣宫，青砖灰瓦，内有关羽、关平、周仓等塑像，具有一定的艺术和审美价值。

中渡一带有着深厚的城隍民间信仰传统。明景泰年间的“古田起义”爆发后，中渡成为洛容县治所在地，按明制建了城隍庙。随着“古田起义”的平息，县治由中渡转移到灵塘，中渡的城隍庙因而失去了官方庙宇的地位，但是民间对城隍的信仰依然存在。有学者认为：中渡地方官府及民间势力一直在努力维持中渡城隍的“正统”身份，城隍神成为各方力量重建地方秩序的工具。到了清代，地方官员也会去拜谒、祭祀中渡的城隍庙。中渡城隍庙旧址位于鹰山背。至今，中渡依然有庙会活动，每次历时三天，以祭祀关羽及城隍巡游为主要仪式，并举行许多民俗娱乐表演，如百家宴、放花灯、系许愿带、山歌会、文艺晚会、彩调表演等，借此娱人、酬神、娱神，祈求神灵保佑风调雨顺、五谷丰登、子孙旺盛。

中渡的地形地貌也很有特色，其境内的鹿寨香桥岩溶国家地质公园，被地质学家称为“中国名副其实的喀斯特地质博物馆”，是中国南方热带岩溶地貌景观的缩影。总面积

139平方千米，核心区面积约40平方千米，有香桥岩溶峡谷、天生桥、九龙洞、响水石林及响水瀑布等五十余处地质地貌遗迹，集中体现了桥奇、峡秀、洞幽、林美、水魅的特点（如图5–16）。

图5–16 鹿寨香桥岩溶国家地质公园晨景

（三）贺州市黄姚镇、贺街镇

1. 昭平县黄姚镇

黄姚镇位于昭平县东北部，地处昭平、钟山、贺州三县（市）交界处，境内有姚江经过，向西可达桂北地区，向东可通桂江，联系苍梧地区与广东，是水运要道。“黄姚”这一名字的由来，与黄姓、姚姓两大家族有关。传说在宋朝开宝五年（972 年），杨家第三代杨文广率部到昭平平乱，途经此地，得知当地黄、姚两姓人家居多，就给小镇取名“黄姚”。

图 5-17　黄姚群山

从地质角度来说，黄姚镇属于喀斯特地貌，有群山、奇峰、溶洞、古木、清溪。当地人把这里的自然与人文景观概括为："三水十山七岩洞，七楼一台五凉亭，八街二阁九祠堂，一观九寺十六门，十二古樟十一桥，三庙七榕十龙树，六社九曲十三弯，三石跳二十陀佛。"足见其景观资源的丰富（如图 5-17）。

黄姚镇历史悠久，先秦时期是贺州地区京族的聚居地。汉武帝平定南越后，置苍梧郡，黄姚隶属苍梧郡。汉代以后，随着各朝代

行政区划的改变，黄姚曾隶属荡山县、龙平县、昭平县。民国十五年（1926 年）设黄姚镇。明末清初，大量广东客家人来此定居，经商办学，推动了古镇的发展。随着时间的推移，姚江水位下降，无法行船，古镇逐渐走向衰落。

古镇的设计布局与战争、防御密切相关，呈九宫八卦布局。姚江从东而来，以“S”形穿镇而过，画出一个类似太极八卦图的轨迹。古镇没有围墙，四周坐落着酒壶、真武、鸡公、叠螺、隔江、天马、天堂、牛岩、关刀九座山峰。镇内街道呈战阵式分布，街街相连，九转连环。主街延伸出八条街巷，传说主街是条青龙，八条街巷是龙足。龙的痕迹与文化在古镇中体现得淋漓尽致。传说古镇乃“九龙聚穴”的风水宝地，天上的一条金龙得知黄姚风光秀美，慕名而至，在西边的一口池塘洗澡，然后从西门而入，到东北腾空而归，人们为了纪念龙游黄姚的故事，把古镇西部的池塘称为“龙塘”。龙畔街就是龙游黄姚时盘身憩息的地方，有对联曰：“福凝溢庆门凝霭，龙畔还高让畔风。”此地建有不少与龙有关的寺庙来保护“龙脉”，比如护龙祠、佐龙祠、见龙祠、会龙祠、回龙庙等。有一棵榕树叫“龙爪榕”，因其气根形似龙爪而得名，已有五百多年树龄。每年大年初二的舞鱼龙是当地的民俗活动之一。

进入古镇的第一道风景是位于姚江边的古戏台，它是目前广西保持最完好、规模最大的明代戏台（如图 5–18）。古戏台建于明嘉靖三年（1524 年），属于亭阁式戏台，台基由大青石板砌成，两边是朱漆的木栏杆。舞台是木制地板，天花板上是各种花草虫蝶的彩绘。戏台中间悬挂着一块木制匾额，上面刻有三个行草大字：可以兴。这源于《论语》中的“诗可以兴，可以观，可以群，可以怨”。这三个字系乾隆年间黄姚举人林作楫所书。据说当年戏台之

图 5-18 古戏台

下的四个角落还安置了四口大水缸，以产生共鸣效果，可以说是音响设备的雏形。每年农历的三月初三，附近的乡亲们都会过来听戏。平日，戏台还用来宣讲孔孟思想，进行道德、文化的教育与传承。

文明阁是“黄姚八景”（文阁晴岚、兴宁风光、龙楼春潦、螺岫秋云、游岩仙迹、盘道石鱼、天桥风景和珠江夜月）之一，坐落在黄姚镇东南天马山西麓，前依姚江，右傍螺峰，始建于明万历年间，至今经历了清乾隆四十五年（1780 年）、道光十年（1830 年）、同治九年（1870 年）及 1926 年四次重修。内有步云亭、土地祠、豁然亭、福禄亭、惜字炉、桂花亭等建筑物。阁上有很多匾额、题词。一道山门的匾额上写的是“文明首第”，两边对联是“道德隆千古，文明推首第”；豁然亭的柱子、墙壁上有“上下江涵画阁添，东西岸隔烟波间”“诸君到来不妨坐坐，朋友相会随便谈谈”“有风花气犹迷阁，无雨岚光尚滴衣”等题词；第二道门楼上有“有声”

二字，两边写着“春入水逾响，秋高山更清”；七星亭的两边写着“清凉舒适合心情，静坐闲谈知己话”；魁星阁有“光逗松间悬月镜，凉山竹外挂风琴”“登千仞壁心先到，上一层楼眼更舒”等对联。另外，还有一些石碑、石刻。比如攀山石（乾隆三十年岁次乙酉仲夏吉早立）、文明阁祀田碑（乾隆五十五年岁次乙巳桂月吉丑刊立），以及韩愈题写的“莺莺飞鱼跃”“余王至黄姚登文”等石刻。

宝珠观是黄姚镇的另一座著名古建筑，它的建成体现了汉族文化与当地少数民族文化的融合。明万历年间，当地人兴建了宝珠观。因不准汉族人参加宝珠观的祭祀活动，汉族商人非常不满，就建立了兴宁庙，供奉北方真武大帝。清乾隆年间，汉族、当地少数民族逐渐和解，决定合建宝珠观，并定每年农历三月初三为庙会。

黄姚四面皆山，易守难攻，抗战时期成为南方重要的抗日根据地。1944 年冬，日本入侵广西，桂林沦陷，中共广西省工委由桂林迁至黄姚，在宝珠观隐蔽地开展工作。当时有大批文化团体和著名爱国人士先后疏散到黄姚，一时间黄姚成为文化重镇。为纪念这一段历史，广西壮族自治区政府把宝珠观定为中共广西省工委旧址，并于 1990 年将其列为省级重点文物保护单位和省级爱国主义教育基地。

2. 八步区贺街镇

贺街镇地处临江、贺江交汇处，属桂东重要的交通枢纽，因其地理位置特殊，从西汉武帝元鼎元年（前 116 年）至 1951 年，长期作为当地政治、经济与文化中心，繁华一时。贺街镇历史悠久，文化古迹丰富，素有“桂东文化古城”之称。临贺故城、客家宗祠是其代表性文化元素。

临贺故城始建于西汉元鼎六年（前 111 年），由于客观条件，先后三次选址另建，故有四个城址，依年代先后分别是大鸭村城址、长利洲尾城址、河西古城和河东古城。最初的城址在贺街镇大鸭村，后因河流改道，洪水成灾，交通受阻，西汉时期迁至长利村大洲尾，东汉时迁到河西。河西城址略呈长方形，夯土墙，北垣西段已毁，东段残存二百八十米，城外有东汉时修筑的护城河，五代时将西、北城墙内缩九十余米，重新夯筑土城墙六百三十米。宋代用青砖包砌东汉、五代遗留下来的城垣，城上修筑城垛，四面辟门并建敌楼，周围开护城河，元、明、清沿用之。清中叶以后形成河东古城，内有石板街、民居街巷及粤东会馆、文庙、魁星楼、八圣庙、观音楼等。大部分城墙在 1935 年被拆除，仅存一段南城墙。城内的古建筑大部分已废，现今保存有桂花井和文笔塔。

贺街镇还以宗祠著称，据说是岭南民族走廊地区不同姓氏宗祠最集中的小镇，被誉为“宗祠文脉”。自明朝永乐元年（1403 年）至民国时期，贺江两岸曾分别修建起大小不一的包括李、莫、黄、王、邓等姓氏的近三十座各式各样的宗祠，其中罗、刘、莫三姓的宗祠于 2001 年被列入全国重点文物保护单位。

李氏大宗祠位于贺街镇河西村，正大门为朱红色双边木门，门上雕刻着栩栩如生的门神，大门正上方是龙凤雕刻与“李氏大宗祠”五个大字。宗祠为三进院落，青砖铺地，琉璃瓦盖顶，雕梁画栋，主殿门口立着两根主柱，柱子上雕刻着双龙抢宝图案，四面的山墙全部砌成乌纱帽的形状，四脊上则雕刻着大小不一、形态各异的狮子和麒麟等动物，它们是降妖除魔、驱除邪气的神兽。主殿的内壁下方记录着修建以及经费捐献情况，中部记录着该族名人事迹，并附上精美图画，上壁是精细入微的华美壁画，主要包括“三才和音”“百鸟朝凤”“狮象麒麟”等中国传统文化里的吉祥图案。主殿的左侧刻画着日神像，右侧相应地刻画着月神像，寓意为汲取日月之精华，索取阴阳之庇护。后殿作为主要的烧香祭祀之地，采用樟木鎏金设计，有金碧辉煌的效果。

三 福建省古镇

（一）龙岩市上杭县古田镇

古田镇隶属于龙岩市上杭县，位于上杭县东北部、梅花山南麓，地处新罗、上杭、连城三县（区）结合部，因境内五龙村有一历史上最早开辟的丘田而得名。古田历史悠久，有新石器时代、商、周及春秋时期的遗址，有文字记载的历史始于唐代，唐大历四年（769年）上杭场设立，宋淳化五年（994年）上杭由场升县，所辖范围的东北部即至古田地。古田镇现已成为全国著名的革命传统教育基地、爱国主义教育基地（如图5-19）。

图5-19 古田风光

以古田会议会址（如图 5-20）为依托建立起来的古田会议纪念场所，包括古田会议会址——廖氏宗祠、中共红四军前委机关和政治部旧址——八甲松荫堂、毛泽东同志《星星之火，可以燎原》写作旧址——赖坊协成店、中共闽西一大旧址——蛟洋文昌阁、中共闽西特委机关旧址——苏家坡树槐堂等革命旧址。

图 5-20 古田会议会址

古田会议会址原系廖氏宗祠，又名“万源祠”，位于溪背村，建于清道光年间。占地面积 826 平方米，砖木结构，单层歇山式小四合院平房建筑，有庭院、前后两厅和左右两厢房。会场在后厅，设有主席台和五排代表席桌椅。左厢房第一间是毛泽东在大会期间的办公室，第三间是陈毅办公室，朱德办公室在右厢房。1917 年，古田第一所小学——和声小学在此建立。1929 年 5 月，红四军第二次入闽，将其改名为“曙光小学”。1929 年 12 月 28 日至 29 日，在这里召开了中国共产党红军第四军第九次代表大会（即古田会议）。

中共红四军前委机关暨红四军政治部旧址——松荫堂位于古田镇八甲村，始建于清嘉庆年间，占地面积1235平方米，为土木结构的一进二厅楼房。毛泽东在这里主持召集各纵队、支队、部分大队的党代表和支队以上的书记、组织委员、宣传委员联席会议，并亲自起草了《古田会议决议》，由前委审查后提交大会通过。陈毅在这里起草了《废止枪毙逃兵的决议》。

《星星之火，可以燎原》写作旧址——协成店，位于古田镇赖坊村，建于1922年，占地面积约180平方米，坐西朝东，为两层悬山式砖木建筑，房屋是抬梁穿斗式木构架。面阔三间，依次由大门、下厅、天井、上厅组成，上厅两边有厢房，左厢为毛泽东卧室，二楼为红四军其他领导卧室。古田会议召开后不久，毛泽东针对林彪的悲观情绪，在这里给他写了一封近万字的回信。此文标志着毛泽东农村包围城市、武装夺取政权的中国革命道路理论的形成。这封信最初以《时局的估量与红军行动问题》为题印发给红四军广大干部士兵阅读、学习。中华人民共和国成立后，这封信改题为《星星之火，可以燎原》收录于《毛泽东选集》第一版。

中共闽西第一次代表大会会址——文昌阁（如图5-21）位于蛟洋乡蛟洋村，建于清乾隆年间，占地面积920平方米，为宝塔式砖木结构楼阁，具有闽西地方建筑特色。主阁通高二十一米，外观六层而内实四层，下面两层为方形，三层以上为八角形。1929年7月22日至29日，中共闽西第一次代表大会在这里召开，毛泽东、谭震林、蔡协民等出席并指导会议。

中共闽西特委机关旧址——树槐堂位于古田镇苏家坡村。树槐堂占地面积1100平方米，建筑面积672平方米，坐西朝东，砖木砌成，面阔七间，进深六间，一正两横布局。“一正”指的是正楼，正楼分前、中、后三进厅堂，后厅为两层堂屋，中、后厅左右两侧均设有厢房；“两横”指的是南北两侧的护厝。1929年10月，中共闽西特委从上杭城迁至苏家坡，特委机关就设在树槐堂。

图 5-21 文昌阁

（二）福州市永泰县嵩口镇

闽江下游最大支流——大樟溪从嵩口镇域内流过。嵩口镇历史悠久，新石器时代就有人类的活动踪迹，有寨仔山等八处新石器时代遗址为证。宋代属于和平乡英达里，元至正年间设漈门巡检司，明、清时分属中和乡感应里、英达里和保德里，1927年改为嵩口镇。

历史上，嵩口镇文教兴盛，科举中榜者较多，以月洲张氏最为著名。唐末五代时期，河南人张睦跟随王审知来到福建，王审知建立闽国，张睦与自己的三个儿子同朝为官，王审知去世后，张睦的三个儿子离开朝廷，归隐田园。次子张膺、三子张赓见到月洲平坦开阔、山川秀美，在此定居下来。到宋朝年间，张氏一族愈发显赫。北宋天圣二年（1024年），张睦八世孙张沃高中进士，成为永泰县进士第一人。庆历六年（1046年），张沃的弟弟也中了进士。皇祐五年（1053年），张睦七世孙张肩孟高中进士。之后，他的五个儿子也都中了进士，当时有“丹桂五枝芳”“父子六进士”之誉。除了进士，张肩孟的弟、侄、孙等人还中了举人。总之，当时张家一共十八人中进士或举人，都走上了仕途，这就是后人广为传诵的“父子六人六进士六同朝，祖孙三代十八条官带”的科举传奇。其中比较有名的是南宋词人张元幹。张元幹敏而好学，宣和二年（1120），释褐入仕，任开德府教授，授文林郎。他擅长写诗、词、文，与张孝祥一起被称为南宋初期“词坛双璧”，他的两首《贺新郎》最为著名。后因反对议和、支持抗金而被秦桧等人陷害，《四库全书总目提要》这样评价他的词：“其词慷慨悲凉，数百年后，尚想其抑塞磊落之气。”

嵩口镇有一百多座保存完好的明清古民居，这里的民居多冠以“厝”名，比如垅口厝、下坂厝、端公坂厝、下车碓厝、协和厝、用金厝等。在这里，“厝”指的是房屋、居住地。厝的建筑材料以木头为主，多为一至二层楼，院落有一进、二进或三进，四合院风格，配以牌楼、木雕、石雕、泥塑、彩画等装饰。垅口厝是嵩口镇单体规模最大的古厝，建筑面积 7000 多平方米，当地有“垅口大座厝，乌鸦飞不了”的歌谣，足见其规模之大。垅口厝位于大樟溪边上，建于宋代，厝中有厝，大厅套小厅，大天井套小天井。不过最为精美的还是下坂厝，其在清乾隆年间由陈用坦修建，因此又称“用坦厝”，坐西朝东，中轴线上由前及后依次有前坪、前厅、中天井及厢房、大厅、化胎等。中轴建筑左右两侧原各有两列横屋，左侧横屋已外拓为花园，右二横屋今已不存。有大八扇，每扇夹墙有风火墙相隔。现存建筑通面阔约 106.95 米，通进深约 57.25 米，占地面积约 5220 平方米。厝内木雕精美，据说历经三代人二十四年完成。

在嵩口镇直街，有个古渡口，门楼和廊柱保存完好，石阶边还可泊船。渡口处有四块石碑：明“林带溪植榕碑”、清“重整义渡碑”、清“奉宪永禁溺女碑”和清“奉抚宪碑”。其中，“重整义渡碑”为宣统元年（1909）五月钦加五品衔署理永福县漈门分司王懋功所立，碑中明确划定了渡船的收费标准。比如，“喜轿过渡只准收花彩钱肆枚。肩挑盐担过渡，须验明发票执照，每担准收壹枚，如无发票执照者，即行禀报盐馆呈究。棺柩过渡不准索取花彩钱分文”。

（三）泉州市安溪县湖头镇

名相故里——湖头镇地处安溪县域东北部，是安溪县东北部中心城镇，素有“海内推十大姓，郡志载小泉州”之美誉。湖头镇的兴起与水运贸易密切相关，明正统年间，李森捐银凿通清溪渊港巨石后，船只可从湖头镇直达泉州出海，湖头镇自此繁荣，成为泉州、厦门、漳州、闽南、闽中、闽西主要的商品集散地。明嘉靖《安溪县志》载：“湖头市，在感化里，百货所聚，号‘小泉州’。”清乾隆《安溪县志》载：“（湖头）上达漳、汀，下连兴、泉，商旅所至，舟车所通，诚为辐辏。民之环住其间者，绣错不绝，烟火相接。一带市肆，倍于邑内。土风文物，非别里所得而班也。故《泉志》称‘小泉州’云。”

此地不仅贸易发达，而且文教兴盛，名人贤士辈出，有以清初文渊阁大学士李光地为首的“四世十进士七翰林”、清代书法大师李清藻，以及著名理学家、科学家李光坡等。据统计，仅从明永乐三年（1405 年）起至清光绪三十四年（1908 年）的五百年间，湖头镇科举及第者就有 1114 人，其中武举人 11 人、文举人 78 人、进士 22 人、榜眼 1 人。

湖头镇的历史文化遗迹大多与李光地家族有密切联系，包括李光地府第、问房大厝、李氏家庙、二衙、三衙、四衙、合元大厝、世家大厝等，其中以李光地府第最为著名。这些古建筑均按中轴线对称排列，具有多层次进深、前后左右有机衔接布局的特点，上落、下落、天井、厢房、厅堂、护厝、悬山式曲线燕尾脊、硬山式屋顶或马头式山墙等一应俱全，呈现出明清时期民间宫殿式建筑风格和典型的闽南传统民居特色。

李光地府第由旧衙、新衙和贤良祠三部分构成。旧衙又名“昌和堂”，始建于清康熙初年，位于湖头镇湖三村，坐北向南，五进院落，由门厅、正厅、双护厝等组成。正厅面阔五间、进深三间，为抬梁式木架构，正厅有悬山顶。旧衙保存相对完好，各进挂有康熙题赐、名人匾额及对联。新衙又名“昌祐堂”，始建于清康熙三十七年（1698 年），由满族将军拉哈达建造，后赠送给李光地，位于湖头镇湖二村，坐北向南，总建筑面积为 3120 平方米，原为五进，现存四进，双护厝，东西巷，四周环筑围墙。一进为门厅；二进为接官厅，穿斗式木构，悬山顶，厅堂悬挂明清职官像，大门镌刻“相门知理学，府第传乾坤”一联；三进为正厅，面阔进深各三间，穿斗式减柱造木构件，悬山顶，中梁用材巨大，横跨五间，东巷北端入口处为报庭和接官亭。门庭镌刻“赞元重万国，高志局八区”一联。各进均悬挂康熙、雍正御赐匾额及名人对联。贤良祠位于湖头镇湖四村，原名为“榕树书屋”，清雍正十一年（1733 年），为表彰李光地，改为今名。祠堂宽、深三间，厅堂内外环墙嵌大理石，并有康熙御书《太极图说》《巡子牙河建坝诗》等真迹石刻。祠堂的前面是荷塘，建有临水轩；右面是碑亭，内有镌刻雍正《谕祭文》的石碑；后面是二层的藏书楼。

佛教圣地——泰山岩，全称为“显应普济大祖师岩泰山寺”，位于湖头镇西南隅的南隐山腰，与清水岩、太湖岩并称“安溪三大历史名岩”。泰山岩始建于南宋宣和年间，开山始祖黄惠胜在此山圆寂后，被宋高宗赐封为“显应祖师”，百姓为旌表他的功德而建此寺。关于这段事迹，明嘉靖《安溪县志》有所记载：“在感化里，即翠屏山岩也，道人黄惠胜居此，乡人为堂以祀。隆兴年间，主簿叶延寿题云：‘自昔吾泉出异僧，清溪今又两岩兴。’”其中的“两岩”指的是泰山、清水二岩。泰山岩有三个山门，即空门、无相门和无作门。过了三个山门，便到了中殿。该殿是为纪念显应祖师而建的，故又称“祖师殿”，其南北两侧塑有十八罗汉雕像。后殿建在两米高的台基上，为单檐歇山式，宽 37 米，进深 12 米，内祀观音，故又称“观音殿”。此外，还建有藏经堂、斋堂、放生池、灵塔等。

湖头镇山明水秀，风光旖旎，有“湖头十景”之说，分别为东甲晓霞、阆山雪意、霞浦鱼灯、泰山浮云、白濑溪声、月峰樵径、三台夕照、碧翠闻钟、成云观瀑、西湖夜月，令人流连忘返。

（四）漳州市南靖县梅林镇

梅林镇位于南靖县西部、船场溪上游。提到南靖，大家首先会想到土楼，南靖县域内有土楼 15000 多座，其中两层以上的方、圆土楼有 2000 多座，书洋、梅林两镇是土楼相对集中的地方。梅林拥有方形和圆形土楼共 900 多座，被喻为“土楼王国”（如图 5-22）。

土楼一般为三至四层的二十个房屋以上的中型建筑，中间有一个大天井，一层是厨房，二层是贮藏室，三层及以上才住人。屋内大多为通廊式，即每一层沿内院设一圈公共走廊，楼梯也都采用公

图 5-22 梅林镇土楼

梯。各户的厨房前是天井，有的天井中心建有祖堂，将同心圆似的房屋连接起来。一座大土楼一般能供二三十户人家聚族而居，因此一座土楼就是一个小村落。

梅林镇的和贵楼、怀远楼一同入选《世界遗产名录》。和贵楼又称“山脚楼”，位于梅林镇璞山村，是简次屏公建造的长方形土楼，建于清雍正十年（1732 年），是南靖县最高的土楼。楼高 21.5 米，一共 5 层，每层 28 个房间，共有 140 间，开立一个大门、四个梯道，建筑面积 1726 平方米。楼内还建有“三间一堂式”私塾学堂，供简氏家族读书之用。现在学堂内还悬挂着 “兴学敬教”牌匾。

这座土楼建在沼泽地上，用 200 多根松木打桩、奠基，历经 200 多年仍坚固稳定、保存完好。

怀远楼（如图 5–23）位于梅林镇坎下村东部，建于 1901 年，也是简氏家族所建，是当地建筑工艺最精美、保存最好的双环圆形土楼。“双环圆形”的意思是整个楼是由直径 38 米的外环楼和中央圆形天井组成，呈双环圆形。楼高四层，底层是厨房，二层为粮仓，三至四层为卧室，中央的天井是祖堂和学堂，楼的四角顶端建有瞭望台。整个楼开设一个大门和四个楼梯，大门门洞用石灰粉饰，门上方有红底横额写着“怀远楼”三个黑色大字，门两边的上端是

图 5-23 怀远楼

一副对联——“怀以德敦以仁藉此修齐遵祖训，远而山近而水凭兹灵秀育人文”，下端用篆书饰以“福禄寿全”四个大字。楼内有“四架三间”上下堂五凤楼平房模式的楼中楼，被誉为“山外有山楼内楼”。

除此之外，德庆楼也是土楼的典型代表。德庆楼又叫“溪仔边”，位于梅林镇官洋村 30 号，建于清雍正年间。它综合了方形和圆形土楼的特点，整体布局呈“圈椅”型，由中间的方形主楼、后面弧形土楼以及方形土楼旁边的四座排楼构成。有谚语“有溪仔边的富，没有溪仔边的厝”，意思是即便很有钱也买不到德庆楼这样的房子。

土楼不仅分布在福建，江西和广东也有。土楼有各种形状，如方形（如图 5–24）、五边形、八边形、

图 5-24 方形土楼

菱形、椭圆形、圆形（如图 5-25）等。其建造时间跨度较大，从六百多年前持续到数十年前。南靖县的土楼多建于 13 世纪 50 年代，其中现存最古老的土楼是书洋镇下版寮村的“裕昌楼”，至今已有 600 多年历史。

图 5-25 圆形土楼

四 海南省古镇

（一）三亚市崖城镇（今崖州区）

崖城镇今为崖州区，2015年1月，正式撤销崖城镇，设立崖州区。它位于三亚市西部，地形呈北高南低之势，北部山高岭峻，南部平坦，有着优质的沙质海岸。发源于保亭黎族苗族自治县的宁远河，在崖州区港门村注入南海。

崖城历史悠久，人文璀璨，是古代中国最边远的基层治所。西汉时期伏波将军路博德南征时，在海南岛设立珠崖、儋耳二郡，宋开宝年间由振州改为崖州，熙宁年间改崖州为珠崖郡，政和年间改珠崖郡为吉阳郡，明清两代则一直沿用“崖州”之称。在元、明、清三代，崖州城成为海南岛南部的政治、经济、文化、军事中心。如今，这里是海南省最大的冬季瓜菜生产基地之一，也是琼南最大的瓜菜集散地。

在封建社会，崖州是流放、谪贬官员的地方，先后有40多人被贬到此地，著名的有唐高祖第十九子李灵夔，唐宰相韦执谊，宋宰相卢多逊、赵鼎、丁谓，宋资政殿学士胡铨，元参知政事王仕熙等。这些被贬官员客观上起到了传播中原文化的作用，后来崖州人才辈出，与此不无关系。这些被贬官员主要居住于水南村。水南村因地处宁远河下游之南而得名，如今成了海南著名的古文化村落，是海南四大文化古村之一。历史上许多名人在此居住、逗留过，不仅有贬官，唐代著名高僧鉴真大师也在此居住了一年多，女纺织革新家黄道婆曾来此学艺。

“珠崖风景水南村，山下人家林下门。鹦鹉巢时椰结子，鹧鸪啼处竹生孙。鱼盐家给无墟市，禾黍年登有酒樽。远客杖藜来往熟，却疑身世在桃源。”这首名为《水南村》的诗，是宋朝宰相卢多逊谪居崖州时所写。诗中描述了崖州古城的山色风光和风土人情。宋代以前，崖州古城为板栏土城，南宋庆元四年（1198年），当地军民始建砖城。南宋绍定六年（1233年），军民延长、增高土砖城墙，开东、西、南三个城门，建成完整城墙，此后历朝历代都增修古城。清道光二十一年（1841年），知府许梦麟最后一次组织修葺，崖州古城基本定型。古城城墙周长约2375米，高约8米，厚约3米，四个城门上均建有谯楼，城内总面积约128万平方米。城南有护城河横贯而过，东、西、北三面有护城壕沟环绕。全城按“三通、四漏、七转、八角”规划建设，开东门“阳春门”、西门“镇海门”、南门“文明门”三门通道，路基开四个排水涵洞，马路有七个转弯，形成八个马路转弯角。民国后城池逐渐被拆，现存有重修一新的南门“文明门”和西面距“文明门”800米处的敌楼城墙，以及部分城墙墙基遗迹和护城河、护城沟等残迹。

崖城学宫为北宋以后历代崖州官学之所，亦称“孔庙”“文庙”，在崖州区城内中街，是中国最南端的古代学宫，也是目前海南省保存下来的级别最高、规模最大的古代官学（州学）。学宫始建于北宋时期，当时位置在城外东南，南宋时期移建于城西南，后屡经迁徙，至清道光三年（1823年）勘定今址，同治、光绪年间重修。学宫坐北朝南，呈长方形，中轴线上建筑由南至北依次为正门、棂星门（如图5–26）、泮池、前东西两庑、大成门（戟门）（如图5–27）、后东西两庑、露台、大成殿（如图5–28）、崇圣祠、藏书祭器库等。近代以来经历战乱兵火毁损，1988年修复了大成殿、露台、东西两庑、大成门。大成殿面阔五间，进深两间，正门额匾塑有“崖州孔庙”四个大字，内有孔子全身坐像，横匾书“万世师表”。东房展出孔子生平，西房陈列本地出土文物。

盛德堂，又名“裴晋公宗祠”，位于水南二村，原是宋昌化军

图 5-27 崖城学宫大成门

图 5-28 崖城学宫大成殿

图 5-26 崖城学官棂星门

守裴闻义故居，后来这里住过两位因主战、反对求和而被贬的南宋大臣。一位是宰相赵鼎，他因反对秦桧割地求和而被贬崖州，当时他的门生故吏因忌惮秦桧的势力而不敢和他往来，而从未谋面的裴闻义却将其安置在自己的家中，赵鼎将此宅命名为“裴氏宅”。后来赵鼎绝食而死，在赵鼎死后第二年，另一位抗金名将胡铨也被贬于此，裴闻义又将其安置在家中，住在赵鼎的房间，后来胡铨被赦北归时，题“盛德堂”三字。后来，盛德堂成为尊崇先贤、弘扬盛德的象征。从建筑角度来说，该宅屡经毁建，目前仅遗存主殿的次间与“文革”时期翻修的北耳房，以及几块地基。这是我国为数不多的砖木建筑遗址。

同善堂，清光绪二十八年（1902 年）建，内有御书亭，亭内镌有慈禧太后手书“寿”字。同善堂还配建鉴心亭、回春斋、益寿斋、康王庙等建筑。现仅存御书亭，其他建筑已经废弃。

崖城镇的古代建筑群是海南省数量较多、规模较大、保存较完整的历史遗产。除了前述的几处古代建筑，还有新石器时代遗址群、伊斯兰古墓群遗址、大疍港遗址、伏波祠遗址、五贤祠遗址、摩崖石刻等。知名度较高的风景名胜区有南山寺、大小洞天风景区等。

（二）儋州市中和镇

中和镇位于儋州市西北部、北门江畔。中和的开发从汉朝开始。汉朝建墟，称“高坡”。唐朝将州治所迁到此地，宋、元、清因袭之，中和镇一直是州治、县治的所在地。作为古儋州州城，

它拥有儋州故城、东坡书院、桄榔庵遗址、古城墙、宁济庙、州衙门遗址等 30 多处名胜古迹。

儋州故城位于中和镇西部，始建于唐武德五年（622 年），明洪武六年（1373 年）大规模增建，是海南省目前保存年代较早、沿用时间较长、面积最大的一座古城。城池呈不规则方形，城墙全长 1573 米，宽 6 米，高 8.3 米，至今仍保存完好。城墙上开有四个城门，东为德化门，西为镇海门，南为柔远门，北为武定门。现仅存镇海、武定两门，呈拱形，为前后双层门结构，外部为砖石混筑，青砖上雕刻卷草纹路。武定门额上横书“武定门”，有石门墩、挡门石等遗物。城门之外又筑有月城和护城河，护城河长 1590 米，宽 16.7 米，深 2.7 米。城内现存魁星塔、宁济庙、关岳庙、西门古道、太婆井、分司井等遗址。

东坡书院位于中和镇东郊，是全国重点历史文物保护单位，也是海南省重要的人文历史古迹（如图 5–29）。东坡书院始建于宋绍圣四年（1097 年），是苏轼谪居海南时的讲学场所，占地面积 2.5 万平方米。苏轼将之命名为“载酒堂”，清朝扩建后更名为“东坡书院”。苏轼在《自题金山画像》中写道：“问汝平生功业，黄州惠州儋州。”他在谪居中和镇期间，对当地文化起到了深远的影响，至今这里尚存东坡遗风。每年在中和镇都会举行“苏东坡诗词大会”，大家以诗会友，既缅怀苏东坡，也传承中国古典文化。会上还有调声、楹联等相关当地特色文化活动，可见文化氛围浓厚。

苏东坡在中和镇谪居三年，为当地百姓做了不少好事，东坡井就是一例。据说当时的儋州百姓饮用的是沟渠里的水，人畜经常生病，苏东坡便选址带头凿井，后人为了纪念，将此井命名为“东坡井”。据《儋县志》记载，东坡寓居桄榔庵时，曾“夜与诸生王霄携壶汲水于此”。

图 5-29 东坡书院

（三）文昌市铺前镇

铺前镇位于文昌市最北部，也是海南岛的最北部，地处琼州海峡出海口，三面环海，海岸线长 38 千米，素有海南“岛中之岛”的美誉。铺前镇历史悠久，是海南四大古镇之一，明嘉靖三十三年（1554 年），在新埠铺门建立了铺前镇，最初是土城，后来改为石城。

明万历三十三年（1605 年）大地震后迁到现在的位置。因居民多从福建莆田迁居而来，故取名“铺田”，后改成今名。

当地有一句顺口溜：“东走西走，不离铺前与海口。”足见铺前镇的繁华。它拥有铺前港、新埠港、歌村湾、林梧港和木兰湾五个天然港湾。铺前港是一个历史悠久的自然渔商港，明万历年间就已开发利用。据《正德琼台志》记载，明朝在此设立水军重寨，以保卫海疆。清康熙五十六年（1717 年）建炮台。19 世纪末至 20 世纪 30 年代是铺前港的鼎盛时期，许多商船由此可直航东南亚各国，使其成为名噪一时的商贸港口。

图 5-30 铺前镇骑楼

与港口连接的是海南第二大百年骑楼老街——胜利街，它印证了当时铺前镇的繁荣与兴盛（如图 5-30）。该街始建于1895 年，1903 年重新规划，形成了东西和南北走向的十字街，两边是南洋建筑风格的骑楼店铺，有一百三十间，铺面一般是两层，宽七到十米，进深十五米左右，连排布局。阳台、花栏、柱梁各具特色，建筑立面、柱体、墙面图案无一雷同，堪称中西合璧建筑艺术之典范。

林家大院是铺前镇的民居代表，位于美兰村，是清末旅居越南的华侨林鸿运所建。《文昌市文物志》上记载：“林家大院是文昌市保存相对完好的清朝大型建筑之一。”林家大院坐东南朝西北，以三合院为单元模式，沿纵向续建，形成多进式院落，院墙和山墙围合成一个外封闭内敞开的空间。为防止台风侵袭，屋面采取硬山式。屋檐、梁枋间都饰有精美的壁画，以及古代名人的诗词、书画作品和梅兰竹菊、花鸟等图案。从建筑风格来讲，林家大院融入了南洋的建筑风格。比如，将原来木质结构两坡屋顶出挑形成的剪廊，变成以钢筋混凝土结构为主要支撑体系的外廊；使用由南洋运回的水泥、钢筋做成拱券、西洋线脚、局部平顶等装饰；主屋地面铺设的地砖也是从南洋运回的，地砖为六角形彩纹砖，六角形似龟甲形，寓意长寿。

铺前镇有一个清末海南著名书院——溪北书院。书院建于清光绪十九年（1893 年），由清末著名书法家潘存发起而建。由大门、讲堂、经正楼、经堂和斋舍构成，为砖瓦结

构的四合院形制，门匾“溪北书院”是书法家杨守敬所题。

铺前镇有一明代的古塔——七星斗柄塔。此塔位于镇北的七星岭主峰上，建于明天启五年（1625 年）。八角形的七层塔，高 20 米，内有螺旋式阶梯 104 级。虽历经风雨，但几百年不倒。

铺前镇的木兰湾是看海的绝佳之地，那里有一座高耸入云的灯塔，高 74.2 米，被称为“亚洲第一灯塔”，为出海捕鱼的渔民指引回家的方向。

（四）定安县定城镇

定城镇位于定安县北部，属热带海洋性季风气候，气候温和，阳光充足，雨量充沛。元至元二十九年（1292 年），首置定安县，元文宗年间升定安县为南建州，州治设在今天的定城镇南门外的杨墩坡村南边。明洪武二年（1369 年），废南建州，复设定安县，次年县治迁到定阳。明正德年间称“县前市”，明崇祯六年（1633 年）改称“定城”。作为历史文化名镇，定城镇有定城古城、见龙塔、县官衙、文庙、明照阁、王映斗故居等历史遗迹。

据《定安县志》记载，定城古城筹建于明成化二年（1466 年），成化八年（1472 年）开工，由定安知县罗昌主持兴建，历时六年建成，至今有五百多年的历史。城墙皆以玄武岩大青条石叠砌，周长约 1977 米，高约 4.7 米，厚约 5.3 米，垛堞 1192 个。城墙上开设东、西、南、北城门，均建有城楼。目前城门仅存西门、北门，城墙仅存西北、西南二段，约长 1000 米。城内街巷交错，呈“广”字形，主要街道有东门街、西门街、北门街、中南门街四条，全长约 1000 米，宽约 2.5 米，均以青石砖铺设路面，平坦宽阔，古朴典雅。其中，西门街是古定安县衙所在地，是最繁华的一条街道，古时的集市贸易就集中在这里。从建筑风格来看，这里的民居分为两种，一种是悬山式顶的明清风格砖瓦房，留有走廊供行人通行；另一种是民国时期南洋风格的骑楼，楼高以二层居多，主要集中在西门街。

王映斗故居是定城镇民居的代表性建筑。王映斗，清道光二十四年（1844 年）进士，历任侍读学士、大理寺卿、奉天府丞兼提督五省学政。王映斗故居坐西向东，始建于清同治年间，由 12 个院落、72 间房构成。大门石砌而成，有九级台阶，进入大门穿过巷道，是四幢正屋，中间是客厅，两侧是厢房，正屋之后是后枕屋三幢，每幢三间。前后院子之间有廊檐相连，起到遮风避雨的作用。

见龙塔，俗称“仙沟塔”，位于县城东南郊的龙滚坡上，始建于清乾隆十六年（1751 年），是海南省现存的重要古塔。塔高 27 米，共七层，用砖石砌成。墙厚 2.7 米，纹印着“日”“月”“星”“辰”“天”“地”“玄”“黄”等字。每层开东西南北四个门，共有 28 个门。塔呈八角形，按照八卦方位分为八面。塔名取自《易经》“见龙在田，利见大人”，意在祈求人才。

定城镇是琼剧之乡。琼剧，又称“琼州剧”“海南戏”，是海南省海口市、定安县等地方的传统戏剧，也是国家级非物质文化遗产之一。“行经水流处，便闻琼剧声”“无定安不成戏班”说的就是定安、定城坚实的琼剧传统与浓厚的琼剧氛围。这里家家户户听戏、懂戏、唱戏，居民们几乎都能哼几句调子。2019 年，定城镇凭借琼剧入选 2018—2020 年度“中国民间文化艺术之乡”。

第六章
壮美西南古镇多
——云贵川渝地区古镇

一 云南省古镇

（一）临沧市凤庆县鲁史镇

鲁史镇（如图 6–1）位于凤庆县东北部，地处澜沧江与黑惠江中间，素有“夹江”之称，是凤庆江北地区的文化中心、交通枢纽，居住着汉族、彝族、苗族、白族等各族人民。明万历年间设阿鲁巡检司，辟街场。清朝年间设阿鲁巡警司。彝语中“阿鲁”意为“小城镇”，后称“阿鲁司”，再后来便转音为“鲁史”了。

鲁史镇在历史上是凤庆通往蒙化（今巍山县）、下关、昆明乃至中原的重要交通枢纽和驿站，被称为“滇西茶马古道第一镇”。据史料记载，早在明朝，这里就有较为繁华的集市。据《顺宁志》记载：“明时为司汛，因地处江外各乡村之中心，又当省、县来往孔道，遂辟为街场，逢寅申日赶街。”有人曾用诗句“半见山村半

图 6-1 鲁史镇

见市，可为农家可为商”描写当时的鲁史集市。徐霞客曾投宿鲁史，他在游记中写道：“三里，蹑冈头，有百家倚冈而居，是为阿禄司……是夜为中秋，余先从顺宁买胡饼一圆，怀之为看月具，而月为云掩，竟卧。”

鲁史古镇东西长 800 米，南北宽 538 米，总面积约为 43 万平方米。以四方街为中心点，呈圆形分布，形成了“三街七巷一广场”的空间格局。民居主要以北方风格的四合院和江浙风格的三合院为主，并突出南诏的建筑风格。房屋大多坐南朝北，院落基本上为一正两厢一照壁的格局。四合院有花园，三合院有花台，并绘有壁画、诗句、对联（如图 6-2）。

图 6-2 鲁史镇民居

青龙桥，据《旧志》载："乾隆二十六年，顺宁知府刘靖督率士民创铁索桥，长三十六丈，宽一丈二尺，系铁索十四股，上二股，下十二股，上铺木板，左右栏杆，两岸桥头有大门、楼阁。"在顺宁知府刘靖的带领下，当地士民在镇南金马明子山脚下的澜沧江上修建了青龙桥，这是清代顺宁最宏伟的建筑，也是澜沧江三大古桥中唯一至今仍保存完好的铁索桥。青龙桥建成后，这里交通条件改善，商旅与日俱增，成为重要的住宿驿站和丝绸驿道。

鲁史镇不仅是"滇西茶马古道第一镇"，还是大叶茶的故乡。明清以来，鲁史人以茶叶为生。骆英才是鲁史第一个种茶的人，他是四川人，跟随父亲来到鲁史，只住了一夜，便被鲁史适宜种茶的环境所吸引，先后开挖种植茶园 400 多亩，并开办了第一个集种植、加工、销售为一体的"俊昌号"茶叶庄园，从事茶叶的精制和贸易。他研制的"明前春尖"和"雨露谷花"曾是民国时期云南茶叶的极品。段逸甫茶园的"凤山春尖"也是民国时期云南茶叶的极品之一。如今，在金鸡村尚遗留百珠连片的古茶树野生群落。

（二）姚安县光禄镇

光禄镇位于姚安县北部，海拔 1800 多米，域内居住着汉族、彝族、回族、白族等民族。其所处位置十分险要，是入滇出川的咽喉要道，历来为兵家必争之地，历代王朝均在此设路、府、州、县。光禄古镇世称"七朝古衙"，经历了汉、唐、宋、元、明、清、民国。汉武帝元封二年（前 109 年），始置弄栋县，县城就坐落在今天的光禄镇旧城村高陀山。唐代设姚州督都府，宋朝时是大理国的八大名府之一，元朝升为姚安路军民总管府。清朝以后的管辖区逐渐缩小成州县，并入楚雄府（今属云南省楚雄市）。这座有着三千多年历史的古镇，见证了南方丝绸之路的开辟和兴盛，参与了诸多重大的历史事件，有着重要的地理、军事、交通意义。

光禄镇，顾名思义，与官品、爵位有关，由此可见，光禄古镇有着非同一般的人文色彩。据载，宋代大理国相国高泰祥还国于段氏，被封为晋秩银青光禄大夫，其后裔讨平沙定洲、吾必奎之乱有功，又辅佐南明永历帝，于是就任光禄少卿。光禄大夫在唐、宋时为从二品官员，元、明时又升为从一品，清顺治后从一品都称“光禄大夫”，为文职中的最高官阶。因此，后人将高氏“光禄”之官职称谓与地名相通，历代相传，“光禄”遂成地名。

古镇的入口是个石牌坊，镌刻着“光禄”两字。古镇布局独特，呈“坤”字形，龙华寺、文昌宫、军民总管府及东关城门形成一条建筑主轴线，贯穿“坤”字形的民居街道，东南西北四关连接四方，形成了“回”字形建筑布局。古镇民居一般是砖木结构或土木结构的两层楼房，两进或三进，下店上宅或前店后宅，也有一些四合五天井、走马转角楼等大户民居。

介绍光禄，不能不提高氏家族。唐代中叶，南诏授高义和为弄栋演习，后传于高和亮，食邑姚安。自此，姚安便成高氏封地，世居光禄，为历代高氏姚安军民总管府土司衙门。高氏土衙建筑群包括高氏土衙、姚安路军民总管府旧址和高氏宗祠等。高氏土衙为彝族袭职土司高氏家族的土衙门，始建于唐代，后屡修补，有三十余间房屋。高氏土衙的南面，是姚安路军民总管府。姚安路军民总管府为三重堂古代宫殿式结构，坐西朝东，前殿后寝。沿着中轴线，依次是仪门，为迎送宾客之地；一堂，处理政务之地，两厢为吏、户、礼、兵、刑、工六房；二堂，为处理军务之地，两厢为会文馆、会武馆；三堂，为最高长官生活起居及平时阅审文案、读书之地。高氏宗祠建于1936年，是供奉高氏祖先牌位的祠堂，也是姚安境内保存完好的中西合璧建筑物，主人高奣映是著名的思想家和文学家，一生著书八十余部。

龙华寺，又名“卧佛庵”“活佛寺”，是云南省最古老的名刹之一，始建于唐天祐年间，明代扩建，清康熙五十七年（1718年）

和光绪二十年（1894年）两次毁于大火后重建。龙华寺为古代宫殿式建筑群，山门为牌楼式建筑，门两侧有楹联“佛生极乐世，山辟大唐年”，横额为“龙华古刹”，两侧佛龛内有哼哈二将泥塑。入内为一长方形小院，穿过小院到达二院，二院两侧为三重檐的钟鼓楼。穿过二院，进入过厅，可以看到一座佛龛，龛内是菩提女立像，传说是大理国相国高泰祥的女儿。佛龛两侧有楹联“灭国痛流离视元段兴亡帝业侯封成泡影，出家全孝义参法王得度名山佛子铸金身”。后轩北院内有一龙头水池雕塑，只见龙头，不见龙尾，相传龙尾在大理的洱海内。据说，姚安是晴天，大理便是晴天；姚安下雨，大理也是雨天。

每年的农历二月初八，龙华寺都会举行龙华会，这是姚安历史最悠久的传统节日，始于元朝初期，明、清时代已有相当规模。该节日与大理国相国高泰祥的女儿“菩提女”有关。《姚安县志》载：“菩提树在光禄镇，世传高泰祥死后，一女流亡民间，不知兄弟所在，手植此林，以卜存亡。九植皆茁，后兄弟成聚。”后来，“菩提女”的长兄高长寿，出任姚安府土官，为追念其妹，在卧佛庵内塑像，并改建了佛庵，称“活佛寺”。来活佛寺进香的人们纷纷向“菩提女”塑像顶礼膜拜，并将原来二月初八朝拜土主的活动改为“龙华会”。每年到了这天，姚安坝子以及周围的群众都会会集到龙华寺，盛况空前。清代有人这样描写当时的景象：“岁岁早春天，寻春到佛前。二月初八日，游人万万千。喜连连，相约飞凤山头见。”

（三）禄丰市黑井镇

黑井镇位于禄丰市西北的龙川江畔，是一个依山伴江、久封于龙川江河谷的小镇。“黑井”名字的由来与井盐、黑牛有关。黑井出产盐，有“盐泉”之称，西汉盐铁专营之后，在此设立盐官，元、明、清三代均在此设专管盐务的提举司。据《康熙黑盐井志》记载：“有土人李阿召牧牛山涧，一牛倍肥，后失牛，因迹之，

牛舔地出盐。”为纪念这头黑牛的功绩，遂称此地为“黑牛盐井”，后称“黑井”（如图 6-3）。

金庸小说《天龙八部》中描写了很多云南风物，其中就写道：“保定帝下旨免了盐税，大理国万民感恩。云南产盐不多，通国只白井、黑井、云龙等九井产盐……”这里提到的“黑井”，就是当年大理国仅有的九处盐井之一。黑井盐业在明清时期尤为兴盛，其盐税达到当时云南盐税的百分之六十之多，使得黑井镇一度成为滇中繁华的经济重镇、西南丝绸之路上著名的盐都。这里至今仍保留着较为完整的民居、寺庙、牌坊、盐井、桥梁等建筑景观。

黑井镇的民居建筑多建于明清时期和民国初年，主要表现为“合院”和“店宅”两种形式。“合院”式民居建筑多为撑拱结构，天井与庭院相连，并配以寓意美好吉祥的装饰。其中最为典型的是武家大院，它是古镇内保存完整、规模较大的民居建筑，是当年镇上大盐商武氏家族的宅第，始建于清道光年间，咸丰年间扩建竣工。大院是“王”字形的硬山顶建筑，依山而建，房屋依地势修筑为三层，分上下两个四合院、四个天井，共九十九间房子、一百零八扇

图 6-3 黑井镇

门。一层院内设一前庭院，前庭院空间开阔，内有水池、曲桥、六角古亭、花坛、休息石桌凳等设施。“店宅”式民居建筑大多分布在以商业为主的街道两旁，是一种商住混合的民居建筑，沿街店宅一般为前店后宅或下店上宅的形式，一般有二层，上下层之间以木板拼封。上层沿街面多为四扇可开合的实窗板，底层沿街面一侧为木板门，另一侧设有宽而大的台铺，用于摆放商品，吸引顾客（如图 6–4）。

图 6–4 黑井镇民居

黑井古镇不仅有明清时期的民居建筑，还有元末至清初时期的寺庙建筑，比如大龙祠、文庙、飞来寺、诸天寺、真觉寺等。大龙祠古称“肇井神祠”，建于明初，由山门、戏台、两厢、大殿组成，是黑井龙王会、龙灯会等活动的举办场所。传统的龙王庙是用来镇压水患的，大龙祠则供奉盐水龙王，以此表达人们对卤水源源不断、年年富足的希望，体现了中原文化与地方文化的融合。文庙建于明朝，建筑结构仿照曲阜孔庙模式，坐北朝南，顺地势而上，沿中轴线分别是大成殿、东西庑、大成门、名宦祠、乡贤祠、泮池、棂星门。大成殿面阔五间，进深四间，为木结构单檐歇山顶，檐下由六层象鼻、凤头斗拱装饰。东西石壁的须弥座上刻有精美浮雕六幅，其中东侧有“九狮戏珠图”。

图 6-5 节孝总坊

节孝总坊（如图 6-5）位于一街北面街口、五马桥头，是慈禧太后下旨建的，建于清光绪二十七年（1901 年）。节孝总坊不是为一个女子而立的，而是为几十个女子而立的。全坊为石质衔接结构，高 6 米，宽 7.4 米，有左、中、右三个门及四个柱子，三个门之上镶有大理石，左、中、右依次写着“霜筠”“节孝总坊”“雪操”。三个门的横梁以浮雕装饰，中间的浮雕是四龙抢宝，左边的是四个鳌鱼稳托榫头，右边的是四条鲤鱼紧护卯眼。横梁之上立有 12 个石阙，石阙正中有五龙捧圣牌位，写着“圣旨旌表”。石阙由三层的龙头、象鼻斗拱组成，共 68 个龙头、54 个象鼻。坊基为须弥座，上有两对石狮、四个石鼓。该坊最为独特之处，是其上端两边有飞檐般的石刻凤凰压在龙的上面，体现了晚清朝廷“垂帘听政”的

图 6-5 黑井镇民居

特征。

黑井镇有我国历史上第一个泥石流防护工程——庆安堤，它位于龙沟河和龙川江的交汇口，是一座由红砂石建成的大坝，始建于明末，于清道光年间完工。南堤长 362.5 米，高 10 米，宽 6~7.4 米；北堤长 98.4 米，高 5 米，宽 4 米。有专家认为，庆安堤是仅次于都江堰的古代水利工程，如今仍发挥着作用。

（四）洱源县凤羽镇

凤羽镇隶属大理白族自治州洱源县，发源于清源洞的凤羽河穿坝子而过，山清水秀（如图 6–6）。域内有白、汉、回、傣、彝等 10 个民族，其中白族人口占 98.1%。这里历史文化底蕴深厚，有“文墨之乡”“耕读之乡”“白族之乡”“砚台之乡”等称号。凤羽地区早在西汉以前就有人居住，凤羽置县始于唐代南诏国时期，宋代大理国时设凤羽郡，元代置凤羽县。明代废凤羽县改设土巡检司，首任土司为尹胜，他在明军平定云南中立了战功，被任命为“将佐仕郎浪穹县凤羽土巡检”，传了十九世。1913 年，凤羽归属洱源县。中华人民共和国成立后，凤羽一直是洱源县的一个乡（公社、区），2000 年撤乡建镇，建制为凤羽镇。

凤羽的名字与鸟、凤凰有关。有三种传说：一是因凤凰飞过上空后遗留下一片羽毛而得名；二是因有“凤殁于此，百鸟集吊，羽

图 6–6 洱源风光

化而成”的鸟吊山而得名；三是因凤羽西面的罗坪山“岗条数十支东下，如凤之羽，故名凤羽”。徐霞客驻足凤羽后曾赞叹：“曲峡通幽入，灵皋夹水居，古之朱陈村、桃花源，寥落已尽，而犹留此一奥，亦大奇事也。”

凤羽有著名的八景：清源洞、鸟吊山、二叠飞泉、天镜池、道人石、帝释山古建筑群、鹤林海眼、十分水。清源洞位于凤羽镇南部 12 千米左右，内有迷宫、蝙蝠洞、钟乳石等，水流到洞外变成湖，徐霞客曾对清源洞做过详细记载。鸟吊山与百鸟朝凤有关，凤翔峰是候鸟南来北往迁徙路线上途经的一个地点，每年中秋节前后一个月的时间里，都会有大批候鸟沿横断山脉由北往南经此飞过。当候鸟途经这里遇上云雾天气，在罗坪山上燃起篝火，就可以看见成群结队的鸟儿向火光飞去，形成无数鸟儿飞越罗坪山的奇观。百鸟朝凤的动人传说也因此而来。鸟吊山的迁徙鸟类已知有 130 余种，属十二个目、二十四科。

凤羽曾一度是凤羽郡、县府地，又是“茶马古道”上古盐道的重要驿站，有大量的文物遗迹。有元代的火葬墓群、帝释山寺观群、镇蝗塔等重点文物保护单位，有镇水塔、留佛双塔、诸宝塔、镇凤塔等六座古塔，有始建于唐、明、清代的文庙、武庙、鹤林寺、灵鹫寺、三教宫、积庆寺、本主庙、玉皇阁、魁阁等 11 座古寺庙，有“奉旨旌表”“进士”“岁贡进士”等多处牌匾。

除此之外，古镇还拥有六百多座在全国都极为少有的白族民居建筑，“三坊一照壁”“四合五天井”“走马转角楼”等白族传统建筑形式都能够在凤羽领略到。“三坊一照壁”指的是由三合院和一个照壁组成的院落，“坊”是一栋三开间二层的房子。“四合五天井”指的是四合院共有大小五个天井。“走马转角楼”指的是二合、三合或是四合的院落，省去漏角，把房屋交汇在一起，而且常修有连通各楼的走廊。走廊四周连通，甚至骑马都可以通过，故称“走马转角楼”。关于此，唐朝诗人温庭筠有《走马楼三更曲》诗云："春姿暖气昏神沼，李树拳枝紫芽小。玉皇夜入未央宫，长火千条照栖鸟。马过平桥通画堂，虎幡龙戟风飘扬。帘间清唱报寒点，丙舍无人遗烬香。"

凤羽的砚台驰名中外，自元末明初开始生产。制造砚台的石料产自鸟吊山北麓，北麓背阴，砚料质地柔软、细腻、水分饱和度高，写出来的字有自然的光泽，历久不变。人们常在每年的三、四月间进山采石，制作砚台大致有选料、敲毛料、切割、打磨、粗雕、精雕、精细打磨、清洗、上油、包装等 12 道左右的工序，方寸间见功夫。凤羽砚石料纹理清晰，质地细腻，精工雕刻，造型优美别致，主要有九龙砚、二龙抢宝、龙凤呈祥、鲤鱼跳龙门、蝙蝠献寿、李白醉酒、东坡望月等式样。

（五）腾冲市和顺镇

和顺镇位于腾冲市的西南部，中印公路穿越其间，地处西南丝绸之路的要冲带上，距离缅甸只有 70 千米，被称为"面向南亚的第一镇""极边第一镇"。由龙潭、酸水沟、陷河汇合而成的三合河环村而过。风光旖旎，自然景观优美独特。辛亥元老李根源先生曾赋诗称赞："烈遗浪叠起鳌峰，和顺人家图画中。花亭楼头问徒倚，岭梅临水笑春风。"（如图 6-7）

图 6-7 和顺风光

新石器时代，和顺盆地已有先民的生活轨迹。和顺，古称“河上邑”“阳温登”“河上屯”，后因河绕村而过，改名为“河顺”，清初取谐音“和顺”，有和睦顺畅之意。当时坊间流传：“河顺乡，乡顺河，河往乡前过。”

和顺的开发与明朝的军户密切相关。和顺最古老的原住民族是佤族，清乾隆年间撰修的《张氏宗谱·小引》中有：“移于和顺乡李蒲蛮之地。”“李蒲蛮之地”就指当时和顺马头山一带的佤族村寨。明初平定云南，《明史·太祖本纪》记载：“蓝玉、沐英克大理，分兵徇鹤庆、丽江、金齿，俱下。”蓝玉、沐英等平定了云南后，他们的部下有的以军职留守云南，称为“军户”，其中留守腾冲的是原籍四川巴县（今重庆市巴南区）的寸、刘、李、尹、贾这五家，后来湖南籍、江苏籍的军人也留在腾冲。而随着时间的推移，佤族逐渐迁移到了其他地方。到了清代，这些军户摆脱了身份的束缚，大多出国谋生了。

和顺地处中缅边境，是西南地区最大的侨乡，又是多民族聚居之地，因此文化呈现出多元性。中原文化与异质文化在这里结合，形成了独具特色的以中原文化为主体，民族文化、侨乡文化、商贸文化、马帮文化、翡翠文化、抗战文化、丝路文化、南亚文化、东南亚文化和欧洲文化和谐共存的和顺文化。这种文化体现在生活的方方面面，比如，有皮影戏、神马艺术、古法造纸、洞经古乐、狮子花灯、小背龙、木雕等多元化民间艺术，也有春节、清明节、端午节、中秋节、中元节、泼水节等各民族的节日。

和顺的建筑也体现出文化的多元性。和顺民居主要为“四合五天井”“三房一照壁”的建筑形式，由正房、厢房、院落、照壁、大门等部分构成，正房为木结构的“三间五架”式形制，中间为堂屋，内设香案，香案上从左到右依次供奉着灶君、天地君亲师位、祖宗的牌位。正房要高于两厢房，左厢房要略高于右厢房，照壁要低于厢房（如图 6-8）。这体现了传统汉文化中的宗法家族伦理观

图 6-8　和顺民居小巷

念，寄托着对已逝先民的追思和对后世子孙繁荣昌盛的祈祷。另一方面，和顺民居还融入了东南亚、南亚、欧洲及当地少数民族的建筑文化元素。保存完整的“八大宗祠”（寸氏宗祠、尹氏宗祠、刘氏宗祠、张氏宗祠、贾氏宗祠、李氏宗祠、杨氏宗祠、钏氏宗祠）的建筑风格以汉族、白族风格为主，同时含有南亚的元素。正殿建在高台基上，三开间，中间设供台，台上设暖阁，殿内均供奉着各族开基始祖及九代先祖的牌位。寸氏宗祠的大门采用了南亚的建筑形制。所以有人说，在和顺既可以看到徽州古镇的粉墙黛瓦，还可以欣赏到江南古镇的小桥流水，又有南亚、东南亚、欧洲和当地少数民族建筑风格的倩影，和顺古建筑以中原汉文化建筑风格为魂，兼收并蓄了其他建筑文化特点，将汉文化的博大包容渗透其中，并将中国“天人合一”的传统哲学思想体现得淋漓尽致。

弯楼子系近代腾冲著名商号“永茂和”主人李必成兄弟建于家乡和顺的住宅，因楼房沿巷道的曲线修砌，所以被当地人形象地称为“弯楼子”。建筑为三个“三坊一照壁”庭院组合成的建筑群，占地面积 1176.4 平方米，为和顺较典型的民国初期民宅建筑，现被辟为“民居博物馆”。

和顺图书馆位于双虹桥畔，是和顺旅缅的华侨出资修建的。整座图书馆坐东朝西，由大门、中门、花园和馆舍主楼等组成，大门和中门分别为牌楼式和西式拱形门，馆舍主楼由东高西低的两院楼构成，内部门窗均采用西式拱形窗，突显了中西结合的风格（如图 6–9）。

滇缅抗战博物馆是我国第一个民间出

资建设、民间收藏、以抗战为主题的博物馆。馆址就是当年远征军反攻腾冲指挥部的旧址。博物馆分五个部分：山河破碎、悲壮远征、沦陷岁月、剑扫烽烟、日月重光。大量老照片、纪录片、史实资料、油画、连环画等和其他馆藏文物一起，真实再现了那段历史。

在三合河边矗立着六座只有在和顺才有的建筑——洗衣亭。洗衣亭建于清道光年间，亭子建于水中，以条石铺底分隔水面空间，均为简单的单檐歇山顶。它们是和顺“走夷方”的男人们为了让留守家中的妇女在洗衣服时不被风吹日晒而建的亭子，可以洗衣、纳凉，也可以遥望远方、寄托相思。

图 6-9 和顺图书馆

二 贵州省古镇

（一）贵阳市花溪区青岩镇

青岩镇位于花溪区南郊，地处云贵高原，丘陵起伏，有河流穿过域内，是典型的喀斯特地貌，属亚热带高原季风气候，四季分明，气候温和，降雨量大，水资源丰富（如图 6–10）。《贵州图经新志》载：“青崖在治城南五十里，贵州前卫屯田其下。”青岩原名“青

崖”，贵州话里“崖”与“岩”读音相同，后来就改写成“青岩”了。青岩镇的历史比贵州建省还要早二十多年，它是从屯堡发展起来的，明初设立屯堡，隆庆年间设青岩土司，天启年间布依族土司班麟贵建青岩土城，设有四门，康熙年间青岩降格，并入贵筑县（今花溪区、乌当区）。清咸丰四年（1854 年）团练赵国封改筑石城，城墙上有 3 米多宽的跑道，设有垛口，城门上都建城楼。民国三年（1914 年）青岩设镇，1953 年建立青岩镇人民政府。

小镇依山傍水，属于高原型古镇，坐落在高台地上，视野开阔，向阳避风，是贵阳南下的咽喉要地，其所处的位置是当时运粮的必经之路，有非常重要的军事地位。徐霞客曾说青岩镇乃“南鄙要害”之地。

图 6-10 青岩镇远景

青岩古镇的布局充分考虑了军事防御功能。古镇四周布置了城墙，平面布局也遵循风水学“负阴抱阳”的原则。整个古镇由青岩文化广场和街巷构成。中心的公共场所为社会中心，围绕这个公共场所建造了一些大家氏族的居所。再以这些居所为核心布置其他小单元，从而形成建筑聚落。古城墙是当时城防系统中必不可少的防御建筑，城墙盘山而建，在东西南北四个方向修筑城门，城门上都建有敌楼。南城门为拱形门洞，城门上有与城墙相连的跑马道，城墙上设有女儿墙、垛口、炮台。南门敌楼屋顶形制为重檐歇山顶，屋面为青灰色筒瓦，有泥塑脊饰、翼角兽头。北城门与南城门一样，与城墙相连，同为拱形门洞，但面宽较南城门宽。北门敌楼也为重檐歇山顶，但翼角兽头体量更大，更精美生动。

古镇的寺庙阁楼众多，有九寺、八庙、五阁、三洞、二祠、一宫、一府、一院等，共三十七处。“九寺”指的是龙泉寺、慈云寺、观音寺、朝阳寺、寿佛寺、圆通寺、凤凰寺、莲花寺和迎祥寺。“八庙”指的是药王庙、黑神庙、川祖庙、雷神庙、火神庙、孙膑庙、东岳庙、财神庙。“五阁”指的是紫光阁、文昌阁、云龙阁、玉皇阁、斗姆阁。“二祠”指的是班麟贵土司祠、赵国澍祠。“一宫”指的是万寿宫。“一府”指的是赵状元（以炯）府。“一院”指的是青岩书院。

迎祥寺位于古镇南街，建于明朝，素有“黔山祖庙”之名，是贵阳著名的古刹之一。有三重庙宇，前殿为天王殿，屋顶为四角攒尖顶。穿过前殿便为大雄宝殿，左右两侧设有两厢房。后殿为观音阁，为重檐歇山顶，面阔三间，有左右两厢房。奇怪的是，观音阁里的房客却是道教的斗姆，有三只眼睛、四个头、左右各伸出四条臂，是为“北斗七星之母”。当地人习惯把迎祥寺称为“斗姆阁”。据说，这里是道家的地盘，先有斗姆阁，后有迎祥寺，后来斗姆阁倒塌了，斗姆无处安身，只好寄居在观音阁了。

文昌阁是古镇典型的道教建筑，位于古镇东街，建于明万历年间，有山门、两厢、正殿及阁楼。正殿面阔三间，立有六根柱，屋顶为悬山顶，铺设青瓦，为穿斗木结构，门前有四柱。文昌阁楼建于白色台基上，有白石栏杆，雕工精美。文昌阁已屹立数百年，是青岩六百年文运昌盛的象征。

万寿宫（青岩会馆）为穿斗式硬山顶建筑，中轴线上的建筑依次为大门、戏楼、正殿、祠堂，正殿左右两侧有厢房。万寿宫的入口采用倒座形式，牌楼门与戏楼背靠背而立，分别面向街道与庭院。进入大门，穿过架空戏台的低矮空间到达院落，空间由压抑转为开阔明朗。戏楼为歇山顶，翼角起翘修长，正脊上龙头、鱼尾、吻兽、鸱尾生动灵气，正中有彩色琉璃火龙宝珠串，有防火辟邪之意。戏台有记叙戏曲故事的彩画藻井，挑檐檩下方、檐板上都有流苏和记叙戏曲故事的雕刻。

晚清的赵以炯是贵州省第一个文状元。赵以炯故居坐落在状元街 1 号，占地面积 700 平方米左右，坐南朝北，为两进四合院，是木质结构的歇山式建筑，现存前殿、正殿、两厢和朝门，朝门内墙上有许多不同的“寿”字残迹，据说这是赵以炯曾祖父赵理伦百岁时所留。

青岩书院位于青岩镇南街，建于明末清初，是在青岩班氏土司宅院的基址上重建的，占地面积 400 平方米，布局雄伟，为梯形三进四合院，是砖木结构的穿斗式硬山顶建筑。书院培育出了一批又一批秀才、举人、进士，还出了赵以炯这个状元。在书院的带动下，青岩镇出现了多家私塾，读书之风蔚然兴起。

青岩古镇不仅有佛教、道教建筑，还有基督教建筑，由此可以看出当地居民信奉多种宗教，这是移民文化影响的结果。基督教堂修建于古镇主街南街，建筑仅有两层高，由青砖建造。沿街立面顶部为对称的几个弧形山墙，山墙中间顶部有十字架。因为位于主街，沿街面的一层被用作商铺，二层有两个拱形木窗。由侧门进入狭小的院落后，才能进入教堂。

图6-11　且兰国古城门

青岩古镇不仅寺庙台阁众多，石牌坊也非常有名。古镇的主街上原有八道牌坊，目前仅存三道，分别是百岁坊、贞节坊、孝女坊。牌坊全用乳白色的条石镶嵌而成，各有四个石柱，两面八个石狮贴在石柱上，作自上跃下状，神态生动，造型独特。牌坊上面雕龙刻凤，蔚为壮观，还刻有各种名人的字迹和牌文。

青岩古镇有丰富的红色文化。这里有红军长征作战指挥部、抗日战争时期八路军贵阳交通站，周恩来的父亲、邓颖超的母亲、李克农和博古的家属等都曾在小镇住过一段时间，这里还是浙江大学、贵阳女师等学校的西迁办学点。

（二）黄平县旧州镇、安顺市西秀区旧州镇

贵州境内的历史文化名镇中有两个旧州镇，一个位于黔东南苗族侗族自治州黄平县，就是古代的且兰国都城；另一个位于安顺市西秀区，是古代的夜郎国所在地。

1. 黄平县旧州镇

旧州，亦称“老黄平”，位于黄平县城西北 25 千米的舞阳河畔。旧州，苗语读作“旺珍”，汉语的意思为“皇城”，即皇帝居住的地方。黄平县旧州镇有 2000 多年的历史，在春秋战国时为且兰国的都城（如图 6–11），西汉元鼎六年（前 111 年）汉廷灭且兰国，设置牂牁郡，三国时置牂州，南宋设府，明洪武七年（1374 年）改黄平府为黄平安抚司，后又置守御千户所，改制为黄平州，民国曾为县治。

旧州镇地处水陆交通的交会点，是长江支流沅江沿舞阳河上溯到黔东的最后一个通商码头，自古商贾云集，经济繁荣，文化兴盛，是黔东商业文化重镇。据《黄平州志》记载：“每天往返商船不下五百只，日停泊一百余只。”外地运来的货物经马帮分运至全省各地，本省的土特产又由水运至湖南、湖北、武汉、上海及国外。明朝刘伯温游览且兰黄平曾留下断言：“江南千条水，云贵万重山。五百年后看，云贵胜江南。”

旧州古镇历史遗迹较多，明清之前的多为寺庙，据清《贵州通志》记载，宝相寺，在黄平旧州城东，唐宋古刹，元至正年间重修，明万历年间毁，巡抚郭子章重建。太平寺，在黄平旧州城北，明总兵南党建，后移建七星岩。福智观，在黄平旧州城南，为元时旧刹。明清时期以后的古迹类型较多，有街道、民居、寺庙等。今天我们仍然能从西街看出旧州当年作为商业重镇的影子。西街长约600米，街道宽阔，两侧是典型的前店后寝式店铺，房屋一般为三开间，中间是出入口，两边是店铺，每户之间隔以封火山墙，山墙呈阶梯状叠落，一般为三阶，用清水灰砖空斗砌筑，墙头高出屋顶瓦面一米左右，墙顶覆以青瓦，做成两坡短搪和脊。

文昌宫建于清乾隆年间，光绪年间重建。民国初年改作黄平县立第二女子高等小学校舍，后扩建成旧州第二小学，现已搬迁。经过重修，文昌阁的构架、屋面均保持清代原貌。

仁寿宫建于清代，坐北朝南，双合门，由正殿、东西厢楼和戏楼构成。戏楼由三间构成，明间为歇山式戏台，两次间为单坡屋面硬山式楼房，与东、西厢楼相连。厢楼面阔四间，进深3.1米，前有雕花栏杆，与正殿相接。

2. 安顺市西秀区旧州镇

安顺旧州镇位于安顺市西秀区东北部，是安顺辖区内历史最悠久的古镇之一，是历史上的中央集权政府最早在安顺设置治所的地方。安顺旧州镇春秋时为牂牁国辖地，战国时期隶属夜郎国，秦汉时期隶属象郡夜郎县，三国、两晋时隶属牂牁郡，南朝隶属夜郎谈指县，唐朝时属彝族播勒部的罗甸国，元至正十一年（1351年）置州，明万历三十年（1602年）升安顺州为安顺军民府，建制虽晚，却名声赫赫，被称为“西南第一州”。

旧州古城始建于元至正十一年（1351年），依据八阵图设计，围绕小屯山构成一个封闭的环路，内部多为曲折狭窄的巷道，若外敌侵入，则如陷入迷宫一般分不清方位，一些巷道更是蜿蜒曲折，利于防守，如七道坎等。旧州现存一处城墙遗址，护城河依旧保持其清晰完整的河道线路。

古城布局构思非常奇特，城墙形状国内罕见，东阔西尖，呈葫芦（玉佛）形，有五座城门，门上有城楼。东、西两面没有城门，南面有三座，为奇数，为阳；北面有二座，为偶数，为阴。这显然符合八卦思想。

古城内宗教建筑较多，有开元寺、清元宫、万寿宫、城隍庙、关岳庙、火神庙、五显庙、湖广庙、玉皇阁、三元阁、北极观、天主堂等。玉皇阁、火神庙早年毁于战火，其余的庙宇殿堂在中华人民共和国成立后改建为仓库、学校、住宅等，原貌已不存。1992年当地居民集资，在北街营盘上新建了一座城隍庙，供祀城隍菩萨。

古城民居是屯堡，这是在特定的历史条件、自然环境、文化传统的作用下产生的，具有军事和江淮文化的特征。屯堡民居建筑的构架为木结构穿斗式，悬山顶，内部间壁和前檐的门庭均用模板装修，后檐墙和山墙则以石块砌筑，屋顶则用黔中一带的薄石板盖就（如图 6–12）。几十家、几百家连在一起，整个村子形成军营似

图 6–12 旧州古镇民居

的整体。每家均以一个四合院或三合院构成，各家紧邻而用围墙隔离。村寨周围筑以围墙，面向大道的地方辟为寨门，寨门为拱洞式，门下通道连接村中各主要街道，再通过弯环小巷连接各家各户。

旧州风景优美，有“旧州八景”之说，分别为扶风叶笛、碧波秋月、麟山晴岚、华严晚钟、南堤绿柳、北岭寒梅、翠微春霭、文阁夕照。其周边 100 千米范围内有黄果树、龙宫、织金洞、红枫湖、格凸河五个国家级风景名胜区，有普定穿洞、天台山伍龙寺、宁谷汉遗址、平坝棺材洞、安顺文庙、安顺武庙、安顺王若飞故居七处全国文物保护单位，旅游资源丰富。

（三）雷山县西江镇

西江镇地处黔东南。西江，原称“仙祥”“鸡江”“鸡讲”，清雍正八年（1730 年）设治以前，西江与黔东南其他苗族村寨一样，

被当时的中央王朝称为“管外苗族地区”，实行自治。清雍正八年（1730年）在此地置鸡讲司，乾隆二年（1737年）设丹江厅左右二营，民国时期裁撤丹江厅。从清代的鸡讲司到今天的西江镇，此地一直是基层政权机构的所在地，是周边一带的政治、经济、文化中心。

西江镇以“千户苗寨”著称（如图6–13），是贵州最大的苗族村寨，据说是苗族第五次大迁徙的主要聚集地。村寨民居是吊脚楼，这里的吊脚楼多为半楼居，俗称为“半边楼”，全木质，木材是取自雷公山森林的优质杉树。有人曾问过当地人，这种建筑方法是否与国家森林保护法规相抵触，以及木质建筑能否耐久。当地人的解释是，这是经过批准的再生林木，山林的更替和补种完全可以满足山寨的建筑需要。民居大多建在30度到70度的斜坡上，为了适应这种陡峭的山坡，需要先做一个屋基，屋基是两层，上下高差

图6-13 千户苗寨

约 2 米，进深约 3~5 米，底层用土夯实，形成饲养牲畜的地面。吊脚楼一般四幅、三间、三层，不封闭，从山墙面绕廊进屋，楼梯架在房屋两侧，屋面多为歇山顶。一楼通常不住人，用作猪圈、牛圈。二楼是全家的活动中心，楼面半虚半实，靠外为虚，上镇楼板，安床睡觉，设廊小憩；靠里为实，挖设火塘，垒砌炉窖。顶层为储存粮食的库房。楼里还有一别致的空间——美人靠，相当于现在的阳台，人们可在此歇息小坐（如图 6-14）。

吊脚楼为全木质房屋，所以西江人最怕的就是火灾，“文革”时期曾有场火灾，300 户人家化为灰烬。西江把防火放在首位，每年都有“扫火星”的民间活动。

西江苗寨分为八个自然村寨，从寨门开始，按照逆时针方向，

图 6-14 西江镇吊脚楼

分别是也蕼、乌嘎、东引、也通、平寨、羊排、也东、南贵。在所有的自然村中，羊排是老大，相当于父亲或兄长，但凡西江要举行大型的宗教祭祀仪式、节庆活动或是生产劳动等，都由羊排村率先进行。各寨的领袖叫“寨老”；总管刑法纪律、维持治安的人叫“榔头”，各寨的叫“小榔头”；调解和处理寨上民事纠纷的叫“理老”；“鼓主”负责祭祀祖先；“事主”负责农事安排；“巫师”负责与“鬼神”打交道。

西江苗寨每一个自然村的周围或上方都有一片枫香树，枫香树是苗寨的护寨树，也是神树。苗族人不管搬迁到哪里，都要栽上枫香树，只有枫香树成活了，他们才会在这个地方居住。苗族人非常爱护这些树，即使是干枯的树枝，都不会被拣来烧火，更不要说去损伤它们了。

（四）赤水市大同镇

大同镇位于赤水河畔，旧称“大洞”，又名“大洞场”，这是因为有一户人家曾在房屋后面发现一个洞穴，据考古专家鉴定，它是东汉时期古人用以储藏物品的洞穴。大同镇水陆交通便利，经赤水河入长江可到重庆、武汉、上海等地。宋元以来，这里便是川盐入黔和黔茶出山的枢纽之地，也是游商补充供给、修理船帆的停靠点，因此大同镇的铁匠铺非常多。繁荣时，这个不到三百户人家的小镇上，竟开了六七十家打铁铺子。

大同镇有四块古石碑，记载了对乡里做出贡献的四个人物。按照时间的先后顺序，第一块碑上写的是：“□（永）葆遗爱。道光乙巳年春三月吉旦，樾峰平大老爷德政碑，河西里士民约客公立。”这是河西里的士大夫、庶民、商客为道光二十五年（1845 年）任仁怀厅同知平樾峰树立的德政碑。第二块碑上写的是：“同治庚午年菊月，钦加知府衔奏署、贵州仁怀直隶军民府正堂敖大老爷德政，河西里士庶约客公立。”这是河西里的士大夫和庶民、外来商人一起为同治九年（1870 年）上任仁怀直隶同知敖京友树立的德政碑。

第三块碑上写的是："清封朝议大夫陈贡珊先生纪念碑，民国戊午年十二月初七日。"碑高3.5米，宽1.6米，厚0.4米。据专家考证，这是贵州省现有最高的单体石碑。第四块碑上写的是："善由人作，大同场土街沙湾码头为乡街居人来往必经之地……民国三十八年岁在己丑。"记载了培修大同场土街沙湾码头的因由和捐资培修的贤人士庶。

在大同古镇的繁荣时期，南来北往的商人、渔民、船工等曾在此修建宫庙，现存有"四宫两庙"——天后宫、禹王宫、万寿宫、坎离宫、王爷庙、观音庙。修建这些宫庙或是为了得到神灵的保佑，或是为了超度灵魂，或是为了约束行为。

大同镇的街道随地形的坡度起伏，由石板铺就，每块石板都有标号，在铺装时注重缝隙间的咬合，街面宽2米左右，有排水系统。两侧的建筑主要为一至两层，厅堂面向街巷。民居结构简单，接庐紧连延续，相向一字排开，基本上没有合院式建筑，房屋多为穿斗或穿斗抬梁混合式木结构，悬山青瓦顶，上层储藏，下层住人。屋顶为青黑色，墙体为白色或褐色。建筑材料就地取材，以木材、杉皮、小青瓦、丹霞石、楠竹为主。

大同镇景色优美，四洞沟一带特别有名，被赞之以"万竹之园""小家碧玉""没有败笔的景区"。一段约四千米的山溪间，按大致相等的距离排列着四级跌水瀑布，以此为主体构成赤水"千瀑之市"的形象。瀑布宽度均在四十米左右，落差高者近五十米，形态各异，神韵俱佳（如图6–15）。

大同镇在历史上是太平军石达开部在贵州的军事要地，也是

川滇黔红军游击队发动武装起义的所在地，具有近现代中国农民革命斗争、土地革命及军事斗争的历史研究价值。

图 6-15 四洞沟水帘洞瀑布

三 四川省古镇

（一）成都市龙泉驿区洛带镇

洛带镇地处龙泉山脉中段，历史悠久，相传汉代即成街，名“万景街”。三国时蜀汉丞相诸葛亮在此兴市，更名为“万福街”。后因刘禅逐猎于龙泉山，狂奔之际，在此地掉落一条玉带，故有“落带”之称（如图6–16），后改称“洛带”。唐宋时此地隶属成都府灵泉县，明朝时改隶簡州，清朝时曾更名为“甑子场”。后来复用原名至今。当然，关于“洛带”这一名字的由来，刘禅的故事只是其中一种说法，还有另外两种说法：一是说镇旁有一“洛水”环绕，形如玉带，

图6–16 洛带古镇门坊

故名“洛带”；二是说场镇老街蜿蜒千米，状如玉带自天飘落，故名“落带”，后演变为“洛带”。居住在镇上的 2 万多居民中，90% 以上为客家人，由明末清初“湖广填四川”的移民而来，至今仍讲客家话，沿袭客家习俗，因此洛带又有“中国西部客家第一镇”的美誉。

镇上千年老街保存完好，老街呈“一街七巷子”格局，“一街”由上街和下街组成，宽约 8 米，长约 1200 米，东高西低，由石板镶嵌；“七巷子”分别为北巷子、凤仪巷、槐树巷、江西公馆巷、柴市巷、马槽堰巷和糠市巷。街道两边商铺林立，属典型的明清建筑风格。

镇上各种省份的会馆是客家文化的一个重要标志，寄托着小镇客家人对祖先、家乡的深厚情谊，以“四馆一园”（广东会馆、江西会馆、湖广会馆、川北会馆和客家公园）为代表，其中广东会馆是四川省内保存最完整的一座客家会馆，是洛带古镇的标志性建筑。

广东会馆又称“南华宫”，始建于清乾隆十一年（1746 年），供奉广东乡贤神祇惠能（禅宗六祖），坐北朝南，为三殿二天井布局。前殿、中殿为单檐卷棚硬山式建筑。后殿为玉皇殿，后殿后檐为黄色琉璃瓦顶，两楼一底通高 16 米；下檐为硬山式，一楼一底，面阔五间；上檐为歇山式阁楼，面阔三间。三殿之间由庑廊相继，从而形成两个天井。临街一面及左右两侧的山墙皆以厚重高大的实墙围合，几乎不开窗，上部开高作砖砌水形风火山墙。风火墙的艺术风格在四川绝无仅有，颇有客家土楼遗风。馆内石刻、楹联、条幅保存完好，比如“云水苍茫，异地久栖巴子国；乡关迢递，归舟欲上粤王台”，表达了创业者的艰辛与思乡之情。

江西会馆又名“万寿宫”，位于洛带镇江西会馆巷，坐北朝南，建筑面积 2200 平方米，为四合院布局，主体建筑由大戏

图 6-17　江西会馆戏台

台（如图 6–17）、民居府、牌坊、前中后三殿及一个小戏台构成。它由江西籍客家人于清乾隆十一年（1746 年）捐资兴建，供奉赣南乡贤神祇许真君，为清代“填川”江西人的联络据点。

湖广会馆又名“禹王宫”，位于洛带镇中街，坐北朝南，依中轴线对称布局，由牌坊、戏台、耳楼、中后殿和左右厢房构成，全贴金装饰，建筑面积2480平方米。由湖广籍移民于清乾隆八年（1743 年）捐资修建，供奉大禹，是清代“填川”湖广（今湖南、湖北）人的联络据点。湖广会馆于民国元年（1912 年）毁于火灾，民国二年（1913 年）重建。

川北会馆始建年代不详，重建于清同治年间，原址位于成都市卧龙桥街，1998 年迁建至洛带镇。迁建后的川北会馆占地约 3330 平方米，四合院布局，由山门、戏楼、正殿和庭院组成。山门、戏楼房顶为歇山式，正殿为穿斗式架梁，屋顶为单檐歇山式，筒瓦覆盖。川北会馆是川北籍商贾在成都的聚会联络据点。

洛带镇有丰富的非物质文化遗产，比如客家龙舞、客家婚俗、客家水龙节、东山客家话以及客家祭祖仪式等。客家龙舞以刘家龙舞为代表，其名称源于参加舞龙的都是江西籍客家人中的刘氏族人。刘家龙舞保存了较多中国古代舞龙最原始的程序和古朴的仪式。刘家在吉庆节日舞龙已有 300 多年的历史了。古时，客家人在每年夏季舞水龙祈求雨水和丰收，后随“湖广填四川”带到洛带，并逐渐演变成今日的客家水龙节。

（二）雅安市雨城区上里镇

上里古镇是雅安地区保存最完好的古镇之一，建于川西地区难得的平缓之地，初名为“罗绳”。后来由于经济发展，这里人口增多，尤其以韩、杨、陈、张、许五家为最，故又称“五家口”。雅安以北是绵延起伏的丘陵，逆陇西河而行，陇西河是青衣江上游的一条支流，它在上里一带冲积出一块川西山区难得的河谷平原。良好的水系条件和河谷地带肥沃的土壤，使这片土地自古便是富庶一方之地。上里一带田野开阔，水利资源丰富，农业比较发达，水稻、玉米、油菜、茶叶产量很高。上里又恰处茶马古道始端，商业繁荣，是茶马古道上唐蕃古道的重要物资集散地。

上里镇街道呈“井”字形，用青石板铺成，街道两侧是明清风格的木结构房屋，寓“井中有水，水火不容”之意，以水制火孽，祈愿小镇平安。

木制房屋是上里的特色。上里的民居不用像山地民居那样见缝插针地建造吊脚楼，而是运用手边材料——木材建造房屋。上里镇树木繁茂，大量方便获取的木材被用于建造民居。房屋直接以落地木柱支撑重量，柱径较小，柱间较密。房屋的两侧是穿斗式构架，以加强山墙的抗风能力。外墙围护和内墙分隔均用木板做成，门窗、栏板、檐枋、裙板等也做有木雕装饰。除此之外，还用山体上的红砂岩作辅助材料来筑桥、铺地、做柱础、镶嵌地脚坊。

目前上里保存最完好的民居大院是韩家大院。相传韩家是做茶叶和客栈生意起家的，家道中兴时出了很多位文科和武科举人。目前有四座韩家大院，镇北四家村的韩家大院最为人称道。该建筑为穿斗木结构，以七个四合院联系起来，形成七星抱月之势。距离韩家大院一千米处的牌坊坝是双节孝牌坊，建于清道光十九年（1839年），通高 11.25 米，进深 3 米，基座宽 7.8 米，出檐 1.1 米，采用当地红砂岩建造，为的是赞颂韩家姑媳二人的守节事迹。

上里镇有十余座古代和近代古桥，建于清代的高桥与二仙桥是典型代表。高桥始建于清乾隆十四年（1749年），为三券拱桥，桥上、桥下东西两端各有一人行道，皆可通行，又称“立交桥”。二仙桥的命运有点曲折，乾隆初年第一、二次建成后均被洪水冲毁，乾隆四十一年（1776年）才第三次建成，为高券拱单孔石桥，桥面两侧有石栏，正中雕刻龙头、龙尾，桥头竖一宝塔，正面浮雕神像和“二仙桥”三个大字，塔壁阴刻文字，记述了先后三次建桥的过程。“两水夹明镜，双桥落彩虹”，李白《秋登宣城谢朓北楼》中的这句诗也适用于描述上里古桥的景色。古桥与周围山峦、河水、田野相映，有江南水乡之美。

上里镇还有大量的红军石刻标语。1935年6月至1936年2月，红一方面军经雅安在夹金山下的达维与红四方面军会师。红军在上里镇驻扎期间，成立了名为“认真”“德诚”“紫光”“崇安”四个代号的政治部，并刻下“中国共产党十大政纲”等70多幅标语。

（三）成都市大邑县安仁镇

安仁镇隶属大邑县，历史悠久，在古代设县早于大邑，唐武德三年（620年）建安仁县，隶属剑南道邛州，据《太平寰宇记》载，“取仁者安仁之意”而得名。直至元至元二十一年（1284年），安仁县撤销建制，划归大邑县。宋代诗人文同在《安仁道中早行》一诗中写道：“行马江头未晓时，好风无限满轻衣。寒蝉噪月成番起，野鸭惊沙作队飞。揭揭酒旗当岸立，翩翩渔艇隔湾归。此间物象皆新得，须信诗情不可违。”详细描述了当时此处的风光。1973年4月，安仁镇小学学生在镇后一条水渠边上发现宋代窖藏一处。窖藏器物共72件，全部装在一个灰陶瓮中。器物有双耳三足青釉炉、影青双鱼莲荷碟、影青瓜棱小瓷壶、青釉小瓷碗、影青瓜棱小罐、影青粉盒、酱釉碗、绿釉贯耳小瓶、八卦镜、燕尾形铜器足、端砚等。

20世纪二三十年代，安仁镇刘氏家族相继出现了刘湘、刘文辉、刘文彩三人，随着刘湘、刘文辉相继掌控四川省和西康省（1955年被撤销）的军政大权，安仁出现“三军九旅十八团，营长连长数不完”的盛况。刘氏叔侄以及他们的追随者回乡购田置地，大兴土木，修建公馆府第。短短十余年间，安仁镇出现大小公馆50余座，至今保存完好的有20余处。这些公馆建筑被世界旅游组织评价为“四川百年历史的活化石”。

安仁镇的公馆建筑，呈现出既中西合璧，又南北兼有、古今融会的建筑式样。在平面布局上，一方面继承了传统民居风格，以三合院、四合院为单位，主体建筑一般摆放在中轴线上，通过堂屋、正房、厢房等居住位置来体现尊卑、长幼、男女、主仆等关系。另一方面，由于这些军阀官僚和富豪商贾在外多年，见多识广，因此他们在选择建筑式样时不拘传统，大胆借鉴新颖时尚的西方建筑风格。公馆大门一般不再实行传统的门罩式，而采用尖顶的哥特式建筑风格：门身采用垂直竖线的砖柱支撑，并以当时新颖的水刷石抹面工艺做装饰。公馆建筑装饰以墙饰、木雕、壁画、灰塑、砖雕等传统工艺为主，图案内容主要选择寓意吉祥的动植物，构成“凡图必有意，有意必吉祥”的文化特征（如图6-18）。

图6-18　砖雕

图 6-19 刘文辉公馆侧门

刘氏庄园位于安仁镇往东约500米处，始建于清末民初，总占地面积61423平方米，总建筑面积21055平方米，分南北相望的两大建筑群，南部俗称“老公馆”，北部俗称“新公馆”。刘氏庄园是安仁镇最具代表性的建筑，1999年世界旅游组织在编写《四川省旅游发展总体规划》时，对刘氏庄园的公馆建筑给予了很高的评价：“庄园从乡村和农业的角度，在视觉上，向人们展示当年中国的历史。刘氏庄园由刘文彩庄园、刘文辉庄园组成，表现了那个时代的人际关系，房屋、周围的农业环境和安仁镇的这个村落……其规模也足以说明它是文化资源保护的优秀范例。”

刘湘公馆采用传统的三进式布局，公馆内有号称“川西第一”的四合院，四合院一楼一底，红柱抱壁，气势恢宏，青瓦、砖柱、廊檐上有精美的雕刻；除传统的四合院布局外，还把小姐楼、会客楼与住宅区分隔开，形成独立的建筑。建筑之间借鉴苏州园林的花墙进行分割，同时引入渠水，形成曲水流觞的庭院景观。

刘文辉公馆（如图6–19）的房顶是中式的，柱子和栏杆则采用富有动感的巴洛克式样，窗户摒弃了传统的雕花槛窗，改用教堂式的三角形或半圆形玻璃窗。前半部分布置有西式园林，两侧各建有一个网球场，后院还专门建造了一个家庭戏台。

如今安仁镇被称为“中国博物馆小镇”，而安仁镇的公馆建筑群则是一处天然的民居建筑博物馆。

（四）自贡市牛佛镇、仙市镇

1. 牛佛镇

牛佛镇隶属自贡市大安区，在宋代以前叫“高市镇”，宋《元丰九域志》云：“高市。监北七十里。”宋末战乱，民不聊生，元朝以后江南移民入川，此地更名为“牛佛镇”。关于此，还有一个“牛佛救人，普度众生”的故事。相传很久以前，沱江边上有个冲积坝，坝上有个小村落，住着几十户人家，他们过着日出而作、日落而息的生活。可是突然有一天，乌云滚滚，狂风大作，大雨倾盆，洪水一浪高过一浪，席卷了房舍和田地。当人们在洪水中挣扎时，一头老水牛顺流而来，把困在水里的人驮到高处，一趟又一趟。众人获救了，老水牛却累死在岸边。当洪水退去后，人们发现老水牛卧倒的地方变成了一座牛形的山峦，人们相信老水牛是佛的化身，便把这座山称作“牛王山”，山下的渡口改称“牛佛渡”。越来越多的人迁徙到此地居住，祈求得到牛佛的保佑，后来这个小村落发展成了场镇，牛佛渡变成了牛佛镇。

牛佛镇是沱江流域的水陆交通枢纽，上至金堂，下达泸（泸州）渝（重庆），是沱江下游最大的码头之一，也是富顺蔗糖的生产基地和集散地。歌谣“九街十八巷，中间有个鸭儿凼，五省八庙七栅子，河北老街隔河望”反映了牛佛镇昔日的繁华。“九街”指的是铁匠街、猪市街、油坊街、双正街、箱子街、面房街、兴隆街、顺河街、席子街。“十八巷”指的是贺家巷、田家巷、文家巷、天后宫巷、王爷庙巷、火神庙巷、五花巷、凉厅子巷、和乐堂巷、川主庙巷、蛋市巷、胆巴巷、炭市坝巷、大阳沟巷、大米市巷、力行码头巷、上码头巷和后街巷。其实这个说法指的是当时的情况，现在不止这些，比如又增加了横街、仙婆街、北达街、新街等。我们也可以将“九街十八巷”理解为牛佛镇商业繁荣景象的象征。“鸭儿凼”因大水池里曾经出现过一对金鸭儿而得名，据说大水池是消防用的，今天已经没有水池了。“五省八庙”指的是“湖广填四川”时，湖北、广东、福建、江西和四川五省人建造的八座庙宇。这八座庙宇如下：

“五省八庙”一览表

名称	出资方	位置	年代	基本内容
禹王宫	湖北客商集资营造，又称“鄂庙”	箱子街头	建于清顺治年间，是牛佛镇建成最早的庙宇	大禹黄帝体系和鲁班等神像36尊，鲁班像为大型木刻，其余为泥塑
南华宫	广东客商集资营造，又称“粤庙”	油坊街	清乾隆时期	全为壁画，有罗祖菩萨及八洞神仙等巨像40多幅，可设凳作礼堂或课堂，曾在此办过“洋学”
天后宫	福建客商集资营造，又称“闽宫”	双正街，后墙与南华宫相连	清乾隆时期	门口有大型石刻双狮子。正殿塑王母娘娘，后殿塑邹姑婆邹圣母。庙堂塑有天宫传说神像约40尊。每年正月，福建客商及家人先后在此集会吃斋，元宵节才散会
王爷庙	本地船民集资修建	猪市街（解放街）	不详	正殿塑天真童子神像等60余尊。王爷是不长胡子的童像。据传，正殿童子王爷是“郭巨埋儿”中被活埋的童子成神的。另配有哪吒等神像30余尊，说他能治理水险，确保水上渡运安全。每年六月初六为王爷会，所有船员必到此庙朝供集会，热闹非凡
火神庙	本地银匠及民众筹建	油坊街老邮电支局附近	清同治年间	跨街而建，街南是戏台，街北是殿堂，正殿塑火神菩萨罗宣，其余36天罡72地煞均为壁画。每年择期做火神会。火神会三天，均由庙上组织“清”“火”二醮游街，叫作“打醮”。打醮期间，全镇禁屠，居民吃素三天，违者要受处罚。打醮要抬瘟船，由道教道士逐户窜查火源，消除火灾送瘟神。逐户秉挂，祝愿安全顺利。众人迎接并备酬金于门口水盆内，由道士逐户收集汇总，用于会上。打醮结束即到河边烧毁瘟船，为全镇居民消灾

（续表）

名称	出资方	位置	年代	基本内容
万寿宫	江西客商集资	镇南空地	清康熙年间，民国时期修缮	山门顶额塑寿星老，正殿塑无量寿佛，全庙9尊神像。1911年被烧毁。以后缩小面积修复成礼堂式庙宇，壁画无量寿佛。江西帮庙会一般定于十月十八，有时也定期赶会
川主庙	本地士绅和附近川人筹建	不详	不详	正殿塑二郎神杨戬三只眼睛神像，正殿两侧为李老君堂和催文圣人堂，庙内神像高五六米，大小神像24个。在牌坊和墙壁上刻塑小神像数百枚。庙内有铸铁大钟一口，近三吨重，高一丈，圆径九尺，撞钟之声数里可闻，钟上铸有集资功德人姓名。每年二月初二为川主会，唱大戏十天，热闹无比
观音阁	居士筹资	原区医院处	不详	按佛教庙堂格局营造，塑有观音、文殊、普贤、如来三化等佛像30余尊，同时供有木刻牌位，香火很旺，每年二月、六月、九月的十九日办观音会。今牛佛观音寺是重新修复的

牛佛镇的民居中，中和灏、贺乐堂比较有代表性，都是晚清时期的民居。中和灏建于清光绪六年（1880年），是钟家祠堂，坐东北向西南，形制为两进四合院式，由门厅、过厅、正堂、厢房等构成，占地面积为1200平方米。主体建筑为单檐硬山式屋顶、小青瓦屋面、抬梁式砖木结构。屋脊、泥塑、木雕、石刻保存完好，有助于研究川南民居的特点。贺乐堂位于牛佛镇面房街81号，修建于清末，1931年此处设立了牛佛渡中国银行，这是富顺县的首家现代银行。贺乐堂是公馆式建筑，具有中西合璧的特征，大门是

砖砌的牌楼式大门，四周高墙上有川式马头墙、江西式马头墙，墙体石刻精美，整体看起来非常壮观。

作为川南有名的商埠和水码头，牛佛镇文化底蕴深厚，有舞龙灯、划龙船、牛儿灯、花灯、川剧座唱等多种民俗文化活动，是“四川民间文化艺术之乡”。

2. 仙市镇

自贡市的另一历史文化名镇——仙市镇（如图 6-20），隶属沿滩区，距今有 1400 多年的历史。仙市古镇的发展与井盐有关，这里曾是运输井盐的码头，宋代因盐设镇。自贡盐由水路经釜溪河入沱江、进长江、溯赤水的第一个码头就是仙市镇。在这里，盐由水运转陆运，因此仙市镇是一个水旱码头，是自贡至成都、隆昌和荣昌等地的陆路要冲。千百年以来，这里形成了木船云集、盐担蔽街、人流如织、生意兴隆、夜市灯火通明的繁荣景象。

名字中有一“仙”字，可想而知此地与仙人有关。传说玉皇大帝的女儿为人间美景所吸引，遂下凡游历，到釜溪河畔的时候，有

图 6-20 仙市镇远景

些乏了，就侧卧在岸边酣睡。等到人们发现赶过去的时候，仙女的踪迹却不见了，只留下了香气，因此人们把这个地方叫作“仙滩”，后来逐渐演变成今天的“仙市”。当地有民谣：“仙女下凡卧河边，金银首饰撒满滩。玉带长河千帆掠，玉树翠竹舞翩跹。虎牵象鼻鹦鹉欢，狮子回头望牡丹。天潭河内朝鼓响，桥墩坝上会神仙。”

古镇依山水而建，沿釜溪河建有三个古码头，街坊就河而建，主要街道直通码头，形成了“四街、五栅、五庙、一祠、三码头、一里三牌坊、九碑十土地”的格局。“四街”指的是正街、半边街、新正街、新河街，“五庙”指的是南华宫、天上宫、川主庙、湖广庙、江西庙，“一祠”指的是陈家祠堂，“三码头”指的是上、中、下三个运盐码头，“一里三牌坊”指的是一里之内有三个建筑特色不同的牌坊，“九碑十土地”指的是纱帽石、教化岩、大鱼洞、小鱼洞、月亮井、丁家沱、印把山、印盒山、营门口、罗家洞、皇帝坟、万年坟、黄桷岩等。

南华宫，又名“广东会馆”，是广东人于清咸丰末年建造的，占地 1284 平方米，位于上、下码头之间，坐北向南，由山门、戏楼、大殿、廊楼、厢房及耳房组成，四周廊楼相连，属于四合院布局。戏楼为歇山顶，大殿为硬山顶。梁、枋、檩上几乎所有可雕刻和彩绘的部位都被加以装饰，非常精美。天上宫，又名“福建会馆”，是福建人于清道光二十九年（1849 年）建造的，位于半边街下三分之一处，平面呈长方形，建筑布局与南华宫基本一致，只是规模比南华宫略小一些。半边街把南华宫的四大天王弥勒佛殿、大雄宝殿，以及天上宫的戏台和观音殿一分为四，并把南华宫和天上宫串联起来，组成了金桥寺。

仙市镇最具代表性的建筑当属陈家祠堂，由富顺知县陈长墉率领族人于 1862 年修建，供族人祭祀、商议族中大事。祠堂坐东北朝西南，为硬山穿斗式建筑，占地面积 1032 平方米，建筑面积 940 平方米。没有陪弄，一律由一面大门进出，大门进去是面宽五间的门厅，紧邻门厅的是四方天井，拾级而上，依次为中厅、天井及正厅，两边由厢房、耳房相连。中厅的山墙是欧式风格，将顺水“人”字形与弧形相结合，结合处立有两个柱子，反映了欧洲建筑文化在川南丘陵地区的灵活运用。陈家祠堂黛瓦砖墙，硬山高帽，塑鳌起角，宏阔清秀，反映了清代川南民居的风格，体现了大盐商的风范、财富和地位。

（五）泸州市古蔺县二郎镇

二郎镇隶属古蔺县，位于四川盆地南部边缘，坐落在赤水河之滨，与贵州省习水县一桥相通，与国酒茅台故里仁怀市隔河相望，是中国名酒——郎酒的生产基地（如图 6–21）。

一进入二郎镇，酒文化扑面而来。关于二郎、郎酒，有个美丽的传说。古时候，赤水河北岸有个羊倌李二郎，爱上了南岸的赤妹子，但赤妹子的舅舅势利贪财，不肯把赤妹子嫁给家境贫寒的李二

图 6–21　郎酒厂储酒区

郎，于是便向李二郎提出了一个苛刻的条件：要他拿出一百坛美酒作为聘礼。李二郎毅然答应了下来，来到赤水河边的山上寻找酿美酒的泉水。可是不管他怎么努力，还是没有找到清泉。他的真诚感动了龙王三太子，三太子神杖一点，河滩边上便出现了一口石井，一道清澈透明的泉水从井中涌出。李二郎用这泉水酿酒，但酿出的酒气不香、味不美。一天，有位年迈体弱的老人来到李二郎家中讨酒喝，一碗酒下去，老人就醉倒在泉边，还把喝进肚里的酒全吐到清泉之中，李二郎不仅没有生气，反而赶快扶老人到床上休息。第二天，李二郎醒来，老人已不知去向，而那口井中的水却变成一泓琼浆，香气扑鼻。用这口泉水，李二郎终于酿出了一百坛美酒，娶回了赤妹子。后人为纪念李二郎，把井所在地称为"二郎滩"，把泉叫作"郎泉"。

早在北宋年间，二郎滩人就用郎泉酿出了优质大曲——凤曲法酒。明代出现了酿酒的"回沙"工艺。到了清代，该地区已有大小酒坊、糟坊 20 余家，酒师、酒工数以百计，除著名的凤曲法酒外，还酿造各种曲酒、白酒、果酒和杂粮酒。

二郎镇还与盐有着密切的关系。据《古蔺县志》记载，明万历九年（1581 年），永宁宣抚使奢效忠整修古蔺至二郎驿道。当时二郎古镇是一个川盐转运的小栈点，随着水运的发展，这里的商贸规模不断扩大。清乾隆年间，赤水河首次开修时，未能疏通上游的吴公岩，盐船只能逆水而行到二郎滩起岸，用人工背过吴公岩再装船抵茅台，二郎滩便成了川盐的中转站。清末民初，二郎镇已有存金号、天益号、太和号、永龙号四大盐仓，寸板（木材）帮、布匹帮、皮货帮、烟土帮、粮食帮等帮会，以及各类商埠、戏楼、饭庄、茶馆、酒店，民间用"白日千人拱手，夜来万盏灯明"来形容二郎古镇当时的繁华（如图 6–22）。

二郎古镇依山傍水而建，从赤水河南岸沿着陡坡而上至官井，主街道长 1500 米，宽 4 米，青石铺设，狭长坡陡，两边的房屋均

图 6-22　二郎滩盐号

为穿木接斗、瓦屋泥墙。当年红军渡赤水时开仓分盐的德裕谦大盐号依然在，老宅昔日的辉煌和今日的没落诉说着赤水河盐业兴废的沧桑往事。

二郎镇还有丰富的红色文化。古蔺县内有红军二万五千里长征的重要历史遗迹，红军二、四渡的渡口和红军开仓分盐的旧址就在二郎镇。1935 年红军长征时，先后两次在此抢渡赤水河，进行了著名的二郎滩背水战。蜈蚣岩小三峡北岸有个溶洞，洞高 20 余米，面积 2 万平方米，洞内钟乳石千奇百怪，有号称“千丘榜”的景观，红军长征过程中伤员不能随大队伍继续长征，当地群众便将伤员安排在洞中治疗，故名“红军洞”。

著名作家贾平凹在描写二郎镇时说：“老头的话说得好啊，站在这里，北京是偏远的，上海是偏远的，所有的地方都是偏远的。”想必是喝了不少老酒的悠思吧。二郎镇不仅有醇酒，其自然景色也非常优美，集奇、险、峭、峻、秀为一体，堪称“小三峡”。

（六）宜宾市屏山县龙华镇

龙华镇（如图6–23）隶属宜宾市屏山县，因有明代所建龙华寺而得名。据县志记载，龙华为军事重镇，是古时彝族与汉族争夺之地，三国时蜀汉丞相诸葛亮率领大军南征孟获，打败孟获后，汉族才渐渐迁至龙华。宋代始建，明、清时已形成古镇规模。明末清初设守备，雍正九年（1731 年）改守备为平安营都司，统屏山、马边、沐川、雷波等地的驻军。咸丰元年（1851 年）设立平安营，屯驻军士，修建城墙和城门，之后几任都司曾加以修葺，是历代四川边防驻军重地。至今，古镇尚保留有两座寨门及都司衙门旧址、兵房。

发源于老君山的大、小龙溪在龙华镇交汇，河上有座桥，被称为“龙华凉桥”，长约40米，宽5米，修建于光绪辛丑年（1901 年），廊梁上悬挂着“虹贯霞蔚”“物华天宝”“赤虹贯日”“清风明月”等匾额。桥头的一对雌雄石狮，之前是摆在都司衙门门前的，后被移至桥头。桥梁乍看像黔东南与桂北地区的侗族风雨桥，之所以被

称为“凉桥”，是因为这是古镇居民纳凉的地方。酷暑时节，人们习惯性地带着竹席往凉桥去，凉席往桥面上一铺，龙溪徐徐凉风吹过，凉意慢慢渗上桥来，沁入睡在桥上的人的心里。

图 6-23　龙华镇街道

龙华镇老街沿龙溪铺设，顺河街系南北走向，长约 500 米，北面相接凉桥。明清街系东西走向，长约 300 米，东面与顺河街相通，两街呈环形。龙华寺年代久远，仅留下柱础和部分建筑框架，曾有七扇栅子门，目前只剩下三扇。

龙华镇有一座海拔 850 米的八仙山。此山有八个峰，如同八个罗汉排成一排打坐修行，故名“八仙山”。主峰紫红色的崖壁上有世界第一立佛——八仙山大佛，刻于明末，是一尊释迦牟尼立像，佛高 32 米，面北背南，头盘螺髻，身披袈裟，左手挡胸，右手下垂，手心向外，无脚。《中国大百科全书》将八仙山立佛列入世界十大佛像之一。

龙华镇有老君山国家级自然保护区，是我国甚至全世界第一个以四川山鹧鸪等雉科鸟类为主要保护对象的国家级自然保护区，总面积35平方千米，最高海拔2008.7米。四川山鹧鸪是我国特有鸟类，被列为全球性濒危物种（如图6–24）。保护区内有300只左右山鹧鸪，占全球现存总数的22.5%。老君山上还有老君庙、佛祖庙，被誉为“道佛两教之仙境”。

图6–24　四川山鹧鸪

四 重庆市古镇

（一）重庆市合川区涞滩镇

涞滩镇（如图 6–25）地处合川区东北部的渠江西岸，属于丘陵山区，地势南高北低，最高峰位于猫儿山，海拔 375 米，最低点位于双龙湖，海拔 198 米。此地建镇于宋代，明清时期借渠江水运之利发展成商贸繁荣的农副产品集散地，清代末年为防匪乱，依据地势修筑城寨和瓮城后延续至今。

在巴渝地区，为防战乱和匪患而结合地形修筑山寨的历史很悠久，大部分山寨单纯为战事而筑，只在战时启用，如钓鱼城、盘石城、龙多寨等。也有一些山寨结合场镇营建，在和平时期也是地区经济和文化生活的中心。涞滩古镇是重庆目前唯一保存完好的山寨式场镇，基本保留着清末时期的空间格局和环境风貌。

瓮城是古代城市的特殊防御工事，最早出现在晚唐，一般建在主要的城门之外，平面呈瓮形，是一种典型的以外部空间为主体的建筑。古代修筑瓮城的多为中原一带的中心城市或具有重要战略意义的城池，在川东小镇——涞滩镇亦筑有瓮城，且格局、形制保存完好，实属罕见。

据题刻记载，瓮城及城墙建于“大清同治元年壬戌发季夏月”（1862 年）。涞滩古镇的原城墙由乱石砌筑而成，防御能力不强。

图 6-25　涞滩古城门

嘉庆四年（1799 年）由民众集资，拆除了原有城墙，代以条石砌筑，将场镇团团围住。东、南、北三面悬崖高耸，陡峭险峻，可临崖据敌，占地势之利，唯西面一侧地势平坦，与阡陌相连，是场镇的主要出口。然而，匪患仍不能杜绝，在经历了咸丰三年（1853 年）的数次匪劫之后，当地乡绅倡导集资在中寨门修筑瓮城。其中十字对称的四道城门为人行道和车行道，其余四门封闭，用于驻兵和兵器蓄藏（即藏兵洞），大有“瓮中捉鳖”之意。山寨内除街坊民居外，尚保留有大片的农田，利于战时长期据守。

顺城街是贯穿整个城寨的主要街道，从城西的瓮城城门起一直到城东的小寨门，路面均由青石板铺设，长约 300 多米，宽约 2.7~4.8 米，两侧路阶宽 0.7~1.3 米，临街店宅多为一二层，4~6 米高，局部有三层。街道依环境自然曲折并折向东南，东端与二佛巷相交，西端与迫龙街、礼堂巷交会后正对中寨门中轴线。顺城街出小寨门可通下涞滩和码头，是水运、陆运交通转换和下涞滩与外界联系的主要通道，故历史上形成了以顺城街为中心的商业集市、宗教结社和文化活动，沿街建筑也多为商铺和店宅。

涞滩镇的古建筑多始建于唐宋，重建于清代，二佛古寺是其中的典型代表。它始建于唐，兴盛于宋，分上下两殿。上殿坐落于鹫峰山顶，由三个殿层构成，中轴线上依次为山门、玉皇殿、大雄宝殿和观音殿。左右分设社仓、禅房等建筑，呈四合院布局。下殿位于鹫峰山间，依山而建，是典型的附崖式建筑。大雄宝殿是主殿，为三层重檐歇山式，采用抬梁与穿斗相结合的结构，充分利用自然山岩坡石支撑屋顶，梁、柱、枋、檩皆依岩石走向布局，参差错落于跌宕起伏的山岩之上。殿内崖壁上的摩崖造像现存龛窟 42 个、造像 1700 余尊，其中主佛释迦牟尼佛通高 12.5 米，被称为“蜀中第二佛”。这些造像新颖独特，题材广泛，在构图上以主佛为中心，其他龛窟充分利用三面岩壁的地形，将摩诃迦叶、十地菩萨、六位禅宗祖师和众多罗汉禅僧融为一体，上下结合，高低衬托，巧妙地缔造出一个规模庞大、气势恢宏的禅宗道场。涞滩摩崖石刻多次受到业内人士的高评，被喻为“一颗埋在地下的明珠”“石刻艺术的宝库”“宋代石刻艺术精华”“石刻艺术的瑰宝”。

这个依山而建的小镇不仅有用于军事防御的瓮城、鬼斧天工的古建筑群，也有美丽的风景，当地有“涞滩八景”之说，这八景分别是鹫峰云深、佛岩仙迹、龙洞清泉、修筑戏石、双塔迎舟、独树东门、经盘霁日、画梁搓波。这里同时还拥有川剧文化、茶馆文化、特色饮食、节庆仪式等地方特色浓厚的文化，以及很多重要的文化活动场所。每逢场期或节庆，川剧演出、庆典仪式便在回龙庙、桓侯宫、文昌宫等文化场所进行。

（二）重庆市酉阳土家族苗族自治县龚滩镇

龚滩镇（如图 6–26）隶属重庆市酉阳土家族苗族自治县，位于乌江沿岸，沿乌江呈带状分布，属于东部高、西部低的山地深丘，是酉阳“千里乌江，百里画廊”的起点，被誉为“乌江画廊核心景区和璀璨明珠”。吴冠中先生在《人民文学》上撰文《风光风情说乌江》，文中称赞龚滩古镇是“建筑艺术的博物馆，是人民生活的烙印，是爷爷奶奶的家，是唐街、宋城……”

“龚滩”的名字来源于明万历年间的一次山洪暴发，关于此有两种说法，一是山洪暴发时坍塌的岩石掉落于乌江，阻塞河道后形成滩涂，船只难以过往，于是在此地形成了集镇，又因当地居民多姓龚，故名“龚滩”。另一种说法源自一块石碑，碑文中记载，明万历年间，后山坡上凤凰嘴左边发生岩崩，岩块滚塞乌江，砸到行船，那时在龚、游、翁、梅、陆姓中，龚姓之人死伤不少，因此得名“龚滩”。

由于地处重庆市酉阳土家族苗族自治县、彭水苗族土家族自治县和贵州省沿河土家族自治县的接合处，阿蓬江与乌江的交汇处，龚滩自古以来一直都是乌江流域重要的口岸城镇，是川（渝）、黔、湘、鄂客货中转站，有“钱龚滩”之称。乌江的滩险造就了龚滩重

图 6-26　龚滩镇远景

要转运码头的地位。明代诗人冉天育的《龚滩》一诗这样写道：“裂石轰雷水势雄，浪花千丈蹴晴空。轻舟未敢沿流去，人鬼鱼龙一瞥中。”此处航行险恶可见一斑。乌江水急滩险，龚滩是有名的“断航滩”，船只行至此处，根本无法继续前行，物资不得不在龚滩码头转运出去，龚滩码头便成为重要的转运枢纽。龚滩码头分为上、下两个码头，上码头主要是轮渡码头，贵州沿河土家族自治县的居民渡过乌江，由此进入古镇购买生活用品；下码头是龚滩对外联系的一个最主要的入口，来往于四川、贵州、湖南等地区的物资都会选择在龚滩进行集散。

以生漆、桐油、木材、茶叶、药材、粮食为主的土特产品，经由龚滩转运至涪陵、重庆、汉口等地，返航的船只再载着川盐、布匹、烟酒等货物回川、黔、湘三省。其中，盐巴是经龚滩转运最多的产品。永定成规石碑是这段历史的见证，此碑高155厘米，宽83厘米，面临乌江嵌在石壁上，剥蚀较为严重，但仍能辨认50余字，是为规范当时脚夫、力夫、夫头的力钱分配所立。石碑记载了上下船搬运力价指定由何恒、郑昌信等人负责监督执行，每包盐上载船舱的运费为5文钱，从船上卸运并抬至盐仓则每包加6文，还规定所有脚夫须由盐号验保并登记造册，以防止成规紊乱。

清代光绪年间，陕西商人最先在龚滩开设盐号，经理张朋九创建红庙子作为西秦会馆，成为外地商人在龚滩经商的最早典范。西秦会馆的四周围以烽火墙，外壁朱红粉饰，馆内地面都以石板铺就，大门临街西开，内设正殿、偏殿、耳房、戏楼，雕梁

画栋，简瓦覆顶，古朴精致，建筑风格充分融入了土家族的本土盐文化。

龚滩老街建于南宋年间，由黛青色条石铺就，街道两侧是密集分布的吊脚楼。2005年，老街搬迁复建，从乌江沿岸上游搬迁到下游一千米处。现在呈现在人们眼前的是迁建后的新街。新街是按照老街的布局搬迁重建的，在尽量保持与原古镇一样的基础上，新街更舒适、美观、有吸引力。

龚滩居民以土家族为主，而土家族民居最具代表性的建筑形式是吊脚楼，因此龚滩可以说是土家族吊脚楼集聚的古镇之一。吊脚楼大多顺着乌江东岸而建，临江的楼面悬在空中，只有几根并不粗壮的圆木支撑，看起来危险，实际上很坚固。由于地处乌江沿岸，土地资源非常有限，不适合占用大量耕地、平地修建房屋，吊脚楼同时解决了供人居住和节省土地资源两个问题，是非常适合山区和江岸自然条件的建筑形式（如图6–27）。冉家院子是典型的民居，已有约三百年历史，与封闭式院子不同，它有一面是开放式的，吊脚楼廊伸向街面，正房和厢房都是穿斗式结构，这种布局在龚滩镇一带很典型。

作为土家族的聚居地，龚滩镇有土家族特色的非物质文化遗产，其中比较有特点的是西兰卡普。“西兰卡普”是土家语，“西兰”是铺盖的意思，“卡普”是花的意思，“西兰卡普”即土家族人的花铺盖，被称为“土家之花”。按照土家族的习惯，过去土家族姑娘出嫁时，都要在织布的机台上制作美丽的西兰卡普。

图6-27 依山而建的吊脚楼

（三）重庆市石柱土家族自治县西沱镇

西沱镇位于石柱土家族自治县北部的长江之滨，地处万州、忠县、石柱三区（县）的交界处，是石柱土家族自治县的北大门，也是石柱土家族自治县最大、功能最齐全的长江口岸。在《水经注》里，西沱被称为“界滩”，即古时巴州和益州的分界地，又因长江在此拐了一个近90度的弯，形成了一个天然回水沱，故被称为“西界沱”，简称“西沱”。西沱镇历史悠久，最早可追溯到新石器时期。古代的巴人在此形成了长江上游的巴人文化。商周时代此地隶属巴国，春秋战国时期隶属巴东郡南浦县，明清时为石渠里十甲，乾隆二十七年（1762年）设西界沱巡检司，置塘汛，民国时期设西界沱镇，1952年设西沱镇。西沱是长江文化、巴蜀

图6-28 云梯街

文化、荆楚文化和土家族历史文化的交汇地。

西沱与著名的石宝寨隔江相望，素有“秦砖汉瓦宋元楼，千载临风赋江流”之说，宛如长江边上的一颗明珠。民间曾形象地描述西沱：从北岸看西沱，犹如一条乌梢蛇仰晒肚皮，肚皮上横着的黑白相间的鳞片恰如由江边直上山顶的石梯。那江边镇头的禹王宫是蛇头，左右龙眼桥是蛇的眼睛。

西沱被建筑界誉为“长江沿岸最古老的奇特建筑明珠”，古镇建筑与长江沿岸大多数场镇平行于山地地形等高线的做法不同，此地场镇全程拥有垂直等高线的梯步道，此为长江边古镇的孤例。最有特色的是有“万里长江第一梯”之称的云梯街。它垂直于长江，依山顺势而建，由1124级青石阶、113个青石平台铺就，呈龙形从江边曲折向上延伸到山顶，绵延近3千米，似云梯直上云霄，似蛟龙入江遨游（如图6–28）。

云梯街的形成固然与地势特点有关，但更体现了西沱昔日的繁华。到清中叶，西沱已经成为长江支流龙河上游山区的货物集散地，方斗山上商客络绎不绝。人们为了争夺商机，在江边到山顶的青石板两旁垂直地向上修筑房屋，直到独门嘴，形成了梯步式场镇，成了长江边的奇观。这些房屋是层层叠叠、错落有致的吊脚楼，黑瓦白墙，临街成铺，屋后自住。其中别具一格的是熊福田故居。熊福田出自中医世家，曾是同盟会会员，参加过辛亥革命。这所房子为两层一底的民居，门廊开阔，两侧有高耸的风火墙，院子是天井式的封闭型空间。

此地另一典型建筑是二圣宫。二圣宫始建于明代，是祭祀孔子和关羽的寺庙，2009年库区水位达175米时搬迁复建，现今已经复建完毕。复建后的二圣宫位于云梯街的上段，建筑面积920平方米，平面呈“口”字形，入口大门在戏台下部，两侧厢房与台同为二层。正殿面阔五间，进深三间，面积320平方米，单檐硬山顶。台明高2米，明间有路跺11级，往内院是地坪。明间为抬梁式构架，

次间为穿斗式构架。这是川东地区祠庙建筑的典型形式。

西沱镇是古代闻名遐迩的盐镇，是“川盐销楚”“川盐济楚”商贸活动的重要站点，因此诞生了运盐这个行业。由于当时交通不便，运盐主要靠人工肩挑背驮，背盐汉子（也称“背子客”）应运而生。背盐客往往世代相传，几百年下来，形成了独特的盐运民俗文化。背盐客那汗水淋漓、坚韧宽阔的背影，诉说着西沱镇昔日的辉煌。

（四）重庆市江津区白沙镇、中山镇

1. 白沙镇

白沙镇（如图 6–29）隶属重庆市江津区，因地处江岸、沙滩呈白色而得名。早在五千年前，先民就在此繁衍生息。东汉末年建场，唐朝时期曾在此兴建大圣寺，宋雍熙四年（987 年）建镇，明万历九年（1581 年）设水驿。清代设立巡检司，宣统二年（1910 年）置镇。清代中后期，白沙地区日益繁荣，凭借水驿之利成为商品集散的重要据点，是川东、川南的水路要津，川、黔、滇驿道上的重要集镇。白沙镇的老街主要集中在镇东部，有民生街、七贤街、凤凰街、东华街、石坝街、高家坳、板板街等，老街总长度约 1500 米，至今仍保留着清末民初的风格（如图 6–30）。

图 6–29　白沙镇

△ 图 6-30　白沙老街

白沙镇不仅商业繁荣，文化也丰富，素有“川东文化重镇”“抗战文化四坝之一”等美誉。清同治九年（1870 年），乡人张元富、邓清涟在黑石山宝峰寺兴建义塾，命名为“聚奎义塾”。同治十三年（1874 年），二人集资创办“聚奎书院”，该书院于光绪六年（1880 年）建成，后改为“聚奎学堂”。抗日战争时期，中央图书馆、国立编译馆、国立白沙女子师范学院、教育部特设大学先修班等文化教育单位搬迁至白沙，使之成为大后方的重要城镇，与北碚区、沙磁区（今沙坪坝区）并称为“川东三大文化重镇”。白沙镇被认为是“老重庆”的城市缩影，自 2006 年以来，已有《江姐》《重庆谍战》《雾都》《母亲，母亲》《开罗宣言》等 90 余部影视剧在这里取景拍摄，成为影视圈重要的外景拍摄地。

白沙镇拥有重庆地区最大的抗战遗址群，占重庆市的15%、江津区的85%。白沙抗战遗址群包括七七纪念堂、鹤年堂、聚奎书院、黑石山抗战题刻群、邓鹤丹与邓燮康合葬墓、白沙第四中山中学旧址、白沙第八中山中学旧址、卞小吾故居、邓家院子、白沙新运纺织厂旧址、国立女子师范学院旧址、四川省立重庆女子师范学校旧址、江津简易乡村师范学校旧址、高洞电站旧址、国民党党史编撰委员会旧址、国民政府审计部旧址、后勤总司令部驻川粮积处第二十六仓库白沙堆积所旧址、军政部第二陆军医院旧址、夏仲实旧居、张爷庙、朝天嘴码头、王政平旧居、太平街乐善堂等。

黑石山抗战题刻群位于白沙镇黑石山聚奎中学校内，主要由陈独秀、冯玉祥、郭沫若、于右任等名人题刻组成。夏仲实公馆始建于1929年，夏仲实曾在此举办私人宴会宴请冯玉祥等人，积极宣传抗战募捐。张爷庙始建于清康熙初年，是白沙唯一现存较完好的原型原貌的殿宇框架庙。整个庙宇分为前后两个建筑群，前院六间为修改后楼房，砖瓦结构，一楼一底，宽约4米，长约9米，前院与内院之间设有石阶7级。中间一个大内坝，约400平方米，由青石板铺成。穿过石坝，再走上13级阶梯，便来到正殿。全殿皆由石木修成，抬梁式构架，8根大柱撑起整个庙宇。房屋上有彩绘，前檐墙有木花窗，雕刻技法精湛。大殿还有龙头雕刻，两侧有天井，由风火墙构成。屋面为硬山顶，是研究清代建筑雕刻艺术的重要实物资料。抗战期间，张爷庙接收了大量爱国师生，并曾安置国民党伤兵在此治疗，有“战时医院”之称。

20世纪80年代，在白沙中学新校区内发现了宋墓。墓葬由封土和墓穴组成，封土可分为10层，平面呈椭圆形，局部残存有石围。墓穴位于封土中部，开凿于砂岩山体中，为长方形双石室墓，通长8.5米，宽7.5米，由墓道挡墙、墓门、墓室以及棺床、壁龛等组成，两墓室间有门道相通。墓室内有大量精美雕刻，种类有武士、仙人、童子、瑞兽、花卉及仿木结构建筑等，部分雕刻上还残存有红色、黑色颜料。根据墓葬形制判断，该墓年代为宋代。该墓规模大，墓室结构复杂，雕刻精美，在重庆地区的宋代墓葬中较为罕见，有很高的科学和艺术价值。

与茅台、泸州一样，白沙也拥有悠久的酿酒历史，是江小白的故乡。据《江津县志》记载，早在明嘉靖年间，白沙酿酒业就已经兴起，到清乾隆时期，白沙已有酿酒糟坊300余家，并形成以制酒、卖酒为主业的糟坊一条街，人称“糟坊街”。清末诗人赵熙有诗：“十里烟笼五百家，远方人艳酒堆花。略阳路远茅台俭，酒国春城让白沙。”可见此地酒文化源远流长。

2. 中山镇

中山镇是江津区的另一历史文化名镇，俗称“三合场”，又名“龙洞场”，地处江津区南部，渝、川、黔三省交界处，依靠笋溪河而建。这里历史悠久，早在新石器时代就有人类居住，创造出先巴文化。战国时期秦灭巴，设立巴郡、江州县，将中山镇划归江州县。后来江州县相继改为江阳县、江津县，中山镇一直隶属该县，后经许多次建制变动，才形成现在的中山镇。

中山镇坐落在云贵高原的末端，系大娄山余脉，属于亚热带季风气候，全年气候温和，四季分明，日照充足。域内拥有森林100平方千米，森林覆盖率为50%，绿化覆盖率为98%，域内有大圆洞国家森林公园，是国家重点风景名胜区——四面山的北大门，号称“江津的老山界”，是地球同纬度地区唯一幸存的原始常绿乔木阔叶林和针叶林混生带，被誉为“天赐的蓝宝石”。

中山镇历史厚重，文化遗产丰富，拥有极具民族特色的山地民居古建筑群、古庄园、古寺庙等。山地民居古建筑群位于三合老街，为小青瓦穿斗式木结构建筑，沿笋溪河而建，全长1586米，宽3~5米，由青石板铺设，共分八段，分别是江家码头、观音阁、万寿宫、水巷子、一人巷、卷洞桥、月亮坝、盐店头。有铺面453间，现保存完好的有307间。建筑群依山傍水，高低错落，依山的一侧多为穿斗式木结构或穿斗式与抬梁式混合结构，靠水的一侧多为用竹竿或木桩支撑于台状基地上底部悬空的吊脚楼。高度为 1~3 层，墙体多用竹片、木桩、木板混合泥、草等原料制成。民居建筑专家阮仪三考察后，对此给予高度评价，认为这是西南地区规模最大、保存最完好、最具民族特色的山地民居古建筑群，并题："整旧如故，以存其真，保历史文化名镇真实遗存，发展旅游，造福乡泽。"（如图 6–31）

中山镇有多处明、清、民国时期的古庄园。塘口古庄园位于太和村，建于明末清初，为时任陕西省凤翔府总镇的杨世辅所建，坐西南向东北，占地 7000 平方米，有大小房屋约 100 间，配有天井、木楼、碾槽、碉楼等，为土木结构的复式四合院布局。埃山古庄园位于白鹤村，建于清末民初，坐北向南，占地 600 平方米，有大小房屋 33 间，楼房 12 间。分上、中、下三殿，五层碉楼，配有朝门、天井、虎皮门等，目前仅存正厅和碉楼。斑竹林庄园位于龙塘村，建于清末

民初，坐东向西，为土瓦结构的单式四合院庄园，占地 684 平方米，房屋 19 间。荣庐庄园位于龙塘村，建于清代，坐东北向西南，占地 3500 平方米，由前厅、正厅、厢房、天井和侧厢房组成。正厅五开间，为青瓦屋顶，正厅右后方是碉楼。龙塘庄园，又名“余家大院”，位于龙塘敬老院，建于清末民初，坐东北向西南，占地 8100 平方米，有大小房屋 95 间，楼房 36 间，建有围墙、朝门、虎皮门、戏楼、印合坝、天井、鱼缸、花园、碉楼、碾槽等。

古寺庙有二十余处，其中双峰寺最为著名。双峰寺位于白鹤村，原名“景德寺”，始建于唐末，据民国时期县志记载：“明代建，清康熙元年重修，道光二年培修。”属于现今少有的保存完好的复式四合院禅宗寺

图 6-31 中山古镇概貌

庙。该寺殿堂通高 4.5 米，面阔 10 米，正殿的房顶是硬山式顶，内部是抬梁式架梁，梁上有浮雕。寺内有方形、圆形大小不等的柱子 30 根，最大的直径为 0.5 米，高 3 米，圆柱上刻有：“足下起祥云到此者应带几分仙气，眼前无俗障坐定后宜生一点禅心”。在双峰寺往东 10 米的竹林内，有该寺临济正宗二十六代长老的墓葬，墓为“山”字形顶，二楼、四柱、三开间，为仿木石质结构，基本保持完好。

中山镇拥有很多汉代到民国时期的古墓葬、墓葬群，本书选择两座有特色的汉墓，特色之处在于是崖墓，即墓穴凿在山崖中。一是枇杷岩崖墓群，位于鱼湾村的蛮子洞，坐西向东，共有墓葬 4 座，单门楣，墓室为弧形。由南到北分布在长 250 米、宽 100 米、距地面 3 米的石壁上。墓与墓之间相距 10 米、13 米、 50 米不等。二是高升桥崖墓，位于四合村的高升桥，汉代所建，坐西向东，共有墓葬 2 座，分布在长 100 米、宽 50 米、距地面 7 米的石壁上。两墓均长 1.4 米，高 1.4 米，深 2 米，相距 4 米，墓室为单门楣的正方形墓葬。

中山镇民间艺术文化源远流长，较有特色的是楹联文化，2004 年这里被重庆市楹联学会评为“楹联之镇”。中山镇的楹联兴起于宋朝，当时中山镇庙宇众多、场镇繁华，在佛教文化与唐诗的影响之下，人们纷纷在庙宇、作坊、商铺、殿堂的门柱上张贴、雕刻对联，久而久之形成了一种文化。楹联文化于明清时期发展到顶峰，当时的中山镇事事处处用对联，官府衙门、祠堂庙宇自不必说，就连百姓的红白喜事、修房造屋、逢年过节等都要撰写、篆刻对联。

第七章
边塞外悠悠古韵
——藏新青甘和内蒙古地区古镇

一 西藏自治区古镇

（一）日喀则市萨迦镇

萨迦镇隶属日喀则市萨迦县，地处萨迦县城西部的冲曲河上游，系萨迦县政府、县人大、县党委驻地。萨迦镇平均海拔4350米，属高原山地气候。历史上，萨迦曾是西藏萨迦地方政权所在地，也是藏传佛教四大教派之一——萨迦派的发源地。

萨迦镇因萨迦寺而闻名。在藏语中，“萨”意为“土”，“迦”意为“灰白色”，“萨迦”的意思是“灰白色的土”，据此可知“萨迦寺”与灰白色岩石有关。北宋熙宁六年（1073年），吐蕃贵族昆氏家族的后裔昆·贡却杰波发现本波山南侧的山岩为白色，有光泽，呈现出祥瑞之相，遂出资在此修建寺庙。萨迦寺是藏传佛教萨迦派的祖庭。在古代，这里众僧云集，曾经是西藏的政治中心和文化中心。

萨迦寺（如图 7–1）是由北寺、南寺两大部分构成的寺庙群，两部分以冲曲河隔开。昆·贡却杰波修建的寺庙被称为“萨迦阔布”，是萨迦北寺的前身，但是规模较小，比较简陋。随着宗教活动的展开，贡却杰波的后人不断增建北寺。其子贡嘎宁布创建了修法之所——拉章夏，修建了由护法神殿、塑像殿、藏书室组成的古绒建筑群，创建了乌孜宁玛大殿，该殿成为北寺的主要建筑。贡嘎宁布的后人不断扩建乌孜宁玛大殿，后来又加了金顶。元朝时，在该大殿西侧又兴建了一座八根柱子的配殿——乌孜萨玛殿。经过历代萨迦法王的扩建，这里形成了逶迤重叠的萨迦北寺建筑群。14 世纪以后，由于宗教活动中心逐渐转移至萨迦南寺，北寺便不再有大规模建设。

萨迦南寺鸟瞰似曼陀罗（坛城形），东西长 214 米，南北宽 210 米，占地面积 44940 平方米，建筑结合了汉、印、藏建筑风格，内城墙的南、北、西三面无门，仅东面正中开有城门。外城墙称“羊马城”，是“回”字形土筑城墙，墙体低矮单薄，东面曾开有大、小两座城门。外城墙北面紧邻冲曲河，东、西、南三面外城墙外有护城河壕沟。它建于 13 世纪，1268 年萨迦第一任本钦释迦桑布奉八思巴之旨，以杰日拉康为蓝本设计建造拉康钦莫大殿，后来元朝萨迦政权历

任首席行政长官对此进行扩建，逐步形成了南寺建筑群。关于南寺的选址，有个传说。当时僧众和信众一致认为建寺一定要有防守、防火功能，所以在本波山和巴钦颇章顶上各架起一门火炮，朝山下射石头选点，结果射出的一块石头落在大殿门前左侧，一块石头落在大殿广场中央，当即涌出泉水，大家认为这是祥瑞之兆，便决定在这里建寺。

图 7-1 萨迦寺建筑

南寺大经堂内的南墙、北墙和西墙是经书墙，经书墙高 10 米，长 70 多米，有 700 多年的历史，由 8.4 万部经书堆积而成，是公元 13 世纪法王八思巴时期的书法家用金、银、珊瑚、象牙、珍珠等各种珍贵宝石研成墨汁，在质地为青蓝色和黄色的传统藏纸上书写而成的。其中最著名的是巨型经书《布德甲龙马》，宽 1 米，长 2 米，高 60 厘米，因其上下夹板由珍贵木材做成，嵌有 8 个铁环，又称“铁环经书”，是萨迦寺四大奇宝之一。

南寺大经堂正中的镇寺之宝——白海螺，是元朝皇帝忽必烈送给八思巴的礼物，相传这尊白海螺就是当年释迦牟尼初转法轮时，帝释天等天神送给释迦牟尼佛的那尊白海螺。白海螺在佛教里被尊称为“法螺”，是佛教吉祥八宝之一。佛教中的法螺是一种右旋白海螺，螺纹顺时针旋转的为右旋螺，极为稀少，非常珍贵。相传这尊白海螺从印度传到中国后就一直存放在萨迦寺中，萨迦寺的僧人视其为珍宝，一般只在宗教吉日时才会捧出海螺，由高僧吹奏，信徒们相信，听到法螺的声音，能消除自己的罪障（如图 7–2）。

图 7–2 萨迦寺法会

对于萨迦寺的繁盛，西藏高僧八思巴功不可没。现今的萨迦县每年都有八思巴文化旅游节，萨迦镇还有八思巴文化广场、八思巴路、八思巴北路等。

萨迦镇的民族手工业历史悠久，传统银器手工技艺已有千年的历史，酒壶、酒杯、勺、筷、碗等银器工艺精湛，造型优美；泥塑面具有着九百多年的制作历史；唐卡制作有几百年的历史，有手绘唐卡、缂丝唐卡、刺绣唐卡等。哈达文化起源于萨迦，公元1268年初八思巴返藏，僧俗官员敬拜，帝师回礼，献湖丝哈达于诸佛菩萨，自此八思巴哈达问世。

（二）日喀则市定结县陈塘镇

陈塘镇位于日喀则市定结县西南部的陈塘沟，属于喜马拉雅山脉中段南坡、珠穆朗玛峰东南侧的原始森林地带，东南与尼泊尔隔河相望，北接定结县日屋镇，西临定日县。

“陈塘”这一名字与运输有关。在藏语里，“陈”是“运输”的意思，“塘”是“路”的意思，“陈塘”便是“运输的道路”之意。相传在修建萨迦寺时，需要的大量木材均从此地运输，因此得名。萨迦寺拉康钦莫大殿“忽必烈柱”、“老虎柱”、“野牦牛柱”和“海王之血柱”均与陈塘有关。

作为边境城镇，陈塘镇的物流相比其他区域处于劣势地位，但并非没有优势。由于与尼泊尔接壤，历史上的陈塘填是中国与尼泊尔国际贸易的主要通道。在长达12千米的边境线上，有5个通往尼泊尔的传统商贸山口，大量的日常生活用品在此进行边贸交易。随着近些年国家和自治区对口岸和边境小康示范村建设和规划的重视，陈塘镇对我国与尼泊尔的国际贸易有着越来越重要的作用。

陈塘镇是夏尔巴人的主要聚居区。当地人对于夏尔巴人的祖先源流主要有四种说法。第一种，他们的祖先来自东方，这主要是从“夏尔巴”一词引申而来的，在藏语里“夏尔巴”的意思就是“东方”。第二种，陈塘镇夏尔巴人的祖先与藏族人同源。第三种，夏

尔巴人是党项羌的一支。西夏灭亡后，一部分西夏贵族为躲避追杀，辗转到四川甘孜、西藏等地，最后定居于尼泊尔、印度、不丹等国的边境地带。第四种，祖先父辈来自卧龙（今尼泊尔一带），母辈来自东方（今西康、四川甘孜地区）。

夏尔巴人的房屋是以木板代替石墙、土墙来构建的，是干栏式构造的全木房屋。房屋下面架空，使空气流通并防潮，这与当地气候有关。陈塘镇地处喜马拉雅峡谷地带，海拔 2000 米左右，为亚热带季风气候，气候温和，雨量较多，因此植被丰厚，森林资源丰富。

夏尔巴人的婚俗很特别。早年间，夏尔巴人只与加迦嘎玛类族和多吉玉提类族两族通婚，后来才开始与国内各地迁入的居民通婚。因此，这里兼容了汉、藏的一些传统。

夏尔巴人的衣着也很有特点。妇女往往在帽子上插上鲜花或孔雀羽毛进行点缀，颈部一般会挂银环连串的项链，胸前挂小串子，腰部系着银带，手腕上戴着白色海螺。这么繁复的装饰，使得夏尔巴人妇人走起路来叮叮作响，银白色的装饰物在太阳光的照射下发出耀眼的光芒。男子也会在帽子上插上鲜花或孔雀羽毛，比较特别的是男性会在腰间插一把弯月形砍刀，据传这把刀的名字叫“古尔奔”，这种配饰方式古朴而别致。砍刀对夏尔巴人来说，更多的是生活用具，陈塘地区植物繁茂，为了可以顺利通行，砍刀在必要的时候可以用来开路，故而佩戴砍刀也是为了方便行走。

在夏尔巴人的生活中，除了每天的劳作，还有歌舞。每当傍晚，喜马拉雅山的落日缓缓降下，伴着欢快的乐曲，夏尔巴人在他们的聚居区载歌载舞，悠扬的曲调响彻日喀则的夜。现今，陈塘夏尔巴歌舞已被列入国家级非物质文化遗产名录，成为一项表演传承项目。

（三）札达县托林镇

托林镇位于阿里地区札达县中部，为札达县人民政府、县人大、县党委驻地，东邻噶尔县，南与印度相邻。托林镇历史上属西藏地方扎布让宗管辖，1956 年扎布让宗、达巴宗两宗合并设立札达宗办事处，1960年建立札达县，1976年札达县设立札布让区，辖托林乡、东嘎乡、波林乡共3个乡，1999年，札达县撤区并乡，撤销札布让区，原托林乡、东嘎乡、波林乡3个行政区域合并置托林镇。

托林镇位于世界地质奇迹——札达土林（如图7–3）的中心。札达土林是世界上最典型、分布面积最大的第三系地层风化形成的土林，总面积约2464平方千米，海拔3750~4450米。扎达土林在地质学上被称为“河湖相”，形成于百万年的地质变迁。一百多万年前，此地是个方圆超过500平方千米的大湖，属于亚热带草原气候，喜马拉雅造山运动使湖盆升高，水位渐减，湖底沉积的地层长期受流水切割，露出水面的山岩经风雨长期侵蚀，在数百万年间经历了沧桑巨变，终于雕琢成今天的模样。土林形态各异，有的像城堡，有的像直挺耸立的佛塔，有的像丛林，有的似一个巨大的宝瓶，有的已经被冲刷成残垣断壁，在朝霞和夕阳的映照下，山纹明暗有致，色调金黄，生动富丽。

托林镇最为著名的文物古迹当属古格王国遗址，该遗址是首批全国重点文物保护单位之一，也是研究西藏历史和公元10世纪以来藏族建筑史的珍贵资料。巍峨的古格故城坐落于托林镇西北的象泉河南岸，距县城19千米。20世纪初，有一位英国探险家麦克霍斯·扬曾经来到这里，他在日记中记录：“这或许是一个巨大的城市或古堡的遗址。”然而，当时他的这些经历和记录根本没有引起外界的关注，直到80多年后的1985年，随着国家联合考古活动的开展，这个宏伟的城堡群落才被真正发现并逐渐被外界认知。

公元9世纪末，吐蕃国势渐衰，各地部落重新割据，战争连年不断。吐蕃藏王内部争权夺利，其后代吉德尼玛衮逃到阿里，令其三子分管三处地方，其中古格由其第三子德祖衮掌管，称为“古格王国”。其中，都城城堡在10至16世纪之间不断扩建，并达到全盛。古格王朝前后世袭了16个国王，17世纪被灭。历经了700多年灿

图 7-3 札达土林

烂文明的古格王国，给后人留下了无数珍贵的文物和历史资料。

古格王国遗址是西藏地区规模庞大的古代城市遗址，占地约72万平方米，在一座300多米高的黄土坡上。建筑分上、中、下三层，依次为王宫、寺庙和民居。都城的外侧建有城墙，城墙的四角建有碉堡，是为防御外来侵略所设（如图7–4）。其中最有特色的是壁画、石窟，体现了古格王国的艺术水平与繁荣景象。壁画有很多异域人物、图案和造型，其中天女图案最多。壁画构图严谨，线条流畅，造型独特，惟妙惟肖，因其采用特殊的矿物颜料绘制，色彩鲜艳，经久犹新，精美程度不亚于敦煌壁画。石窟以东嘎石窟群和皮央石窟群最为有名。东嘎石窟群有二百多个窟，绵延不断，横亘在山体中央，是中国发现的规模最大的佛教石窟遗址。皮央石窟群是由寺院、城堡、石窟以及塔林组成的大型遗址群。

托林镇还有一处比较著名的古迹是托林寺，它是古格王国在阿里地区建造的第一座寺庙，具有西藏、印度和尼泊尔风格。“托林”的意思就是“飞翔空中、永不坠落”，“托林寺”

图7–4　古格王国遗址

意为“飞翔之庙”。10世纪末，古格王朝第一任王德祖衮生得两个儿子，取名“柯热”和“松额”。松额继承王位后不久就出家修行了，取法名“拉喇嘛·益西沃”。他为了弘扬佛法，修建了托林寺，同时还请了阿底峡、仁钦桑布、达摩波罗等多位著名的比丘来此说法。这些高僧莅临托林寺，为佛教的发展和弘扬做了一定的贡献。其中，阿底峡还带来了二十四位弟子，在这里生活了三年，撰著了《菩提道灯论》等著作。阿底峡圆寂时，托林寺为他举行了隆重的法会，以纪念他推动西藏佛教中兴的功绩。

托林寺位于象泉河畔，东西长，南北窄，分殿堂、僧居、塔林三个部分，呈条形布置。迦萨殿是托林寺的主要建筑，建筑分内外两圈，内圈殿堂呈“十”字形，正中是方殿，安放着主体坛城和如来佛像。方殿四个方向各有一殿，周围环绕回廊一周。外圈东向为门厅，供养释迦牟尼和十八罗汉，南、西、北三向各有殿堂五座，外圈四角建有四塔，塔高约13米。迦萨殿的出现，震动了远近四邻，香客纷纷前来朝圣。15世纪初及15世纪末，拉达克王扎巴德和次旺朗杰，先后两次测绘迦萨殿，按照它的模式兴建寺庙与佛殿。现在，殿堂仅存墙垣，顶盖、梁架、佛像、壁画均已荡然无存。

托林镇的民居有藏式碉房和洞窟式建筑两种。藏式碉房体型方正，形状以长方形或正方形居多，给人以厚重稳固的感觉，且一般主体房屋外设置有院落，自成天地。建筑功能分区比较明确，注意人畜分隔，不混杂。一般底层安排牲畜圈，主人在上层居住，且牲畜有其单独的入口，不与主人共用入口，这皆是藏族洁净观的体现。房间以方形居多，尺寸在4×4米左右，层高一般比较低，在1.8~2.5米之间。有冬夏之分，冬居室一般设在建筑底层，夏居室则安排在二楼敞亮的房间。每家都在家中设有经堂，经堂往往安排在家里位置最好、最安静的房间。条件好的家庭建有专门的佛堂，并请喇嘛到家中念经。房屋的门窗少且小，一楼通常不设窗或窗户很小，稍有些年头比较传统的房屋二楼窗户也不大，一般宽30~40厘米，高

40~50 厘米。洞窟式建筑从平面形式上看，有近似圆形的，也有贴近方形的；从组合形式上来看，有单独一个的洞窟，亦有几个串联在一起的套洞；从层数上来看，有位于同一层面上的洞窟，也有通过楼梯或上下贯通的上人孔连接的两层、甚至多层的洞窟。高原气候恶劣，冬季寒冷且多风，因此，洞窟大多选择在东向或南向的山体上开凿，能争取到良好的日照。山体坡度一般不会太陡，且有一定的层次感，否则不利于开挖。山体山脚下一般有河流，便于居民取水使用，同时河流沿岸会形成肥沃的土地，便于耕作生产。

宣舞是托林镇的传统文化艺术活动之一，“宣”是象雄语，是“舞蹈”的意思。宣舞于 10 世纪前起源于札达县，是阿里地区最具象雄文化特色的民间传统艺术，它是一种极富古韵风情且雍容华贵的将说、唱、跳相结合的抒情歌舞，2008 年被列入第二批国家级非物质文化遗产名录。托林镇的卓嘎是第五批国家级非物质文化遗产项目代表性传承人。2006 年，节目《古格宣舞》在参加中央电视台《2006 中国民族民间歌舞盛典》演出活动中，被授予中国民族民间歌舞第七个“之最”的光荣称号 。

二 新疆维吾尔自治区古镇

（一）富蕴县可可托海镇

可可托海，哈萨克语的意思为“绿色的丛林”，蒙古语的意思为“蓝色的河湾”（如图 7–5），我国唯一一条流向北冰洋的河流——额尔齐斯河发源于此。这里的冬天十分寒冷，历史最低气温接近零下 60℃，有“中国寒极”之称，虽比漠河的北极村稍暖些，但也是全国高寒地区之一。如果想体验冰雪般的寒冷，除了漠河，还可以选择这里。

可可托海并不是海，却有海一样博大深邃的内涵，其岩脉储量之丰、矿种之多、规模之大、品质之高为国内独有、世界罕见，可可托海镇虽深藏在阿勒泰山脉深处，但凭借其天富蕴藏的宝藏，被

图 7–5 可可托海秋季

图 7–6　可可托海三号矿脉

全球地质界公认为“天然地质博物馆”。20 世纪 50 年代中国和苏联曾经联合兴办了中苏有色及稀有金属股份公司阿山矿管处，开发利用这里的矿产资源。经过开采，可可托海地区的矿采资源得到了有效的利用，为中华人民共和国成立初期的经济建设做出了一定的贡献。后来苏联撤离，这里被打造成独具规模的矿区，为日后的开采与发展工作提供了先决条件。苏联人在这里留下了很多俄式风格的建筑，如今成为小镇一道独特的风景。

可可托海的出名，离不开被称为“世界第四大露天矿”的三号矿脉（如图 7–6）。三号矿脉有着“共和国的功勋矿”“中外地质教科书”的美誉，储藏有锂、铍、铌、钽、铷、铯等 86 种矿物质，被誉为“天然地质博物馆”。中国第一颗原子弹所使用的铍就来自可可托海，第一颗氢弹所使用的锂也来自可可托海，第一颗人造卫星“东方红一号”所使用的铯同样来自可可托海。

三号矿脉深100多米，坑壁由六个台阶构成，每个台阶20米，向下逐渐收缩，形成了六个圆圈，像古罗马的圆形剧场。随着大岩钟基本采完，三号矿脉走完了它的第一个里程，1999年11月25日关闭。

可可托海不仅矿产资源丰富，风景也十分优美，可以用“山奇水秀”来形容。钟状、穹状、锥状，一座座形态各异的山峰，逆河而上，直入云霄，有飞来峰、剑锋、神钟山、神象峰、骆驼峰、神鹰峰等。其中，神钟山高365米，坡度89度，被誉为“中华神州第一钟”，它通体光滑，寸草不生，孤峰傲立，巍峨神奇，堪称阿勒泰山景之最（如图7–7）。额尔齐斯河由东向西流，上游水势磅礴，水声打破高山峡谷的宁静；下游静谧平缓，将峡谷点缀得多姿多彩。可可苏里湖和伊雷木湖如同可可托海的一双美丽的大眼睛，构成了可可托海风景区最为迷人的一处佳境。可可苏里湖是由地震断陷形成的湖泊，湖面不到2平方千米，平均水深2米，在湖上共有20多个浮岛，湖水澄清碧蓝，水生植物丰富。伊雷木湖距离可可苏里湖不过5千米，呈巨大的“8”

图7–7 神钟山

字形，在哈萨克语里，“伊雷木”是“漩涡”的意思。伊雷木湖位于富蕴大地震断裂带上最大的断陷盆地，湖面的东西两侧雄峰屹立，南北两侧绿树环绕，近看似长江三峡，登高俯视则宛如巨大的海蓝色宝石。

作为中华人民共和国最早为开发矿产资源而建的工业城镇，可可托海孕育出了“吃苦耐劳、艰苦奋斗、无私奉献、为国争光”的红色精神，这种精神历久弥新，成为今天的红色教育资源。

（二）霍城县惠远镇

在中国近代史上，惠远镇具有十分重要的地位，这里是闻名中外的“伊犁九城”之首。有人曾这样诗意地描述惠远：“曾经辉煌过，车水马龙，高堂明镜；曾经威严过，二万余八旗、绿营兵，雄镇边关。”“惠远”一词意指大清皇帝恩德惠及远方，清代伊犁将军府便设于此地。乾隆二十四年（1759 年），清政府平定大小和卓叛乱，基本上实现了对新疆的全面控制。乾隆二十七年（1762 年），任命富察·明瑞为“总统伊犁等处将军”，主要负责统领天山南北的事务。从此直至民国时期，惠远镇都是新疆地区的政治、经济、文化中心。

惠远镇有著名的古迹——惠远古城，其有老城和新城之别。伊犁将军初驻绥定城，由于城垣规模较小，于乾隆二十八年（1763 年）在伊犁河北岸营建新城，置伊犁将军衙署，乾隆赐名“惠远”，即今惠远老城。后来由于贸易繁荣、人口增加，惠远古城于乾隆五十八年（1793 年）扩建。同治十年（1871 年）被沙俄侵略者焚毁，加之伊犁河水患严重，惠远老城被逐渐废弃。

由文献记载可知，惠远老城的建造由内地工匠进行，完全仿照内地布局与形制，主要功能在于驻防。关于其建制与建筑，《西域水道记》《西陲要略》《伊江汇览》中均有记载，如“城高一丈四尺，周一千六百七十四丈，共九里三分”，“宫在惠远城之北门内，癸未同城所建。南向三楹，殿址高爽，东西朝房各三间，宫门三间，环以木栅，悉丹绘之。……宫门两边隙地，于乙未夏建立。土尔扈特归顺优恤二记穹碑二座，碑身高大，四面镌勒满、蒙、汉、回四样字体，两亭对峙，颇壮观瞻矣。关帝庙亦癸未同时所建，在宫之后，北向正殿三间，左右廊房各三间，大门三间，外石狮二。殿中初设画像……其正殿西边建祠三间，合龛供设将军公班（第）、参赞大臣伯鄂莱安神主……殿之东边亦建祠堂三间，龛供将军公明（瑞）神主……”

光绪八年（1882年）收复伊犁后，于老城北7.5千米处另筑新城，即今惠远镇所在。新城规制与老城相同，于光绪十九年（1893年）竣工，翌年伊犁将军移驻惠远新城。人们因清朝新疆最高军政长官驻此，将此地称为“伊犁大城”。谢彬在《新疆游记》中说道，惠远新城当时盛极一时，被誉为“小北京”。该城规划得体，建筑十分规整，以钟鼓楼为中心，四条大街分别通向四个城门，四个城门分别是东门（景仁门）、西门（悦泽门）、南门（宣凯门）、北门（来安门）。钟鼓楼是四层三檐歇山顶的木结构建筑，雕梁画栋，根基稳固（如图7-8）。作为军事重镇，惠远城的城内和城外均有军器库、

图7-8 惠远古城钟鼓楼

军局、火药局、教场等军事设施。城内有钟鼓楼、民居、商铺，还有官学、私学、义学以及俄式学校等教育机构。1851 年清政府与沙皇俄国签订了《中俄伊犁塔尔巴哈台通商章程》，使得沙俄在惠远城内得以设立领事馆。

伊犁将军府旧址位于惠远新城东部，整个建筑为坐北朝南的四合院式土木结构。主要建筑有军府大门、将军府内殿、将军亭、东西营房、客房、书房等。大门为单檐硬山布瓦顶建筑，面阔三间，进深二间，为抬梁式木结构。在大门内尚可见到将军府旧址残存的墙体，系用土坯垒砌而成，一偏门用条砖砌成。东西两侧营房为单檐硬山顶建筑，面阔十四间，进深一间，前出廊。内殿面阔五间，进深一间，高 7 米，前、后出廊，为单檐歇山布瓦顶建筑。另有一四合院建筑，为办公室、书房、客房与住室。

18~19 世纪游历于中国西北地区的探险家留下了不少对惠远新城的描述，晚清时期入境的芬兰人马达汉在其游记中留下有关惠远城的真实记录：“惠远城是我看到过的最清洁、最美丽的城市……城市设计得很好，笔直的街道，又宽敞又漂亮。两条街在市中心相互交叉。在主要街道的两旁，几乎都是官邸、衙门，其中据中心地位的是将军府。此外，还有一些商店和两座庙宇。其中一座庙宇红砖绿瓦，十分漂亮。另一条街道主要是商店、餐馆等。市中心，两条大街的十字路口建了一座像城门样的钟鼓楼，在汉城城门外就能看到。钟楼的四座门洞朝着东西南北四个方向。”1906~1907 年进入新疆的日本少佐日野强在其游记中写道：“惠远城位于东经 80 度 58 分，北纬 43 度 45 分，距省会 235 里，距北京 1569 里，现在的城墙系光绪初年新筑，位于旧城北数十町处。城内置伊犁将军衙门，下设副都统及察哈尔、索伦、锡伯、额鲁特四领队大臣，新满营、旧满营、协台等衙门，以及电报局、官钱局等机构。……街道宽阔，下水道纵横相连，其城市清洁程度在省内首屈一指。”

惠远古城周边的文物史迹众多，有清真寺、喇嘛庙、昌寿宫、城隍庙、火神庙、风神庙、文昌宫、魁星阁、社稷坛、先农坛等。这些少数民族宗教建筑和文化场所，体现了这一地区当时文化的繁荣。

惠远城曾是文人云集之地。嘉庆时期，著名地理学家徐松谪居住于此。在这里，他撰写了大量的著作，著名的《新疆赋》和《西域水道记》便是在此地完成的。晚清时期名臣林则徐、著名将领邓廷桢等都曾来过惠远城。现今的惠远城也是军事重地。古老的建筑，悠久的文化，失落的城门，留存的府第，是这里的文化精髓，正等待着热爱它们的人的到来。

（三）鄯善县鲁克沁镇

鲁克沁镇位于吐鲁番市鄯善县火焰山南麓，东有树柏沟，西有吐峪沟，北有二塘沟，处于吐鲁番盆地的十字路口处，曾是西域三十六国之一车师国的前部柳中城，是丝绸之路的重要驿站之一。这里三面环山，海拔在 100~500 米之间，地势闭塞造成增温迅速，散热不易。“赤焰烧虏云，炎氛蒸塞空”，唐代诗人岑参所说的暑热，在鲁克沁镇就可以体会到。

在汉代，这里是屯囚之地，公元 123 年，东汉西域长史府设置于此。魏晋南北朝时期，张俊在此建立前凉政权，在吐鲁番盆地设立高昌郡。北魏宣武帝时期，将鲁克沁升为郡。唐太宗时期，侯郡集平定高昌叛乱后，改设西昌州。鲁克沁镇曾是高昌回鹘的属地。据《宋史・高昌传》记载，此处的地名有很多种说法，如鲁克尘、柳陈、鲁克察克、鲁克齐穆等。到了明朝中叶，此地以酿造葡萄酒出名。明代陈诚所撰《西域番国志》中记载：“有小葡萄，甘甜而无核，名曰锁子葡萄……善酿葡萄酒。”清雍正年间，鲁克沁成为西域抗拒准噶尔分裂势力的桥头堡，鲁克沁维吾尔族首领额敏和卓因反对割据分裂、维护中华版图有功，被清政府封授郡王。自此之后，鲁克沁成为 9 世王爷的王府所在地，直至清末被毁。

汉城墙、王爷台、双塔清真寺是鲁克沁镇三大文物保护遗址。

东汉时期西域长史班勇曾率500士兵进驻柳城屯垦戍边，汉城墙便是此时遗留下来的，此后历代有所增建，逐渐形成城池规模，称为“柳中城”。柳中城内城南北长350米，东西长300米，城墙底宽4米，顶部宽1.90米，高6米余，土坯长39厘米，宽18厘米，厚9厘米。城墙层层夯实，整块筑起无接缝，形制和现在的高昌古城相似。目前的内城遗址经考证为唐代时所修。外城为1873年阿古柏入侵后所修，当地人们都称之为“安集廷城”，其城东西长1000米，南北宽500米，城墙厚2米，高5.5米，用当地土法将两堵土墙合并在一起而筑，内外均有接缝，其土质及坚固性远不如内城。

在内城正西，有额敏和卓郡王府遗址，大约建于1758年，当地人称“王爷台”。台长57米，宽40米，高20米，皆用黄黏土夯筑而成。根据史书记载，当年的王爷台是清代典型的大木梁架结构的建筑式样，雕梁画栋，气势恢宏。历经200多年大漠风沙的洗礼，当年郡王府的雄伟面貌已荡然无存。

双塔清真寺的全称是哈尼力克·买迪坎热斯双塔清真寺，曾是额敏和卓的王家寺院，同时也是整个新疆地区的经学中心，面积4934平方米，平面为全封闭空间，四面是以生土建造的方形房间，每个房间盖上穹窿顶，前室是横筒拱形顶，两者形成一套房屋。

汉代之后，鲁克沁民居围绕汉城墙、王爷台、双塔清真寺这三大历史文化遗址，呈市井式安置宅院，集中构筑院落，最终形成“井”字形街巷，分别为格尼郎巷、凉台巷、西周巷、拜格巷，四条巷相互交叉，纵横分布。厚重的生土建筑群落围绕三大文化遗址，形成吐鲁番地区独具特色的曼妙景色（如图7–9）。

另外，鲁克沁镇也是艺术之乡，是世界非物质文化遗产——吐鲁番十二木卡姆艺术的发源地。吐鲁番木卡姆最显著的特点是“无鼓不歌，无鼓不舞，鼓变乐变，乐变舞变”，其因丰富优美的旋律、深邃生动的唱词、载歌载舞的热烈气氛而深受广大人民的喜爱，比较著名的有《十二木卡姆》《刀郎木卡姆》《吐鲁番木卡姆》等。

图 7-9　鲁克沁镇极具特色的黄黏土建筑

1997 年鲁克沁镇被命名为“新疆民间艺术之乡”，2003 年被评为“中国民间艺术之乡”，2006 年新疆第一个十二木卡姆艺术传承中心建在了鲁克沁镇。在鲁克沁镇，只要有乐鼓的地方，就可以看到随着鼓乐声音起舞的鲁克沁镇人民，他们载歌载舞，表达了对美好生活的愿望。

三 青海省古镇

循化撒拉族自治县街子镇

街子镇位于海东市循化撒拉族自治县的北部“街子”，当地读为“Gaizi”，是“街集”的意思，顾名思义，这个地方曾出现过城镇的雏形，集市与街道都汇聚于此。从宗教方面来说，这里也被作为撒拉先民最早的定居地与“根子地”，撒拉语为“阿勒特欧里（altouli）”，意为“6 个亡人”或“ 6 个坟墓”，即最早的先贤坟墓之地。撒拉族发祥地骆驼泉、撒拉族先民从中亚带来的珍贵手抄本《古兰经》等都在街子镇，因此街子镇是撒拉族的圣地。

据《循化撒拉族自治县志》记载，元朝初年，撒拉族先民尕勒莽率本族由中亚撒马尔罕启程，途经新疆、张掖、武威、宁夏、天水、挑州、合作、拉卜楞进入今循化地区，屯驻街子。关于此，还有一段美丽的传说，据传 700 多年前，在中亚撒马尔罕地方居住着一个英雄的部落，这个部落的后人属于乌古斯部撒鲁尔的一支。在部落中，尕勒莽和阿哈莽是兄弟二人，他们经常为部落的人们做好事，如帮助人们建房屋、运输粮食等。因此，他们兄弟二人在部落中有很高的威望。兄弟二人深得民心，引起了撒马尔罕国国王的忌恨，决心要把他们兄弟二人置于死地。这一晚，有仙人指点了兄弟二人，让二人尽快离去，避免祸乱。于是，兄弟二人简单收拾了行李，带着《古兰经》，又带领了18个族人，牵了一匹白色的骆驼，驮着一罐故乡的水，又装上了一袋故乡的土，离开了撒马尔罕，去寻找另一片净土。兄弟二人离开故乡后，沿天山北路，经嘉峪关、凉州，到达秦州（今天水），继而又来到甘肃省的甘河滩。二人离开故乡时，又有四十余人结伴跟随，在甘河滩与兄弟二人会合。会合后，大家稍事休息，便继续赶路。当通过循化夕昌沟时，不小心将骆驼丢失，于是众人分头寻找，找了一宿，也未找到骆驼的踪影。天光渐亮，众人突然发现眼前景色优美，地势平坦，河流纵横，山川秀丽。在场的所有人都被此刻的美景所震撼。随后，众人找到了水源，发现走失的骆驼盘卧在清澈见底的泉水之中，已化为石头。人们为了纪念白骆驼，将此处命名为“骆驼泉”。在悲伤的同时，兄弟二人带领众人在此地修屋开路，定居了下来。

骆驼泉的对面就是街子镇重要的文物古迹——清真大寺（如图7-10）。这座清真寺十分著名，是撒拉族的祖寺，也是青海第二大

图7-10 街子清真大寺

清真寺，初建于明洪武三年（1370 年），清代和 1931 年曾进行过扩建，后在“文革”中被毁，1982 年仿照新疆喀什清真寺重新修建。重建的清真寺为砖混结构，大殿呈正方形，其中礼拜殿面积为 1089 平方米，可容纳 1200 人集体礼拜，殿内四根大柱支撑着 49 间殿顶，大殿四角是距地面 23 米的宣礼塔，中间的大圆宝塔具有鲜明的阿拉伯风格。

街子镇的民居是庄廓合院式民居。“庄廓”一词为青海土话，“庄”即“村庄”，俗称“庄子”；“廓”即“郭”，意为“城墙外围的防护墙”。可见，这种民居不仅可以用来生活居住，还有很强的防御性，这是在长期的实践中形成的。青海地处高寒，加上唐宋以来战乱不断，这种严酷的环境下必须有防御性很强的生活居所，因此形成了县有城池、村有堡子、户有庄廓的特点。一个完整的庄廓由院墙、房屋、庭院、大门四部分构成，坐北向南，平面呈正方形或长方形，版筑围墙厚约 0.8 米，高 5 米以上，南墙正中开门，大门是撒拉尔人庄廓中最重要的部位，不仅高大华丽，而且材料贵重，雕花精致。院内房屋以南北为中轴，呈左右对称格局，中间庭院设置花坛，种植花草树

图 7-11　撒拉族男女剪纸像

木。庄廓的屋顶很有特点，都是平顶，可以上房御敌，行走如平地，俗语有："青海山上不长草，房上可赛跑。"

街子镇还有卡约文化遗址。卡约文化属于青铜时代的文化，约存在于公元前 900 年—公元前 600 年，主要分布在黄河流域，沿岸居民以从事农桑为主。出土的文物多为使用工具，如石斧、石刀、石锤等石器，晚期出现铜镰、铜刀、铜斧、铜锥和铜镞，陶器有双耳罐、双大耳罐、四耳罐和瓮等。在这里同时发现了很多早期墓葬，多为长方形土坑竖穴墓，随葬品有陶器、石器、骨器及铜器等。

街子镇是一个纯撒拉族集中区域，这使得独特的撒拉族文化传统得以在此代代相传而较少受到外部影响，它与现代生活并行发展，相辅相成，有序而美好，生动而自然（如图 7-11）。

四 甘肃省古镇

（一）榆中县青城镇、金崖镇

1. 青城镇

青城镇深居西北内陆，地处黄河大峡与乌金峡之间形成的东西长约 15 千米、南北宽 2~5 千米的青城河谷，南依崇兰山，背靠发源于车道岭的南坪纱帽山，黄河自西向东环绕而过，是典型的河谷型城镇。“南屏崇兰，北带大河。为皋榆之奥区，实兰垣之外蔽”。属于温带大陆性气候，日照充足，冬无严寒，夏无酷暑。

青城古镇的历史悠久，形成了独有的青城文化体系，有“黄河第一古镇”之称。据《榆中县志》记载，青城镇在秦汉时期属陇西郡，由于青城背山邻水，水势湍急，因而成为天然的防守要塞。汉代时，开始屯兵；唐代在此地修筑“龙沟堡”；北宋仁宗年间，时任秦州刺史的宋朝大将狄青，以黄河为天然屏障，增筑新城，东西长，南北狭，故称“条城”；明代，青城是防御鞑靼入侵的军事要地。明末随着鞑靼势力的北退，汉族人逐渐移居黄河以北地区。随着人口迁移，条城范围也不断扩张，20 世纪初，条城的地域范围大约有 200 多平方千米。杨楫舟所著《青城记》记载，青城原名“一条城”，东西长、南北狭，故名，民国时期老百姓简称为“条城”。东门名“巩安门”，上有朝阳阁，结构宏伟，悬匾额“条城堡”。南门名“威远门”，上即文庙。后代为纪念狄青，又将条城呼为“青城”。

狄青府始建于宋仁宗宝元年间，为秦州刺史狄青的议事厅，明万历年间改为守备府，清雍正时期改建为城隍庙，占地面积 1000 平方米，大殿保存基本完好，门楼和戏楼也已修复完毕。如今，这里成为当地人进行文化交流、休闲娱乐的场所。

青城镇的街巷基本呈棋盘式布局，已认定的传统街巷有 11 条，以条城街、校场路分别为东西、南北主轴，次要街巷主要为南北走向，呈鱼骨状排列分布，有直街巷、李家巷、书院巷等。

青城镇的古民居建筑群是甘肃省内保存最完整、规模最大的民居建筑群，有清末民初的传统民居院落 60 多个（其中 45 个院落为全国重点文物保护单位）。明清时期，青城水运昌盛，加之水烟热销，与北京、天津、山西等地商人贸易往来频繁，因此青城遗留的明清古民居吸收了北京、天津、山西等地的建筑特点，形成了青城独特的风格，朴实稳重。民居院落布局有四合院、三合院、带子上朝等三种形式，尤其带子上朝的布局形式独具青城特色。四合院平面呈长方形，北侧为上堂屋，两侧为东西耳房，当地村民也称作“厦房”，南侧为下堂屋及其耳房，宅门开于东南角或西南角，整个院落严谨对称。罗家大院为典型的明清风格四合院式的建筑群，院中的建筑格局错落有致，有水烟作坊、石桌等设施，满院遍植草木，生机盎然，院子的后部建有花园，花园里修建有荷塘。三合院亦是青城当地较为多见的院落组合形式，往往因为经济条件或地形限制而建，除不设下堂屋或耳房，其余均与四合院一样，一般于南侧围墙处居中设立宅门，但在风水讲究中堂屋与宅门不宜直面相对，因此宅门内设照壁。带子上朝式的院落布局平面呈“一”字形，北侧靠西为上堂屋，厦房紧靠上堂屋坐北朝南布置，东西两侧为院墙，南侧布置宅门，其中轴线与堂屋中轴重合，门内不设照壁。

高氏祠堂始建于清乾隆四十四年（1779 年）。祠堂坐南向北，中轴线由山门、过庭、雨廊、大殿组成，东西各设厢房和耳房，为四合院对称分布。山门为悬山顶砖木结构，青瓦朱门，脊高檐飞，正中悬挂“高氏祠堂”匾额，门外有石狮子一对，旗杆两个。大殿

是主要建筑，殿中梁架上书有“大清乾隆五十年岁次己巳仲吕月下浣吉日创建，第六世之孙高登、高官七世孙希、良翰众孙文、弟、武翰等敬立，水木匠祁成元等，画工陶理作等，石匠冯大科，泥水匠陈国祥、梁子林等”。从祠堂大殿旁门，可至高氏家族的墓地。中华人民共和国成立后，高氏祠堂仍由高姓家族派人看管使用，修缮保护，成为高氏子孙寻根祭祖、慎终追远的场所。每逢清明时节，祭祀不绝。

青城历史与山水的最佳结合产物就是青城古镇的水烟文化。清代全国水烟以青城水烟为上品，清道光年间，青城有 200 多家水烟作坊，有万人从事水烟生产，水烟坊老字号 30 多家，行销全国，商贾云集，繁盛一时。大型货物集散码头逐渐形成，青城成为方圆几百里的商贸中心。水烟业的兴起和鼎盛，推动了古青城加工业、运输业、商业、建筑业的发展，带动了教育、文化的繁荣。

在水烟文化影响下，这里有着重商崇文的传统理念。青城古镇重教化，办学风气盛行，许多文人墨客诞生于此，曾有“风雅青城”之美誉。青城书院建于清道光年间，是兰州六大书院之一，百年来培养了大批优秀人才。古镇自古奉行“一等人忠臣孝子，两件事读书种地”的风尚，此传统延续至今。著名的“青城八景”中每一景都有文人墨客在此点染丹青，大量诗词、对联、书画传世，现今古镇仍有很多精通诗词书画的文人能士，如张富奎，其诗书画乐集《家在青城》被中国国家博物馆和中国国家图书馆永久收藏。

2. 金崖镇

金崖镇位于榆中县中西部，地势东北高，西南低，由南部苑川河流域川塬区、西部黄河峡谷川塬区和北部黄土高原丘陵区构成。它处于榆中北部山区入兰州的交通要道，地理位置十分重要。秦始皇时期，大将军蒙恬追逐匈奴至此，在此设置榆中县。秦汉至隋唐时期，榆中县设立乡，金崖所属乡里。目前，镇内古迹众多，文化遗存丰富。古建筑及古民居群沿古丝绸之路（陕甘大道）分布于苑川河谷阶地上，绵延 12 千米。现存主要古建筑有三圣庙、雷祖庙、谭家祠堂、周家祠堂、金崖驿站、福元泰烟坊等 16 处以及古民居 49 院。

金崖老街是目前金崖镇保存最完整的历史街巷，自明初即为当地经济文化中心，商铺、饭庄、药店、手工作坊鳞次栉比，柴市、炭市、粮市等集贸市场交易繁荣，三圣庙、金崖驿站、周家祠堂等古建筑均位于这条古街之中，热闹繁华。

三圣庙始建于清光绪二年（1876 年），后不断增修。该建筑坐北朝南，为砖木结构，沿中轴线自南而北依次为戏楼、厢房 、献殿、后殿，造型优美，尤其是献殿与后殿的木雕和砖雕，线条流畅，刚劲挺拔，所刻画的内容活灵活现，为兰州木雕和砖雕的典型代表。其戏楼为陇中地区现存的四座古戏楼之一。

金崖驿站建于清光绪九年（1883 年），是目前兰州地区唯一保存完好的古代驿站。现存堂屋三间，为九架梁结构，东、西厢房各七间。堂屋内中檩中部彩绘太极图，上书“光绪九年岁次癸未季春月下浣吉日”，太极图东面自东向西写有“总理关内防军营务处统领武威刚毅等营甘肃布政使西林巴图鲁魏督修”，太极图西面自西向东写有“管带武威新前营陕甘遇缺题奏总兵崇勇巴图鲁武监修”。

周家祠堂始建于清光绪十三年（1887 年），为清咸丰三年（1853 年）进士周士俊出资兴建。祠堂坐北朝南，平面呈长方形，东西宽 30 米，南北长 48 米，为砖木结构建筑。沿中轴线自南向北依次为山门、前院厢房、过殿、后院厢房、后殿。建筑群以过殿为界分前、后两院，两侧由月洞门连接。该建筑木雕和捏塑脊饰飞椽精美。以周家祠堂为代表的一大批祠堂宗庙对于研究苑川流域人口迁徙和宗族文化具有重要意义。

金崖古民居主要集中分布在永丰村和古城村。 房屋整体布局以四合院为主，土木结构。建筑平面布局有三堂三厦、三堂五厦、

三堂七厦、三堂九厦和五堂五厦等。内院墙体以青砖、木砌筑，山墙、后檐墙多为夯土或土坯墙。宅门的位置以主人的生辰八字占卜得来。正房建造高大，用料、做工考究，是宅院的核心部分。外墙不开窗，外墙体均为滑秸泥抹面。屋顶多为单坡顶，坡度较小，可以利用屋顶晾晒粮食。古民居建筑的砖雕、木雕在细节刻画上注意采用阳刻与阴刻的结合，雕刻技艺精湛，气韵生动，多运用鱼、牡丹、石榴、荷花、松、菊、梅、兰等动物和花草题材。

金崖镇的兴起与兰州水烟密切相关。明清之际，这里成为兰州水烟的主产区和集散地，水烟的兴盛，使金崖成为苑川流域政治、经济、文化的中心。水烟是兰州的特产，虽然已经退出历史舞台，但不能否认其辉煌的历史。明朝时兰州水烟就以丝、色、味三绝闻名全国，有“兰州水烟天下无”之誉。“黄铜船儿弯管杆，水藏肚里锅有眼；点火一吸咕噜响，韭叶芸香孔明传。”（如图 7-12）这首民谣描述的是当地水烟的特点和来历。目前兰州仅有的一座水烟作坊就在金崖镇，它深藏于金崖镇的古城村，厂房为四合院式，有 40 间车间，其中手工车间 15 间，配料车间 1 间，压捆车间 8 间，库房 16 间。曾是中共地下党的秘密联络站，院内西北侧有一个长 3 米、宽 1.5 米、距地表 2.5 米曲通厢房的地洞，中共地下党曾多次在这里秘密开会。

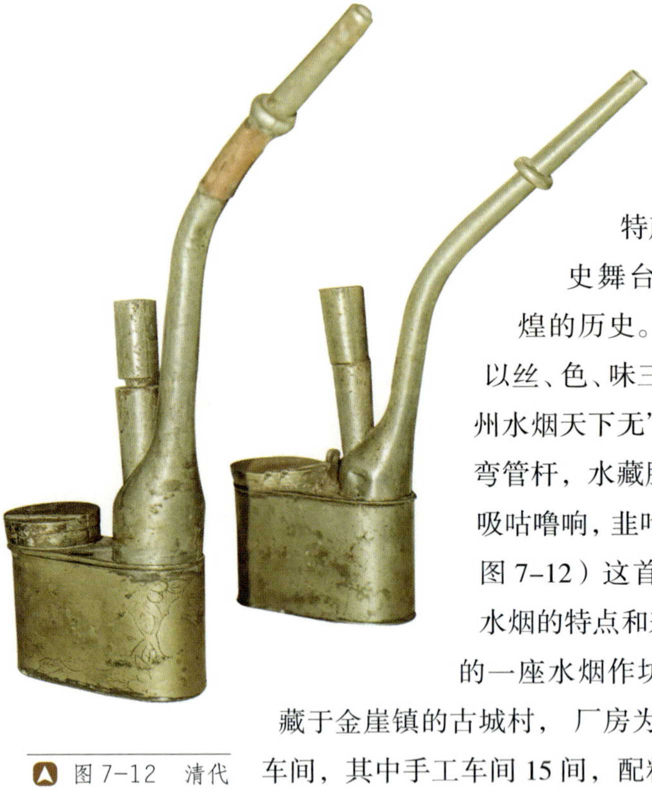

图 7-12　清代水烟铜壶工艺品

“七月官神”是金崖镇较具特色的民俗文化活动，这是一种传自明代的乡村文化仪式。相传古时候，在榆中一个叫“巴什沟”的地方，有一天突然出现了一匹白马，这是一匹神马，自从有了白马，百姓日子过得很太平。这匹神马被百姓们奉为白马天子。在民间信仰中，白马爷是地方神的化身，八蜡爷是一种专门吃害虫的神鸟。每年七月初十，人们用八抬大轿抬着“白马爷”和“八蜡爷”游街，寄托着当地百姓希望国泰民安、风调雨顺的美好愿望。在此期间，还有很多民间表演，如兰州鼓子、榆中小曲子、民间杂耍、皮影戏、秧歌等。此时整个金崖镇锣鼓喧天，好不热闹。

（二）秦安县陇城镇

陇城镇地处天水市秦安县东北部，东与张家川回族自治县龙山镇接壤，南邻清水县松树镇、王河镇，西与五营镇毗邻，北邻张家川回族自治县梁山镇。陇城镇有着悠久的历史，传说女娲生于陇城，故有“娲皇故里”之称。三国时期的古战场街亭位于其域内。史载，汉武帝时期，设凉州刺史部，设治在陇城。北魏时期至唐代时期为陇城县，宋代时期为陇城寨，明代时期为陇城巡检司治所。

陇城古城建于战国时期，唐代宗时期因吐蕃进犯被毁，重修的古城形似八卦，又称“八卦城”。清乾隆四年（1739 年）发大水，城池被冲毁一半，清道光十七年（1837 年）知县严长宦命令民众筑河堤，以护其城。目前，仅存城东北的一段长约 30 米、宽 8 米、高 10 米的古城墙。

陇城镇明清时期商业繁荣，店铺林立，目前仅存一条长 380 米、宽 7~9 米的古街道，两侧阁楼 3 座，店铺 33 座，具有明清建筑的风格。

陇城镇有“娲皇故里”牌坊。据清道光年间编写的《秦安县志》记载，汉代以前，镇北的龙泉山上有女娲祠庙，清乾隆初年龙泉山崩塌，女娲祠庙移建城东门内，后又移建东山坪。同治时期，因回民起义，女娲祠庙被毁。起义被平息后，在陇城南门内重建女娲祠。“文革”期间再次被毁。20 世纪 80 年代末期，当地民众在陇城南

门的原址重建了女娲祠庙。进入祠庙，迎面可见补天石，这块补天石来自女娲洞。女娲洞位于陇城镇东南约 2 千米的风沟，洞在风台梁西侧的半崖上，仅能容一人进入。传说，女娲生在风沟、长在风台，卒后葬在风茔。每年农历正月十五，陇城镇都会举办规模盛大的女娲庙会。

与女娲祠庙翘首相望的是位于积麦崖半山坡上的西番寺，又称“无忧寺”，是为了纪念秦始皇平定陇城的功绩而建的。唐代佛教盛行，尉迟敬德奉李世民的旨意，重新修建此寺。目前我们看到的西番寺是 20 世纪 80 年代末期由当地群众集资，参照清光绪十四年（1888 年）的布局和格式进行修缮的。

街亭是汉代略阳道街泉县的治所，俗称“汉街城”。蜀汉时期，诸葛亮部署街亭之战，派蜀将马谡为守将。因马谡用兵大意，依阻南山，被魏军张郃率部绝汲道，导致街亭失守、蜀军大败。因此败绩，蜀汉丞相诸葛亮处置了守将马谡，论罪当斩。这也是众所周知的“失街亭挥泪斩马谡”。1997 年，秦安县政府在陇城镇修建碑亭，碑名由曾任国务院副总理的习仲勋同志题写。街亭文化是天水三国文化的重要组成部分。

（三）古浪县大靖镇

大靖镇位于武威市古浪县城以东 80 千米处，东接海子滩、裴家营镇，西南与民权镇相连，西与西靖乡接壤，北邻腾格里沙漠南缘，地势南高北低。历史上既是兵家必争之地，也是古代丝绸之路上的重要城镇之一，既有“扼甘肃之咽喉，控走廊之要塞”之称，也有“要想挣银子，走趟大靖土门子”的说法。汉武帝时期此地称为“朴环”，商贸繁荣，“民户多于县城，地极膏腴，商务较县城为盛”。唐代初期，称为“白山戍”，是凉州军事要地之一。明万历时期，甘肃巡抚田乐、总兵达云等集兵万人，打败阿赤兔收复此地，遂取“安定统一”之意，将本地区改名为“大靖”。

大靖镇街道纵横，楼阁相望，以财神阁为中心，向四周辐射。

南北轴线呈弓状，东西轴线笔直如线，呈箭状，暗喻弯弓射箭之意，古人称其为“弓形街”。财神阁始建于清康熙年间，整体建筑为单檐歇山顶式，设有阁楼三层，高度约 20 米。建筑底部为砖地基，在阁楼周围修建有绕廊，廊宽 2 米。廊檐中间施有三踩斗拱，次间一踩，每个柱头施一踩。每根柱子两侧施柱牙，刀刻缠枝纹。檐下有阑额，刻缠枝纹。里面为伞盖尖顶式建筑。沿中轴线开十字通道，贯连四面大街。在上层的东南角开一小门，内设阶梯，可以登顶。

大靖镇现存的历史建筑除财神阁以外，还有关帝庙、马庙会馆、马家祠堂、青山寺、古长城、旧城墙及昌灵山部分庙宇。

昌灵山位于大靖东面，系祁连山东麓北端的独立山体，山形聚集挺拔，高耸巍峨，素有西北“小武当”之称。山上古柏参天，庙宇鳞次栉比。传说昌灵山的森林是西王母赴宴途中丢失的一个用绿宝石雕成的玉佛手。昌灵山上的这片原始次生林，是青海云杉最北的生长点。

昭子山大沟岩画属于露天崖壁岩画，是在露天的山体崖壁上凿刻而成的岩画，位于大靖镇东南部的花庄村昭子山大沟内，从花庄村村口向东南方向行约 2 千米即可到达岩画点，沟内有一条流向为自南向北的干枯沙河，岩画由南向北依次分布在距沙河河床 4~15 米的石崖上。该处岩画共发现 10 个画面，计有 56 个图像，岩画图像题材主要有羊、狼、鹿和人面纹等。这里的人面纹是甘肃岩画人面纹最多的一个岩画点。

悠久的历史造就了大靖丰富多彩的文化。至今，闹社火、扭秧歌、念宝卷、元宵灯会等地方传统文化艺术，以及庙会、朝山等民俗活动久盛不衰，进一步丰富了当地居民的生活，繁荣了当地的文化市场。

五 内蒙古自治区古镇

（一）喀喇沁旗王爷府镇

王爷府镇隶属赤峰市喀喇沁旗，东靠旗内锦山镇，北邻旗内小牛群镇，南挨赤峰市宁城县，西邻旗内美林镇与围场满族蒙古族自治县。这个镇是因一座王府而产生的，为清代喀喇沁右翼旗扎萨克郡王府邸所在地，故称“王爷府镇”。

喀喇沁蒙古部的远祖是成吉思汗的重臣者勒蔑。者勒蔑战功赫赫，其子吉伯格娶了成吉思汗的女儿。到后金时，者勒蔑第十四代孙苏布地以足智多谋、英勇善战而闻名。天聪九年（1635 年），苏布地之子固鲁思奇布授扎萨克，为喀喇沁右翼旗第一代王爷。喀喇沁历史上一直因游牧与征战而居无定所，直至归附后金而设旗建制为喀喇沁右翼旗，开始在今辽宁建平一带驻牧。王府多次迁址，没有固所，康熙十八年（1679 年）于今喀喇沁王府所在地开始起建郡王等级的府邸，乾隆四十八年（1783 年）晋亲王品级后，又在郡王府基础上扩建为亲王府邸。先后有十二代喀喇沁蒙古王爷在此袭政，是内蒙古现存王府建筑中建成年代最早、建筑规模最大、规格等级最高、保存最好的一座古建筑群。

喀喇沁蒙古王府占地面积广大，1785 年以郡王府为基础扩建的亲王府占地面积就达 86600 平方米，其面积远超《乾隆京城全图》中记载的蒙古王府的占地面积。现喀喇沁王府占地面积仅为 29800 平方米，约为全盛时期占地面积的 34%。

喀喇沁王府建筑群整体呈现中轴对称的关系，东西两侧设有跨院，东跨院为生活区，设有戏台、福晋卧室及膳房仓库。而西跨院则主要用于政治活动与宗教祭祀，建有庙宇、祠堂、书斋及练武场等。后花园则仿照北京私家园林而建，设有戏楼、凉亭、花窑、驯鹿场等建筑。中轴线上的建筑依次为府门、仪门、轿厅、回事处、议事厅、承庆楼。府门为三开间硬山式建筑，仅在中间开启一间作为府门，门上门钉纵九横七，符合清代礼制中亲王品级的规定。府门建筑为青砖砌筑，门扇及列柱均刷朱漆，檐下正中挂有蒙汉双语的喀喇沁亲王府的牌匾（如图 7-13）。府门之后是仪门，为面阔

图 7-13 喀喇沁亲王府牌匾

一间的硬山式建筑，青砖砌筑，门扇刷朱漆，描金边，屋檐下系有彩色条带，以祈求幸福安康，这种装饰与藏传佛教有关。穿过仪门是轿厅，为面阔三间的硬山式建筑，前后均建有檐廊，前设月台甬道，甬道用于迎接贵宾时布列仪仗队伍。轿厅为旧时存放骡轿与轿具之所，其东西配房分别用于存放武器与仪仗。轿厅东西山墙壁上各绘制壁画一幅，东为《木兰秋狝图》，西为《乾隆射箭图》。轿厅之后便是回事处，为面阔五间的硬山式建筑，前后建重檐，屋内顶棚装饰海墁天花图案，室内陈设典雅庄重。回事处的主厅用于旗内官员签到、禀事、收发文牍、协办公务之用，主厅两边还设有茶室，便于下级官员等候休憩。离开回事处，沿着丹陛桥便来到了府

图 7-14　王府博物馆蒙汉铭文题刻

内等级最高的建筑——议事厅，又称“银安殿”，与北京的金銮殿遥相呼应。银安殿的建造时间较晚，在乾隆四十八年（1783 年）郡王喇特纳锡第被赐予亲王后才得以加建。面阔七间，厅内正中高悬康熙皇帝御笔匾额“大邦屏藩”，彰显了喀喇沁王府的重要地位。中轴线上最后一座建筑为承庆楼，亦称“后罩楼”，也是建筑群中唯一一座楼式建筑。面阔五间，设有前檐廊。此楼用于祭祀，一楼原为祠堂，供奉有十二位扎萨克的画像，二楼原为佛堂，用以供奉千手千眼佛。

在离王府不远的地方，有一座福会寺，这是王府的家庙，始建于清康熙时期。福会寺布局严谨，等级分明，保存完好，也是清代早期的藏传佛教寺庙之一。

由于王府的存在，直至民国时期，王爷府镇一直是喀喇沁旗政治、经济和文化的中心。光绪二十四年（1898 年），喀喇沁右旗扎萨克旺都特那木济勒病逝，其子贡桑诺尔布承袭王位后，对王府进行了改建，添建西衙门；光绪二十八年（1902 年），创立了崇正学堂，之后又创办守正武学堂、毓正女学堂等新式学堂；开办近代手工业，生产蜡烛、肥皂，织布、印染等；开办邮政局，创办报纸；设立警察署。袁世凯任临时大总统时期，贡桑诺尔布王爷进京任职。20 世纪 30 年代初，日军入侵喀喇沁旗，烧杀抢掠，当地百姓纷纷逃难，王府成了日本关东军和伪满州国士兵的驻地。1945 年建西县人民政府进驻喀喇沁王府，1948 年王府中学进驻喀喇沁王府。1997 年成立喀喇沁旗王府博物馆，对外开放（如图 7-14）。

（二）多伦县多伦淖尔镇

多伦淖尔，源于蒙古语“多伦诺尔”，意为“七个湖泊”，汉语名“七星潭”，在元上都牧厂北，地处滦河源头，东连燕山之脉，西承内蒙古高原，北依天堂草原，南接华北京畿，是内蒙古自治区到北京直线距离最近的镇。它历史悠久，新石器时代就有人类在这片土地上生活和繁衍。战国时期，燕昭王在此地修建了燕长城。元代此处为帝王的狩猎之地。从 17 世纪末至 20 世纪初的 200 多年间，多伦淖尔始终是漠南政治、军事和商贸重镇。

多伦淖尔因清代多伦诺尔会盟出名。1690 年，清康熙皇帝亲征噶尔丹，于乌兰布统大败噶尔丹军。第二年将喀尔喀、内蒙古各旗会盟于多伦淖尔地区，以这次会盟为标志，喀尔喀部最终并入清朝，成为清王朝的一部分。这次会盟使多伦淖尔名声大震，并且为它以后的发展提供了机会（如图 7–15）。会盟之后，康熙帝在多伦诺尔敕建汇宗寺，并请章嘉呼图克图到寺主持，奉他为漠南蒙古佛教首领，从而使多伦淖尔成为内蒙古地区的宗教中心之一。清雍正皇帝于 1731 年在汇宗寺西南又修建了善因寺。建善因寺后，汇宗寺又称“旧庙”，善因寺称“新庙”，日本人剑虹生曾在《多伦诺尔记》中记载：“新旧两庙，巍然对峙，真边境之伟观。”汇宗寺、善因寺的庙宇建筑构成了一个独立的寺庙城，在鼎盛时期常住的僧侣多达三千人，加上周游的僧人可达四千人。两庙作为清廷敕建寺，朝廷每年向

其官仓赐金 3500 两，皇帝到此巡幸时也常常赐予重金，再加上各旗王公对其所派僧人的补给金，每年收入可达 28000 两之多。寺庙接受的布施日益增多，所拥有的牲畜数量逐渐增加，这些财产都成了寺庙的世袭财产。可以说，这两座寺庙是一个既有权力又有财产的集政治、宗教于一身的统治机构。

图 7-15　多伦诺尔会盟碑

汇宗寺（如图 7-16）是藏传佛教格鲁派寺庙，始建于清康熙三十年（1691 年），原名“多伦诺尔庙”，1711 年康熙帝为寺庙赐名为“汇宗寺”，意思是“佛经无二，统之一宗”，并亲题匾额，御书汇宗寺碑文和汉白玉碑一对，用蒙、汉、满、藏四种文字详细叙述了建寺缘由及过程。又因庙顶覆以青蓝色琉璃瓦，蒙语又称之为“呼和苏默”，意为“青庙”。它依山而建，占地 184000 平方米，坐北朝南，南北长 500 米，东西长 1000 米。主建筑物均在一条南北中轴线上，依次为影壁、跳舞场、山门、钟鼓楼、天王殿、正大殿、后殿、东西配殿、释迦佛殿、藏经楼等。正大殿与北京护国寺相仿，楼两面每层 63 间，高 15 米，为砖木结构。殿体前后包厦，殿顶覆以青蓝色琉璃瓦，滚龙脊，正脊上塑有风磨铜庙顶一个，密宗法轮金刚图一个，金羚羊二只，风铃、铁马若干，造型精致美观。

随着宗教活动的兴盛，蒙古王公贵族和牧民来朝拜者日益增多，以蒙古族人为交易对象的内地商人、百姓大量涌入，多伦淖尔的商业逐渐兴旺，“以喇嘛庙之名，播于远近，商贾踵集，土地益盛，成巨然一大都市”。至道光、光绪初期，多伦淖尔在册商号达四千

图 7-16　汇宗寺

余家，是长城以北闻名的商业都市，有着全国闻名的牲畜交易市场。光绪九年（1883 年），皮毛、牲畜两项交易税即达三千四百万两白银之多，超过当时呼和浩特和包头两地的税收总和。《简明大不列颠百科全书》称多伦淖尔为中国北方最重要的商业城市，人口达到 18 万。商业的繁荣促进了手工业的发展。铜佛像、金银首饰、法器、蒙古式马鞍、马靴等是多伦淖尔最具特色的手工制品，这些手工制品远播于西藏、青海等地，匈牙利学者卢米尔吉斯曾提到：“最著名的制作青铜神像的中心有拉萨、扎什伦布和内蒙古的多伦诺尔。这些传世的青铜像就是从这些地方运到西藏的。”

伴随着商业、手工业的发展，多伦淖尔镇逐渐形成。汇宗寺建成后，寺庙南部的额尔腾河左岸开始有商人居住，不久形成了与寺庙相望的兴化镇，又名“旧买卖营”。早在康熙四十年（1701 年），已有“南北长四里，东西广二里”的市区和街道。康熙五十二年（1713 年），康熙帝巡幸此地时已具有“居民鳞比，屋庐望接”的局面。乾隆六年（1741 年），在旧买卖营东北 500 米以外的地方建新盛营，又名“新营”。新营“南北长一里，东西广半里”，街道五条。此

后，旧买卖营和新营连成一体。到乾隆二十三年（1758 年），多伦淖尔已经形成“东西宽四华里，南北长七华里，分十八甲，有大小十八条街道的市镇”。

山西会馆是多伦淖尔老城区保存比较完好的一处清代古建筑群，至今已有 200 余年的历史，是多伦标志性建筑之一，由在此地经商的山西商人于乾隆十年（1745 年）合资修建而成，此后经多次维修扩建。当时修建此馆是为了方便山西同乡来往交流，并为刚来此地的乡友提供落脚安身之处。会馆规模宏大，有资料说“会馆临街坐北朝南，占地 5500 多平方米”，大致可分为住宿区、娱乐区、商会议事区和关帝庙。建筑设计精致，风格独特，楼、台、厅、廊、舍、殿等错落有致，在梁、栋、箱、椽、柱、牙等上面绘有三国故事、山西花卉、禽兽等精美图案。在会馆西侧，矗立着抗日名将吉鸿昌将军的立身汉白玉雕像。1933 年，爱国将领吉鸿昌率察哈尔抗日同盟军与日伪军激战五昼夜，收复多伦后，在山西会馆召集万人大会，号召民众团结抗日救国。为缅怀先烈，多伦县人民政府在山西会馆树立了吉鸿昌雕像。

如今，每逢正月十五，多伦淖尔镇的灯会社火十分热闹。整条街巷弥漫着欢乐的气氛，有耍龙灯、踩高跷、扭秧歌等传统艺术表演，加以古城的衬托，具有浓厚的地方特色和历史文化气息。

（三）丰镇市隆盛庄镇

隆盛庄镇位于乌兰察布市丰镇市东北部，东与兴和县张皋镇相连，南与浑源窑乡、黑土台镇毗邻，西与南城区街道、红砂坝镇分界，北与察哈尔右翼前旗乌拉哈乌拉乡接壤，是丰镇市第二大人口聚集地。地处冲积平原的滩川地带，位于南碧河两岸，清代蒙古族人习惯称其为“隆兴浩特”，当地汉族人称其为“隆盛卓儿”。这里自然风光优美，西窑河穿过古镇西部，每逢夏季，河流所经之地绿草茵茵，蒲公英花开遍野，被称为“西花园”。在古镇东部有巍峨的高山，山中沟壑纵横，牧草繁茂。

隆盛庄镇是庙子沟新石器聚落遗址的发源地，这里孕育了远古文明。明代洪武年间，很多人至此耕种屯粮。清初，这里水草丰盛，土地肥沃，为太仆寺右翼牧厂地。乾隆三十三年（1768 年）之后清政府移民来此垦荒、定居，逐渐形成了有一定数量居民的“一个庄子”，到乾隆五十八年（1793 年）时庄内已出现商号。由于其接近察哈尔游牧区，是蒙古到五台山的必经之处，每年都有成千上万的朝山进香者从这里经过，隆盛庄便成为路人添置物品、落脚歇息、交易农畜产品之地。嘉庆、道光年间已经发展成为口外（长城以北地区）与内地物资交流的重要场所。光绪年间此地粮食贸易进入极盛时期，经济进一步发展。晚清时期已经发展成为绥东地区重要的畜产品市场和粮食贸易集散中心，有大型粮店 9 家，粮食年成交量达 15 万石左右。由于内地汉人续迁，隆盛庄人口增多，从事农业、手工业和建筑行业的人口日益增多，促进了当地的经济发展。随之而来的是店铺繁盛，有钱庄、当铺、粮店、马车店、毛毯社、鲁班社等各种店铺。由此，这里也成为牲畜、皮毛、粮食的集散地，是乌兰察布地区最早的集镇之一，是草原文化的重要集镇。

随着人口的增多、经济的繁荣，镇内逐渐形成东、西、南、北四条街，街道“南北长一里半，东西长半里”。1922 年街区外建造了土堡，“周六里，高一丈二尺”，开了七个大门，大、小北门分别通向集宁和兴和，西门通向丰镇，南门通向阳高、大同等地，四通八达。

隆盛庄的民居十分有特色，主要以四合院为主，分布在四老财巷、大巷、聚财巷。这里的民房装修不饰色彩，大量使用砖雕和木雕作为装饰，体现着不同的民俗风情。芦家大院、段家大院、张家大院是典型代表，主体建筑保持完好，青砖筒瓦，砖雕、木雕古朴，雅趣天成。

隆盛庄还有明长城遗址、南庙、清真寺和回民义坟等保存完好的历史遗迹。隆盛庄东山角上有一块石碑，其上记载：“大明洪武

二十九年岁次丙子四月甲寅吉日，山西行都指挥使司建筑。”由此可知隆盛庄的明长城建于明洪武二十九年（1396年）。隆盛庄曾是明长城三道边上的关口——威宁口，现还存有土质的烽火台，两层洞窑，上下相通，左右相连，高8米以上。南庙始建于嘉庆时期，被称为“关帝庙”，后改为佛教活动场所。有碑文牌匾，雕梁画栋，威严壮观，室内壁画栩栩如生，色彩绚丽，贴金装饰，至今仍保存完好。清真寺始建于清道光十年（1830年），整体建筑保持了阿拉伯风格，布局合理，工艺精巧，在寺内建有碑亭，亭门上悬牌匾一幅，碑文“开天古教，其尊无对”，是绥远都统马福祥所书。回民义坟有二百多年历史，位于东营子村旁，是收葬回族商人旅途亡命者的义坟，也是当地回民的坟葬之地。每次开斋节，回民都会来此祭祖诵经，施舍者车水马龙，络绎不绝。

图 7-17　抬阁

说起隆盛庄，不得不说的便是每年六月廿四的传统庙会。农历六月廿四是关帝诞辰，从乾隆年间至今，隆盛庄每年都有由民众自发组织的六月廿四古庙会，是乌兰察布市民间民俗活动的典型代表之一。庙会中有各路民间艺术表演，特别是山西艺人的抬阁（如图7-17）、挠阁，以及当地的民间社火、秧歌和古装大戏等节目，都是十里八乡居民喜闻乐见的活动。

（四）库伦旗库伦镇

“库伦”，在蒙古语中是“家园或领域”的意思。库伦镇位于通辽市库伦旗，是本地区的政治、经济、文化中心。库伦古镇保留着国家级文物保护单位库伦三大寺等重要的历史文化遗产。古镇是围绕三大寺、库伦河以及特殊地貌逐渐形成的，至今保留着较为完整的历史风貌。库伦镇所辖区域内少数民族众多，有满族、蒙古族、锡伯族、达斡尔族、朝鲜族、苗族等。

库伦镇历史悠久，七八千年前就有人类在这里繁衍生息，域内发现新石器时代及红山文化系列文物。在清代因藏传佛教成为闻名全国之地。崇祯末年，后金势力发展迅速，皇太极想通过藏传佛教笼络蒙古，就把当时在漠南蒙古传教的阿兴希日巴召集到盛京，并送给他一块盛京附近的地用来传教，这块地就是今天库伦镇所在地。1634 年，阿兴希日巴在这块地上搭建了寺庙，不过这个寺庙是蒙古包形式的。有了寺庙、住宅，就有信徒、民众，这就成了一个“库伦”。阿兴希日巴圆寂后，他的弟弟囊素继承了他的衣钵，将这个地方命名为“锡勒图库伦”（如图 7–18）。随着后金的崛起，远在西藏的四世班禅和五世达赖派出一名活佛前往盛京，这位活佛就是金巴加措，金巴加措拜谒完皇太极，便住在锡勒图库伦寺庙。顺治三年（1646 年），囊素圆寂，顺治皇帝任命金巴加措为锡勒图

图 7–18 锡勒图库伦牌坊

库伦第三任掌印扎萨克大喇嘛，并封他为锡勒图库伦地方行政长官。从此，库伦成为漠南地区唯一的政教合一的喇嘛旗。顺治六年（1649年），顺治皇帝在此地敕建兴源寺，由此结束了蒙古包寺庙的历史。

兴源寺竣工于顺治七年（1650年），五世达赖喇嘛赐名“噶丹却让”，后来清廷赐名“兴源寺”，顺治皇帝亲赐匾额。兴源寺是锡勒图库伦主寺，是库伦旗三大寺之一，也是库伦旗建造时间最早、规模最大的寺庙，不仅规模宏大，并且造型美观，素有“小五台山”之称。兴源寺既是清代锡勒图库伦政治和宗教的中心，又是内蒙古唯一的政教合一的寺庙，至今保存基本完整。

兴源寺位于库伦镇中街北侧、兴源路北端的倾斜地上，占地面积14000平方米，北靠缓山，南临小河，地势极佳。主要建筑以巍峨险峻的高山峡谷做骨架，均在一条中轴线上，从南到北，一连四进院落，七座殿堂。中轴线两侧辅以配殿、钟楼和鼓楼，布局显得均衡、对称。山门殿（即转轮殿）为单檐歇山顶，面宽三间，中间辟洞，中为通往内院的大门，左右两间各置一个木制转经筒（亦称“玛尼轮”），以六字真言装藏。第一进院落是天王殿，面阔三间，结构与山门殿相同。殿内供奉着各具雄姿的四大天王（即四大金刚）泥塑像。天王殿院内左有钟楼，右有鼓楼。第二进院落左右各有三间歇山式配殿，左为罗汉殿，殿内供奉着栩栩如生的十八罗汉铜像，右为护法神殿，殿内供奉着藏传佛教密宗诸护法神塑像。第三进院落是大雄宝殿，是兴源寺的主殿，面宽九间，深进九间，前山抱厦五间，平面呈“丁”字形，在光绪二十五年（1899年）的扩建中形成了九九八十一间汉藏建筑风格融为一体的楼阁式大殿。第四进院落正面为嘛呢殿（即玛尼庙），是面阔三间、深进三间的歇山顶建筑，门前两侧各有四座木制转经筒，殿内供奉着观世音菩萨。嘛呢殿后面为额和殿（即母寺），是顺治年间建造的兴源寺正殿，为五间歇山式建筑，东西各有三间配殿，殿内主供燃灯佛（即迦叶佛）、释迦牟尼佛、迈达尔佛（即弥勒佛）三世佛。

象教寺建于康熙九年（1670 年），俗称“王爷府庙”，位于兴源寺东边，既是库伦旗最高首领扎萨克达喇嘛行使政教权力的地方，也是全旗政教合一的掌印机构，通称为“上仓”，“仓”含有“公寓、寓所”之意。

象教寺的第一进院落是一个长方形广场，每年正月十五和六月十五，三大寺的僧人举行大型法会时，会在此跳查玛舞。山门为三间歇山顶建筑，辟有三个门，中间大，两侧小，平时出入走两旁便门，法会期间才开中间大门。从山门进入第二层院落便是正殿——迈达尔殿，为三间单檐歇山顶式建筑，这是主庙。正殿门前悬挂着蒙、藏、汉、满四体文“象教寺”竖匾（如图 7–19），殿内供奉着迈达尔佛（即弥勒佛）铜像。正殿两侧有二十余间通檐过脊的圆山顶厢房，内有僧人的住房和膳房。正殿之后便是第三层院落——阿尤喜（即无量寿佛）佛殿，为五间歇山式建筑，是扎萨克达喇嘛供佛、拜佛和诵经的场所，也是行使政教合一制度的中心。两侧各有六间圆山顶厢房，与第二层院落厢房相连。阿尤喜佛殿后面建有度母殿，是一座五间歇山式建筑，紧靠其西面有一座三间歇山顶式客厅，这是扎萨克达喇嘛接见客人和宴请宾客的场所。在阿尤喜佛殿东侧，有一处独立、封闭的院落，院内正面为五间四柱堂屋，人们称为“玉柱堂”（也称“玉柱厅”），这是扎萨克达喇嘛举行庆典活动的地方，每年元旦、春节期间，扎萨克达喇

图 7–19 “象教寺”竖匾

嘛都会在此接受印务处的官员拜年。紧贴玉柱堂东侧有三间楼阁，是扎萨克达喇嘛的办公场所。在其东侧有三间翼房，是扎萨克达喇嘛的寝室和膳房。

福缘寺位于象教寺的南面，始建于清乾隆七年（1742 年），由乾隆皇帝赐名，是库伦副扎萨克达喇嘛、扎萨克达喇嘛法定继承人的寓所，也是清代锡勒图库伦旗财务机构的驻地，称为“下仓”。

福缘寺占地面积 4000 多平方米，坐北向南，其建筑由南向北沿中轴线依次为山门殿、大经殿、供佛殿和老爷庙（即关帝庙）四重殿宇，另有东西廊房、偏殿、钟鼓楼，对称配合，围成了一座三合院，寺后有一座佛塔。山门为三间歇山顶建筑，中间辟门，门道两侧为四大天王塑像。门洞上方悬挂着“福缘寺”满、蒙、汉三体文匾额。大经殿为面宽五间、进深五间的藏式二层楼阁，故称“二十五间殿”，殿内供奉宗喀巴大士铜像、白度母和绿度母塑像。在宗喀巴大士铜像前设一扎萨克达喇嘛法座，前面排列诵经喇嘛座位，共有 150 个座席。二层楼上供奉释迦牟尼佛铜像，放置 120 部《甘珠尔》等经典，其装帧颇为精致。殿前东西两侧各有三间配殿，还有钟楼和鼓楼。供佛殿是福缘寺的主殿，为五间重檐式殿顶建筑，其重檐下三层斗拱，层层伸出，花板彩绘，前檐出廊，内外檐的梁、柱都有旋子，方格天花板和多边形藻井均为彩绘雕刻，细腻逼真，装饰精细。殿内主供迦叶佛、释迦牟尼佛、弥勒佛三世佛。殿前东西两侧各有三间配殿，是歇山式建筑，东配殿里供龙王，西配殿里供护法神。老爷庙是歇山顶二层建筑，面宽五间，庙内主供关羽像。老爷庙东面有一处活佛府，是迈达里呼图克图讲经时的下榻之处，二层楼上有一座三尺多高的鎏金铜制舍利塔，是主持建造福缘寺的第十二任扎萨克达喇嘛阿旺札木扬的骨灰塔。

金巴加措很受清朝皇室的信任，后来跟随顺治皇帝入关进京，被封为彻辰国师。顺治十一年（1654 年），金巴加措辞去国师，回到库伦居住，在库伦盖了一座吉祥天女庙。此庙最早是供奉金巴加措从西藏赴盛京时五世达赖喇嘛所赠的一幅吉祥天女画像，这幅画像与藏传佛教格鲁派创始人宗喀巴大士有关，传说宗喀巴大士用自己的鼻血画成吉祥天女神像，同时又是五世达赖喇嘛所赠，因此被人们视为圣物，平时总用帷帐层层遮掩，从不轻易示人。每年正月初一，扎萨克达喇嘛与全体僧侣、印务处官员都会前来叩拜吉祥天女。

吉祥天女庙为三间歇山式正殿，殿内供奉着锡勒图库伦的主神——吉祥天女神像，东西各有三间配殿，为歇山式建筑。前边有山门殿、诵经殿和天王殿，诵经殿内藏有藏文《甘珠尔》和《丹珠尔》经各一套。院内西南角建有一座法王宝塔（俗称“诺门汗塔”），是吉祥天女庙的建造者、库伦第三任扎萨克达喇嘛、班第达诺们汗西扎布衮如克的骨灰塔。如今，吉祥天女庙经过重修，完整保留的有正殿和东西配殿，重修后的三间歇山式正殿内供奉着吉祥天女神像、观世音菩萨、关公，东配殿内供奉着十八罗汉像，西配殿内供奉着藏传佛教格鲁派诸多护法神像。

后 记

随着经济和社会的发展，人们逐渐意识到历史文化古镇的重要性，保护古镇的意识越来越强。从国家到地方层面，均推出了保护古镇的专项规划和详细规划，从财政上予以倾斜，从立法上予以重视，逐步构建了分类保护、各有侧重的保护体系。在这种背景之下，本书的推出有很强的现实意义。

作为文明古国，我国的千年古镇数量可观，古镇介于城市与乡村之间，是国家治理体系中的重要组成部分，既有代表皇权的衙门，也有与平民生活息息相关的街道、民居、祠堂、寺庙、广场、码头、桥梁、牌坊等，有些古镇还有戏楼、书院等文化设施，因此涉及知识面较广，不仅有历史、地理，古建筑、戏剧、宗教等方面的知识也必不可少。因此，笔者在写作过程中阅读了大量的相关文献，获益匪浅。

读万卷书，行万里路。本书中的部分图片来自作者的拍摄，周莎从事考古研究，对遗址、陵墓、古镇、窑址等多有涉猎，积累了丰富的图片。中央民族大学赵令志教授也为本书提供了图片，一并感谢。

我国的历史文化古镇有三百多个，由于篇幅限制无法一一写出，本书本着具有代表性、新颖性的原则挑选了一部分古镇。在全国范围内比较著名的古镇，比如江南六古镇，以及在各地区有代表性的古镇，比如湖南省的湘西地区古镇、广西壮族自治区的漓江流域古镇等，本书都会涉及。同时，又对其他相关书籍关注较少的古镇给予一定的篇幅描述，希望起到拾遗补阙的作用。

本书并非是从建筑史、城市规划史、考古等某一特定角度研究古镇的著作，而是从综合的角度描写古镇，做到以文化性为主，兼顾学术性，因此面向的读者群体非常广泛。

知　白

2021 年 6 月 30 日于临沂家中